现代远程教育系列教材

合同法理论与实务

（第二版）

邱 艳 石鲁夫 编著

经济科学出版社

图书在版编目（CIP）数据

合同法理论与实务/邱艳　石鲁夫编著. —2 版. —北京：经济科学
出版社，2015.9

现代远程教育系列教材

ISBN 978 - 7 - 5141 - 6110 - 6

Ⅰ.①合…　Ⅱ.①邱…②石…　Ⅲ.①合同法—中国—远程教育—教材
Ⅳ.①D923.6

中国版本图书馆 CIP 数据核字（2015）第 231620 号

责任编辑：范　莹
责任校对：王肖楠
技术编辑：李　鹏

合同法理论与实务

（第二版）

邱　艳　石鲁夫　编著

经济科学出版社出版、发行　新华书店经销

社址：北京市海淀区阜成路甲 28 号　邮编：100142

总编部电话：010 - 88191217　发行部电话：010 - 88191540

网址：www. esp. com. cn

电子邮件：esp@ esp. com. cn

天猫网店：经济科学出版社旗舰店

网址：http://jjkxcbs. tmall. com

固安华明印业有限公司印装

787 × 1092　16 开　18.75 印张　370000 字

2015 年 10 月第 2 版　2015 年 10 月第 1 次印刷

ISBN 978 - 7 - 5141 - 6110 - 6　定价：38.00 元（含《操作与习题手册》）

现代远程教育系列教材
编审委员会

总 序

当今世界，网络与信息技术的发展一路高歌猛进，势如破竹，不断推动着现代远程教育呈现出革命性变化。放眼全球，MOOCs 运动席卷各国，充分昭示着教育网络化、国际化正向纵深发展；聚焦国内，传统大学正借助技术的力量，穿越由自己垒起的围墙，努力从象牙塔中走出来，走向社会的中心；反观自我，68 所现代远程教育试点院校围绕党的十八大提出的"积极发展继续教育，完善终身教育体系，建设学习型社会"目标，经过十余载的探索前行，努力让全民学习、继续学习、终身学习的观念昌行于世。

教材作为开展现代远程教育的辅助工具之一，与教学课件、学习平台和线上线下的支持服务等要素相互匹配，共同发挥着塑造学习者学习体验和影响最终学习效果的重要作用。技术的飞速进步在不断优化学习体验的同时，也对现代远程教育教材的编写提出了新挑战。如何发挥纸介教材的独特教学功能，与多媒体课件优势互补，实现优质教材资源在优化的教学系统、平台和环境中，在有效的教学模式、学习策略和学习支持服务的支撑下获得最佳的学习成效，是我们长期以来不断钻研的重要课题。为此，我们组织有丰富教学经验及对现代远程教育学习模式有深入研究的专家编写了这套现代远程教育教材。在内容上，我们尽力适应大众化高等教育面对在职成人、定位于应用型人才培养的需要；在设计上，我们尽力适应地域分散、特征多样的远程学生自主学习的需要，以培养具备终身学习能力的现代经管人才。

教材改变的过程正是对教育理念变革的不断践行。我们热切希望求知若渴的学生和读者们不吝各抒己见，与我们一同改进和完善这套教材，在不断深化的继续教育综合改革中为构建全民终身教育体系共同努力。

这套教材的出版得到了经济科学出版社的大力支持，范莹编辑对这套教材无论从选题策划、整体设计还是到及时出版都付出了大量劳动，在此一并表示衷心感谢！

现代远程教育系列教材编委会

第二版前言

现代远程教育系列教材《合同法理论与实务》自出版以来，以其知识上系统性、实用性、适用性，以及形式上更直观、更易于理解、更便于自学等特点，最大限度地给读者提供了自主构建合同法知识的空间、帮助读者随时随地学习合同法、并运用合同法指导自己的实际需要。也正因此本书深受读者的喜爱。

《中华人民共和国合同法》1999年通过后，最高人民法院根据审判实践的需要，先后颁布了《关于适用〈中华人民共和国合同法〉若干总是的解释（一）》《关于审理商品房买卖合同纠纷案件适用法律若干问题的解释》《关于审理建设工程施工合同纠纷案件适用法律问题的解释》《关于适用〈中华人民共和国合同法〉若干问题的解释（二）》《关于审理旅游纠纷案件适用法律若干问题的规定》《关于审理城镇房屋租赁合同纠纷案件具体应用法律若干问题的解释》《关于审理买卖合同纠纷案件适用法律问题的解释》等司法解释，并修改了《中华人民共和国消费者权益保护法》等。根据客观形势的变化对本书加以修订补充，既是新时代的迫切要求，也是合同法知识逐步完善的必经步骤。

由于新增的合同法知识具有完整性、系统性和专业性，我们第二版修订本书时，仍然保持本书原有的写作思路及知识体系，只是对新增加的内容在相应的章节做了补充。

由于编者水平有限，恐难尽如人意，敬请同仁们批评指正。

邱　艳　石鲁夫

2015年3月

2008 年版前言

《中华人民共和国合同法》（以下简称合同法）已于 1999 年 3 月 15 日经九届全国人大第二次会议通过，自 1999 年 10 月 1 日起生效实施。合同法分为总则、分则、附则，共 23 章 428 条，是一部较为详尽、严密、具有可操作性的法律。合同法是市场经济的基本法，是民商法的重要组成部分。合同行为大量的发生在人们的日常生活和工作中。小到自然人的日常生活、法人的生产经营，大到国家之间的国际经济交往，都离不开合同法。

合同法的制定并颁行，为维护市场经济的法律秩序和保护交易当事人的合法权益发挥了极大的作用，也为交易的发展和市场的繁荣提供了重要的法律保障。在经济全球化以及我国已加入世界贸易组织（WTO）的大背景下，统一我国市场经济交易活动的基本规则，更有利于我国参与世界经济竞争，增强我国综合国力。

本书在体例上仍然采用一般介绍、技能讲解和难点剖析的传统写作模式，在保证知识体系的完整和内容的准确无误的情况下，尽量采用通俗易懂的语言进行阐述，并且做到重点突出、有所侧重。

希望本书的出版一方面能起到普及合同法律知识作用，另一方面能为合同当事人和合同法实务工作者提供一个案头操作指南。同时由于笔者才疏学浅，加之资料与时间有限，本书错误缺漏之处实所难免，衷心期望广大读者不吝赐教。

本书在撰写过程中，参考和吸取了国内外学者的研究成果（参考文献附后），在此向这些文献的著作权人表示衷心感谢。

邱 艳

2008 年 7 月 18 日

目／录

第一章　合同法概述

学习目标

　　了解合同的概念、特点和分类，以及我国合同法的立法情况。掌握合同的概念、适用范围和基本原则。

关键名词

　　合同　合同法　财产交易

第一节　合同的概念与特征

一、合同的概念

　　合同是当事人之间达成的一种协议，在现实生活中，人们可以就各式各样的事项达成协议，但并非任何协议都属于合同。根据《合同法》的规定，合同是指平等主体的自然人、法人、其他组织之间设立、变更、终止民事权利义务关系的协议。

二、合同的特征

　　合同具有以下特征：

　　（1）合同是一种民事行为。合同以意思表示为成立要素，并且按意思表示的内容赋予法律效果，故合同是一种民事行为，而非事实行为。

　　（2）合同是两方以上当事人的意思表示一致的民事行为。这是合同区别于单方民事行为的重要标志。该特征有三层含义：其一，合同的当事人为两方或两方以上；其二，当事人相互做出意思表示；其三，当事人的意思表示一致，即当事人之间达成合意。

　　（3）合同是以设立、变更、终止民事权利义务关系为目的的民事行为。民事行为是民事主体有意识的行为，任何民事行为均具有目的性。合同作为一种民事行为，其目的在于在当事人之间设立、变更、终止财产权利义务关系。

1

（4）合同是当事人各方在平等、自愿基础上产生的民事行为。在民事活动中，民事主体的法律地位是平等的。在订立合同时，当事人所为意思表示是自主自愿的。合同当事人法律地位平等，一方不得将自己的意志强加给另一方；当事人依法享有自愿订立合同的权利，任何单位和个人不得非法干预。当然，为社会公共利益，国家法律会在某些情况下，对合同自由进行某些必要的限制。

小知识

合同的起源与演变

契约作为中国古代社会对当事人行为进行约束的书证，其涵盖范围和形式多种多样。《周礼·天官冢宰第一》篇中有如下文字："四曰听称责以傅别，五曰听禄位以礼命，六曰听取予以书契，七曰听买卖以质剂"。由此可见，汉代及稍前时期的契约形式包括"傅别""质剂""书契"等形式。随之社会和经济的变化，契约的概念逐渐演变，如"傅别""质剂"慢慢消失，"书契"得以发展。"书契"，郑玄注曰："其券之象，书两札，刻其侧"，说明"书契"制作同样的两份，然后合在一起，在侧面刻出标志，双方各执一份。究其原因，书契制作两份，无非在发生纠纷时可将两份契书合在一起，以验证该契书的真实性。这就是"合同"精神的体现，也是合同的起源之处。

魏晋以后，纸契普及，引起了契约形制的相应变化。傅别和质剂之制渐废，书契之制发展而为"合同"形式。即在"书两札"之后，再并合两札，于并合处骑写一个大"同"字，后来发展为骑写"合同"二字，或骑写一句较长的吉祥语；在买卖、赠送、赔偿等死契关系中，由于为片面义务制，所以行用单契，由义务的一方出具，归权利的一方收执。

随之契约的专门化发展，"合同"与当时的社会经济环境相适应，逐渐单独成词，获得了发展。如清代，"合同"以分家、共有财产管理、纠纷调解、合伙、合（拆）股等为主要内容；此外，只要通过共同协商能够解决问题同时又需要文书来确立的关系，也可采用"合同"形式确定，如立继、推举"柜董"等情形。

在近代中国，直至1949年中华人民共和国成立时，由于受日本、德国等国外法学译作的影响，无论实际生活还是学者著作之中，大都使用"契约"一词，"合同"一词出现较少。1949年后，"契约"仍然在立法中占据主导的位置，但已出现"合同"与"契约"同时使用的现象。从1950年开始，各种苏联的立法文献和法学译著已经部分地开始使用"合同",学术界和实务部门中也流行"合同"一词。1957年以后,"契约"基本上退出了立法文献,"合同"成为民法中代替"契约"的词汇。

第二节　合同的分类

根据不同的标准,我们可以对合同进行不同的分类。

1. 有名合同与无名合同

根据法律是否对合同规定了特定名称并加以规范作为划分标准,可将合同分为有名合同与无名合同。有名合同又被称为典型合同,是指法律上已经确定了特定名称及规则的合同。如我国《合同法》分则所规定的买卖合同、租赁合同等15种合同都属于有名合同。无名合同又称为非典型合同,是指法律上尚未确定一定名称与规则的合同。

2. 双务合同与单务合同

根据合同当事人双方是否互负对待给付义务作为划分标准,可将合同分为双务合同与单务合同。双务合同是指当事人双方互负对待给付义务的合同,即双方当事人在合同中均负给付义务,一方的给付义务是对方给付义务的对价。如买卖、租赁、承揽合同等都为双务合同。单务合同是指仅有一方当事人负担给付义务,或虽双方均负给付义务,但双方的给付义务形不成对价关系的合同。如赠与合同、民间借款合同、借用合同和保管合同等均为单务合同。

3. 有偿合同与无偿合同

根据合同当事人依据合同从对方取得利益是否须付出相应代价作为划分标准,可以将合同分为有偿合同与无偿合同。有偿合同是指当事人一方依据合同从对方取得利益必须向对方支付相应代价的合同。如买卖、租赁、承揽合同等都是有偿合同。有偿合同是商品交换最典型的法律形式。无偿合同是指当事人一方依据合同从对方取得利益而不必向对方做出任何对价性给付的合同。如赠与、借用、无息借款合同等都是无偿合同。

4. 诺成合同与实践合同

根据是否以交付标的物作为合同成立的条件为划分标准,可以将合同分为诺成合同与实践合同。诺成合同又称为不要物合同,是指只要当事人各方的意思表示一致即可成立的合同。如买卖、租赁、承揽合同等。实践合同又称为要物合同,是指除当事人各方的意思表示一致以外,还必须实际交付标的物才能成立的合同。如保管、借用、民间借款合同等。作为实践合同,仅有当事人各方意思表示一致，合同尚不能成立，还必须有一方实际交付标的物的行为，合同才能成立。

5. 要式合同与不要式合同

根据合同的成立是否必须采取特定的形式为划分标准，可以将合同分为要式合同与不要式合同。要式合同是指必须采用法律规定的特定形式订立方能成立的合同。不要式合同是指法律没有要求其必须采用某种特定形式订立的合同。

6. 主合同与从合同

根据相互有联系的合同之间的主从关系为划分标准，可以将合同分为主合同与从合同。在两个相互有联系的合同当中，不需要依赖他合同而能独立存在的合同为主合同；反之，以他合同（主合同）的存在为其存在前提的合同是从合同。例如，借款合同与担保借款债权的保证合同之间，借款合同是主合同，即使没有保证合同它仍可以独立存在；保证合同是从合同，它是以借款合同的存在作为自己存在前提的合同。

7. 商议合同与附从合同

根据合同条款是否是当事人协商确定的为标准，可以将合同分为商议合同与附从合同。商议合同是指合同条款是经当事人双方协商确定的合同。商议合同的当事人不仅有订立合同的自由，还有决定合同内容的自由，它充分反映了合同原则，是合同的主要形态。附从合同又被称为定式合同、定型化合同和格式合同，是指当事人一方提供预先制定好的合同条款，在相同条件下，相对人一方不能就合同条款进行协商，只能概括地接受或不接受合同条款的合同。

第三节　合同法的概念及适用范围

一、合同法的概念

合同法是调整平等主体之间的财产交易关系的法律规范的总称。我国《合同法》是 1999 年 3 月 15 日中共第九届全国人民代表大会第二次会议通过的。《合同法》分总则、分则、附则三篇，共 23 章 428 条，是一部详尽、严密、具有可操作性的法律。《合同法》自 1999 年 10 月 1 日起施行，《经济合同法》《涉外经济合同法》和《技术合同法》同时废止。为了保障《合同法》的顺利实施，最高人民法院分别于 1999 年 12 月 1 日通过《关于适用〈中华人民共和国合同法〉若干问题的解释（一）》、2003 年 3 月 24 日通过《关于审理商品房买卖合同纠纷案件适用法律若干问题的解释》、2004 年 9 月 29 日通过《关于审理建设工程施工合同纠纷案件适用法律问题的解释》、2009年2月9日通过《关于适用〈中华人民共和国合同法〉若干问题的解释（二）》、2009年6月22日通过《关于审理城镇房屋租赁合同纠纷案件具体应用法律若干问题的解释》、2010年9月13日通过《关于审理旅游纠纷案件适用法律若干问题的规定》、2012年3月31日通过《关于审理买卖合同纠纷案件适用法律问题的解释》。全国人民代表大会常委会根据2013年10月25日，中共第十二届全国人民代表大会常务委员会第五次会议《关于修改〈中华人民共和国消费者权益保护法〉的决定》第二次修正了《中华人民共和国消费者权益保护法》。

二、合同法的适用范围

《合同法》第二条规定："本法所称合同是平等主体的自然人、法人、其他组织之间设立、变更、终止民事权利义务关系的协议。婚姻、收养、监护等有关身份关系的协议，适用其他法律的规定。"这一规定说明：

第一，《合同法》的适用范围：合同主体包括中国、外国的个人之间、组织之间以及个人与组织之间订立的合同；合同的种类不仅是经济合同、技术合同，而且包括所有当事人设立、变更、终止民事权利义务关系的协议。这里所说的民事权利义务关系，主要是指财产关系，有关婚姻、收养、监护等身份关系的协议不适用合同法。

第二，合同是平等主体之间订立的民事权利义务关系的协议，属于民事法律关系。不属于民事法律关系的其他活动，不适用合同法。①政府对经济的管理活动，属于行政管理关系，不适用合同法。②企业、单位内部的管理关系，是管理与被管理的关系，不是平等主体之间的关系，也不适用合同法。

第三，关于政府机关参与的合同，应当区别不同情况分别处理。①政府机关作为平等的主体与对方签订合同的，适用合同法。②属于行政管理关系的协议，不是民事合同，不适用合同法。

关于《合同法》的溯及力问题。就一般情况而言，《合同法》是没有溯及力的。根据最高人民法院《关于适用〈中华人民共和国合同法〉若干问题的解释（一）》（以下简称《解释一》）的规定，《合同法》实施以后成立的合同发生纠纷，起诉到人民法院的，适用《合同法》的规定；《合同法》实施以前成立的合同发生纠纷，起诉到人民法院的，适用当时的法律规定，当时没有法律规定的，可以适用《合同法》的有关规定，但是如果合同成立于《合同法》实施之前，但合同约定的履行期限跨越《合同法》实施之日或者履行期限在《合同法》实施之后，因履行合同发生的纠纷，适用《合同法》的有关规定。

另外，人民法院确认合同效力时，对《合同法》实施以前成立的合同，适用当时的法律合同无效而适用《合同法》合同有效的，则适用《合同法》；人民法院对《合同法》实施以前已经做出终审裁决的案件进行再审，不适用《合同法》。

第四节　合同法的基本原则

一、合同法基本原则的概念

合同法的基本原则是合同法的主旨和根本准则，是制定、解释、执行和研究合同法的出发点。合同法的基本原则贯穿于整个合同法制度和规范中，是从事合同交易活动的当事人所必须遵循的行为模式。

二、合同法基本原则的内容

1. 合同自由原则

合同自由原则又称为契约自由原则，合同自由原则是市场经济对交易行为的客观要求。合同自由原则主要包括以下几个方面的内容：第一，缔约自由，即当事人有权自由决定是否与他人订立合同，任何单位和个人不得非法干预；第二，选择相对人自由，即当事人可以自由决定与谁订立合同；第三，决定合同内容自由，即订约当事人可以自由协商决定合同的内容；第四，选择合同形式的自由，即当事人可以自由决定以何种形式订立合同；第五，变更或解除合同的自由，即在合同成立生效后，当事人双方可以通过协商，决定变更或解除合同。此外，法律允许当事人自行约定违约责任的承担方式、自行约定合同争议的解决方式。

应当指出的是，我国合同法所确定的合同自由是一种相对的自由，而不是绝对的、无限制的自由。首先，合同自由是在法律规定范围内的自由，当事人订立、履行、变更、解除合同必须遵守法律，不能违反法律、行政法规的强制性规定和公序良俗。其次，法律从社会公共利益和社会正义出发，对交易关系也要进行必要的干预。

2. 合同合法原则

《合同法》第七条规定："当事人订立、履行合同，应当遵守法律、行政法规，尊重社会公德，不得扰乱社会经济秩序，损害社会公共利益。"合法原则是指订立合同必须符合法律和法规的原则，主要有以下内容：一是合同的内容必须符合法律、行政法规的规定；二是合同的形式、订立程序必须合法；三是合同的履行必须符合法律的规定。当事人应当依法履行合同义务，正确行使合同权利，否则应当承担相应的法律责任。

3. 诚实信用原则

诚实信用原则是民法的基本原则之一，但这一原则主要适用于债的关系，特别是合同关系，因此，诚实信用原则也是合同法的一项基本原则。作为合同法基本原则的诚实信用原则要求当事人在从事交易活动中，应当诚实守信，以诚实善意的心理状态订立合同，以善意的方式行使权利和履行义务，不得滥用权力及规避法律和合同规定的义务。诚实信用原则贯穿于交易活动的全过程，当事人在合同订立、履行、变更、解除的各个阶段，甚至在合同关系终止以后，都应当严格依照诚实信用原则行使权利和履行义务。

4. 鼓励交易原则

市场经济的基本内容是财产交易活动。财产交易是平等的市场主体之间财产和利益的交换。合同法作为调整、规范交易关系，维护交易秩序的基本法律，应当起到鼓励交易活动而不是限制交易活动的作用。鼓励交易是合同法的一项基本原则。应当指出的是，鼓励交易是鼓励那些当事人在自主自愿基础上实施合法的、正当的交易。对那些违反法律和社会公共利益的不正当的交易，非但不应当鼓励，而且如果因此损害了他人的合法权益，还应当依法承担相应的法律责任。我国《合同法》在各项具体制度中都体现了鼓励交易原则。

本 章 小 结

合同法就是规范平等主体之间交易关系的法律，是民法的重要组成部分，在市场经济中具有十分重要的作用。合同是指平等主体的自然人、法人、其他组织之间设立、变更、终止民事权利义务关系的协议。有关婚姻、收养、监护等有关身份关系的协议，适用其他法律的规定。合同当事人的法律地位平等，一方不得将自己的意志强加给另一方。当事人依法享有自愿订立合同的权利，任何单位和个人不得非法干预。当事人应当遵循公平原则确定各方的权利和义务。当事人行使权利、履行义务应当遵循诚实信用原则。当事人订立、履行合同，应当遵守法律、行政法规，尊重社会公德，不得扰乱社会经济秩序，损害社会公共利益。

思 考 题

1. 合同具有哪些特点？
2. 合同可以作怎样的分类？
3. 合同法的适用范围是怎样的？
4. 合同法的基本原则有哪些？

第二章　合同的订立

学习目标

　　掌握合同订立的形式。掌握要约的概念与构成要件；要约的撤回与撤销的相关规定。掌握承诺的概念与构成要件。了解合同的一般条款；学会使用合同示范文本。掌握格式条款的概念及格式条款的规章制度；掌握合同成立的时间和地点。掌握缔约过失责任概念、适用范围。掌握权利质押范围。

关键名词

　　合同示范文本　　格式条款　　要约　　要约邀请　　承诺　　缔约过失责任

第一节　合同订立的含义与形式

一、合同订立的含义

　　合同订立是指缔约当事人互为意思表示，并使双方意思表示趋于一致，达成合意的过程。这个过程主要包括要约和承诺两个阶段，每个阶段都有相应的法律规范进行调整，缔约当事人要受到要约邀请、要约、反要约、承诺、合同成立要件等制度的规范和约束，在这个过程中，缔约当事人负有先合同义务，过失违反先合同义务，给缔约相对方造成损失，产生缔约过失责任。

　　合同的订立与合同的成立的含义有所不同。合同的订立是缔约当事人相互接触，互为意思表示，并使双方的意思表示趋于一致的过程。合同的成立是指缔约当事人意思表示一致，达成合意，合同得以产生和存在的事实，或者说是合同订立这一过程产生的最理想的结果。

小知识

《民法通则》第五十六条规定："民事法律行为的委托代理，可以用书面形式，也可以用口头形式。法律规定用书面形式的，应当用书面形式。"如果行为人在进行某种行为时，未能采取法律规定的特殊形式的，则不能产生法律效力。书面形式有一般书面形式和特殊书面形式。特殊书面形式主要是指公证形式、审核批准形式、登记、公告形式等。一般而言，书面形式优于口头形式，特殊书面形式优于一般书面形式。在实践中，还有一种不通过文字或语言，而是以沉默的方式进行意思表示的形式，该形式只有在法律有规定或当事人有约定的情况下才能产生法律效力。

二、合同订立的形式

《合同法》规定，当事人订立合同，有书面形式、口头形式和其他形式。法律、行政法规规定采用书面形式的，应当采用书面形式。当事人约定采用书面形式的，应当采用书面形式。

小案例

甲企业与乙企业达成口头协议，由乙企业在半年之内供应甲企业50吨钢材。三个月后，乙企业以原定钢材价格过低为由要求加价，并提出，如果甲企业表示同意，双方立即签订书面合同，否则，乙企业将不能按期供货。甲企业表示反对，并声称，如乙企业到期不履行协议，将向法院起诉。双方当事人签订的合同有法律效力吗？

根据合同法的规定，双方当事人签订的口头合同具有法律约束力。当事人订立合同，有书面形式、口头形式和其他形式。法律、行政法规规定采用书面形式的，应当采用书面形式。当事人约定采用书面形式的，应当采用书面形式。

（1）口头形式。口头形式是指当事人双方通过口头交谈的方式互为意思表示，达成协议。采取口头形式订立合同的优点是简便、快捷，缔约成本低。缺点是发生纠纷时不易举证，不易分清责任。因此对于非即时清结的、内容复杂的、较重要的合同不宜采用口头形式。

（2）书面形式。书面形式是指合同书、信件和数据电文（包括电报、电传、传真、电子数据交换和电子邮件）等可以有形地表现所载内容的形式。书面形式明确肯定，有据可查，对于防止争议和解决纠纷，有积极意义。实践中，书面形式是当事人最为普遍采用的一种合同形式。

（3）其他形式。除了书面形式和口头形式，合同还可以其他形式成立。这主要是指行为推定形式，即根据当事人的行为推定出双方就某一合同意思表示一致，从而成立合同。如当某甲登上公共汽车，并向投币箱投币，该行为可推定某甲与公交公司订立了一个旅客运送合同。

第二节　合同的内容

一、合同的一般条款

合同的条款是合同中经双方当事人协商一致、规定双方当事人权利义务的具体条文。合同的条款就是合同的内容。合同的条款是否齐备、准确，决定了合同能否成立、生效以及能否顺利地履行、实现订立合同的目的。合同的条款是非常重要的，所以在此条规定了合同的主要条款：当事人的名称或者姓名和住所、标的、数量、质量、价款或者报酬、履行期限、履行地点和方式、违约责任、解决争议的方法。但是，并不是说当事人签订的合同中缺了其中任何一项就会导致合同的不成立或者无效。主要条款的规定只具有提示性与示范性。合同的主要条款或者合同的内容要由当事人约定，一般包括这些条款，但不限于这些条款。不同的合同，由其类型与性质决定，其主要条款或者必备条款可能是不同的。例如，买卖合同中有价格条款，而在无偿合同如赠与合同中就没有此项。

（1）当事人的名称或者姓名和住所。这是每一个合同必须具备的条款。当事人是合同的主体，合同中如果不写明当事人，谁与谁做交易都搞不清楚，就无法确定权利的享受和义务的承担，发生纠纷也难以解决，特别是在合同涉及多方当事人的时候更是如此。合同中不仅要把应当规定的当事人都规定到合同中去，而且要把各方当事人的名称或者姓名和住所都规定准确、清楚。

（2）标的。标的是合同当事人的权利义务指向的对象。标的是合同成立的必要条件，是一切合同的必备条款。没有标的，合同不能成立，合同关系无法建立。合同的种类很多，合同的标的也多种多样，主要包括：有形财产、无形财产、劳务、工作成果等。合同对标的的规定应当清楚明白、准确无误，对于名称、型号、规格、品种、等级、花色等都要约定得细致、准确、清楚，防止差错。特别是对于不易确定的无形财产、劳务、工作成果等更要尽可能地描述准确、明白。

（3）数量。在大多数的合同中，数量是必备条款，没有数量，合同是不能成立的。许多合同，只要有了标的和数量，即使对其他内容没有规定，也不妨碍合同的成立与生效。因此，数量是合同的重要条款。一般而言，合同的数量要准确，选择使用共同接受的计量单位、计量方法和计量工具。根据不同情况，要求不同的精确度，允许的尾差、磅差、超欠幅度、自然耗损率等。

（4）质量。质量条款的重要性是毋庸讳言的，许许多多的合同纠纷由此引起。合同中应当对质量问题尽可能地规定细致、准确和清楚。国家有强制性标准规定的，必须按照规定的标准执行。如有其他质量标准的，应尽可能约定其适用的标准。当事人可以约定质量检验的方法、质量责任的期限和条件、对质量提出异议的条件与期限等。

（5）价款或者报酬。价款一般指对提供财产的当事人支付的货币。报酬一般是指对提供劳务或者工作成果的当事人支付的货币。价款或者报酬应当在合同中规定清楚或者明确。有些合同比较复杂，货款、运费、保险费、保管费、装卸费、报关费以及一切其他可能支出的费用，由谁支付都要规定清楚。

（6）履行期限。履行期限是指合同中规定的当事人履行自己的义务如交付标的物、价款或者报酬，履行劳务、完成工作的时间界限。履行期限直接关系到合同义务完成的时间，涉及当事人的期限利益，也是确定合同是否按时履行或者迟延履行的客观依据。履行期限可以是即时履行的，也可以是定时履行的；可以是在一定期限内履行的，也可以是分期履行的，期限条款还是应当尽量明确、具体，或者明确规定计算期限的方法。

（7）履行地点和方式。履行地点是指当事人履行合同义务和对方当事人接受履行的地点。不同的合同，履行地点有不同的特点。履行地点有时是确定运费由谁负担、风险由谁承担以及所有权是否转移、何时转移的依据。履行地点也是在发生纠纷后确定由哪一地法院管辖的依据。因此，履行地点在合同中应当规定得明确、具体。履行方式是指当事人履行合同义务的具体做法。不同的合同，决定了履行方式的差异。履行方式与当事人的利益密切相关，应当从方便、快捷和防止欺诈等方面考虑采取最为适当的履行方式，并且在合同中应当明确规定。

（8）违约责任。违约责任是指当事人一方或者双方不履行合同或者不适当履行合同，依照法律的规定或者按照当事人的约定应当承担的法律责任。违约责任是促使当事人履行合同义务，使对方免受或少受损失的法律措施，也是保证合同履行的主要条款。因此当事人为了特殊的需要，为了保证合同义务严格按照约定履行，为了更加及时地解决合同纠纷，可以在合同中约定违约责任，如约定定金、违约金、赔偿金额以及赔偿金的计算方法等。

（9）解决争议的方法。解决争议的方法指合同争议的解决途径，对合同条款发生争议时的解释以及法律适用等。解决争议的途径主要有几种：一是双方通过协商和解；二是由第三人进行调解；三是通过仲裁解决；四是通过诉讼解决。解决争议的方法的选择对于纠纷发生后当事人利益的保护是非常重要的，应该慎重对待。但要选择解决争议的方法比如选择仲裁，是选择哪一个仲裁机构要规定得具体、清楚，不能笼统规定"采用仲裁解决"。否则，将无法确定仲裁协议条款的效力。

关于合同的订立，《关于适用〈中华人民共和国合同法〉若干问题的解释（二）》（以下简称《解释二》）有以下规定：

（1）当事人对合同是否成立存在争议，人民法院能够确定当事人名称或者姓名、标的和数量的，一般应当认定合同成立。但法律另有规定或者当事人另有约定的除外。对合同欠缺的前款规定以外的其他内容，当事人达不成协议的，人民法院依照《合同法》第六十一条、第六十二条、第一百二十五条等有关规定予以确定。

（2）当事人未以书面形式或者口头形式订立合同，但从双方从事的民事行为能够推定双方有订立合同意愿的，人民法院可以认定是以《合同法》第十条第一款中的"其他形式"订立的合同。但法律另有规定的除外。

（3）悬赏人以公开方式声明对完成一定行为的人支付报酬，完成特定行为的人请求悬赏人支付报酬的，人民法院依法予以支持。但悬赏有《合同法》第五十二条规定情形的除外。

（4）采用书面形式订立合同，合同约定的签订地与实际签字或者盖章地点不符的，人民法院应当认定约定的签订地为合同签订地；合同没有约定签订地，双方当事人签字或者盖章不在同一地点的，人民法院应当认定最后签字或者盖章的地点为合同签订地。

（5）当事人采用合同书形式订立合同的，应当签字或者盖章。当事人在合同书上摁手印的，人民法院应当认定其具有与签字或者盖章同等的法律效力。

二、合同的示范文本

合同示范文本是由工商行政管理部门制定或工商行政管理部门与其他有关主管部门联合制定的，有主要条款和式样的规范性、指导性的合同文本。《合同法》第十二条第二款规定，当事人可以参照各类合同的示范文本订立合同。实践中合同的示范文本对于提示当事人在订立合同时更好地明确各自的权利义务起到了积极作用。

三、格式条款的适用

格式条款是当事人为了重复使用而预先拟定，并在订立合同时不与对方协商的条款。"格式条款"，又称为标准条款、标准合同、格式合同、定式合同和定型化合同，也有人称作符合合同等。格式条款具有以下特点：①作为要约其对象具有广泛性。要约向公众发出，任何人只要同意要约的规定就可以签订合同。②条款具有持久性。格式条款一般是经过认真研究拟定的，在一个相当长的时期内不会改变。③条款具体细致。格式条款往往内容繁复，条款甚多。④一般由主管部门、专家学者、行业协会、一方当事人提出。无论以何种形式表现，可以是合同书形式、票证形式或者其他形式，甚至其条款并不在书面形式上记载。

格式条款的适用可以简化签约程序，加快交易速度，减少交易成本。但是，由于格式条款是由一方当事人拟定的，且在合同订立过程中不容对方协商，其条款难免有不公平之处。因此，《合同法》对格式条款的适用作了特别规定。

小案例

李某一家三口参加某旅行社组织的旅游。途中该团所乘汽车因车轮打滑撞击其他汽车，张先生本人右腿骨粉碎性骨折，全家所受惊吓不轻。为此，张某一家要求旅行社退还全部旅游费 6000 元，并赔偿伤残补助费、医药费、护理费、误工费及精神损失费 385000 元。但旅行社提出，双方所签合同中约定"如果由于第三方原因造成游客人身或财产损害的，旅行社概不负责"。该事故的发生由于汽车公司汽车故障造成，旅行社并无过错，因此拒绝赔偿。双方协商不成，对簿公堂。

该旅游格式合同中有关第三方造成损害旅行社免责的条款无效。《合同法》第四十条规定：提供格式条款一方免除其责任，加重对方的责任，排除对方主要权利的，该条款无效。由此可见，该事件甲旅行社提供格式条款中所含免除自身责任的条款无效。

《合同法》对格式条款的使用作了以下限制：

（1）提供格式条款的一方有提示说明的义务应当采取合理的方式提请对

方注意免除或限制其责任的条款，按照对方的要求对该条款予以说明。

（2）提供格式条款的一方免除其责任，加重对方责任，排除对方主要权利的条款无效。

（3）格式条款具有《合同法》第五十二条规定的情形时无效。包括：一方以欺诈、胁迫的手段订立合同，损害国家利益；恶意串通，损害国家、集体或者第三人的利益；以合法形式掩盖非法目的；损害社会公共利益；违反法律、行政法规的强制性规定。

（4）格式条款具有《合同法》规定的情形时无效，包括：有造成对方人身伤害的免责条款；有因故意或重大过失造成对方财产损失的免责条款。

（5）对格式条款有两种以上解释的，应当做出不利于提供格式条款一方的解释；格式条款和非格式条款不一致的应当采用非格式条款。

《解释二》第六条规定：提供格式条款的一方对格式条款中免除或者限制其责任的内容，在合同订立时采用足以引起对方注意的文字、符号、字体等特别标识，并按照对方的要求对该格式条款予以说明的，人民法院应当认定符合合同法第三十九条所称"采取合理的方式"。提供格式条款一方对已尽合理提示及说明义务承担举证责任。

关于格式条款的效力，《解释二》第九条、第十条明确规定：提供格式条款的一方当事人违反《合同法》第三十九条第一款关于提示和说明义务的规定，导致对方没有注意免除或者限制其责任的条款，对方当事人申请撤销该格式条款的，人民法院应当支持。提供格式条款的一方当事人违反《合同法》第三十九条第一款的规定，并具有《合同法》第四十条规定的情形之一的，人民法院应当认定该格式条款无效。

第三节　合同订立的程序

根据《合同法》规定，当事人采取要约、承诺方式订立合同。合同是当事人之间设立、变更、终止民事权利义务关系的协议，当事人对合同的内容经过协商、达成一致意见的过程，就是通过要约、承诺完成的。

一、要约

（一）要约的概念及构成要件

要约，又称为发盘、出盘、出价或报价等，是指一方当事人以缔结合同为目的，向相对人所做的意思表示。我国《合同法》规定："要约是希望和他人定立合同的意思表示。"发出要约的一方当事人称为要约人，要约所指向的相对人称为受要约人、相对人。

一项有效的要约，通常要具备下列构成要件：

（1）要约是由具有订约能力的特定人做出的意思表示。发出要约的目的旨在与受要约人成立合同，要约人可以是未来合同当事人的任何一方，但他必须是特定的，即必须是客观上可以确定的。这样，受要约人才可能对其承诺而成立合同。由于要约是订约的意思表示，要约人须为具有意思能力的民事主体。我国《合同法》第九条规定："当事人订立合同，应当具有相应的民事权利能力和民事行为能力。"即要约人须为民事主体并且具有与其意欲订立的合同相应的行为能力。

（2）要约必须向要约人希望与之订立合同的相对人发出。要约只有经过受要约人的承诺，才能达到要约人的目的，即与受要约人成立合同。因此，只有要约人向其希望与之缔结合同的相对人发出缔约提议，才有可能达到要约人的订约目的。

（3）要约必须具有缔约目的并表明经承诺即受此意思表示的拘束。能否构成一个要约要看这种意思表示是否表达了与被要约人订立合同的真实意愿。这要根据特定情况和当事人所使用的语言来判断。

（4）要约的内容必须具备足以使合同成立的主要条件。这要求要约的内容必须是确定的和完整的。所谓确定的是要求必须明确清楚，不能模棱两可、产生歧义。所谓完整的是要求要约的内容必须满足构成一个合同所必备的条件，但并不要求一个要约事无巨细、面面俱到。

要约的四个要件中最重要的是两个：一是内容具体确定；二是表明经受要约人承诺，要约人即受该意思表示约束。本条规定了要约的三个要件。至于要约是否必须向特定人发出，在多数情况下是这样的，但在某些特殊场合则有例外，如悬赏广告，构成要约的商业广告等，因此，对该条件未作规定。

（二）要约邀请

要约邀请，又称要约引诱，是邀请或者引诱他人向自己发出订立合同的要约的意思表示。要约邀请可以是向特定人发出的，也可以是向不特定的人发出的。要约邀请与要约不同，要约是一个一经承诺就成立合同的意思表示，而要约邀请只是邀请他人向自己发出要约，自己如果承诺才成立合同。要约邀请处于合同的准备阶段，没有法律约束力。要约邀请是希望他人向自己发出要约的意思表示，不属于订立合同的行为。寄送的价目表、拍卖公告、招标公告、招股说明书、商业广告等，性质为要约邀请。但如商业广告的内容符合要约的规定，则视为要约。

（三）要约的生效

要约可以向特定人发出，也可以向非特定人发出。要约到达受要约人时生效。采用数据电文形式订立合同，收件人指定特定系统接收数据电文的，该数据电文进入该特定系统的时间，视为到达时间；未指定特定系统的，该数据电文进入收件人的任何系统的首次时间，视为到达时间。

需要说明的是，要约"到达受要约人时"并不是指一定实际送达到受要约人或者其代理人手中，要约只要送达到受要约人通常的地址、住所或者能够控制的地方（如信箱等）即为送达。"送达到受要约人时"生效，即使在要约送达受要约人之前受要约人已经知道其内容，要约也不生效。在对话要约时，以采用"其意思表示以相对人了解时发生效力"的解释较为妥当。

 小知识

商品房的销售广告和宣传资料为要约邀请，但是出卖人就商品房开发规划范围内的房屋及相关设施所作的说明和允诺具体确定，并对商品房买卖合同的订立以及房屋价格的确定有重大影响的，应当视为要约。该说明和允诺即使未载入商品房买卖合同，亦应当视为合同内容，当事人违反的，应当承担违约责任。

（四）要约的撤回、撤销

要约可以撤回。要约的撤回是指在要约发出之后但在发生法律效力以前，要约人欲使该要约不发生法律效力而做出的意思表示。要约得以撤回的原因是，要约尚未发生法律效力，所以不会对受要约人产生任何影响，不会对交易秩序产生任何影响。在此阶段，应当允许要约人使尚未生效的要约不产生预期的效力。撤回要约的通知应当在要约到达受要约人之前或者与要约同时到达受要约人。

要约可以撤销。要约的撤销是指，要约人在要约发生法律效力之后而受要约人承诺之前，欲使该要约失去法律效力的意思表示。要约的撤销与要约的撤回不同在于：要约的撤回发生在要约生效之前，而要约的撤销发生在要约生效之后；要约的撤回是使一个未发生法律效力的要约不发生法律效力，要约的撤销是使一个已经发生法律效力的要约失去法律效力；要约撤回的通知只要在要约到达之前或与要约同时到达就发生效力，而要约撤销的通知在受要约人发出承诺通知之前到达受要约人，不一定发生效力。

撤销要约的通知应当在受要约人发出承诺通知之前到达受要约人。但有下列情形之一的，要约不得撤销：①要约人确定了承诺期限或者以其他形式明示要约不可撤销；②受要约人有理由认为要约是不可撤销的，并已经为履行合同做了准备工作。

（五）要约的失效

要约的失效，也可以称为要约的消灭或者要约的终止，指要约丧失法律效力，要约人与受要约人均不再受其约束。要约人不再承担接受承诺的义务，受要约人亦不再享有通过承诺使合同得以成立的权利。

有下列情形之一的，要约失效：①拒绝要约的通知到达要约人；②要约人依法撤销要约；③承诺期限届满，受要约人未做出承诺；④受要约人对要约的内容做出实质性变更。

二、承诺

（一）承诺的概念及构成要件

承诺是受要约人同意要约的意思表示。在商业交易中，与"发盘""发价"等相对称，承诺称作"接受"。在一般情况下，承诺做出生效后合同即告成立。

作为使合同得以成立生效的承诺，必须具备一定的条件，其必要条件是：

（1）承诺必须由受要约人做出。要约是要约人向特定的受要约人发出的，受要约人是要约人选定的交易相对方，受要约人进行承诺的权利是要约人赋予的，只有受要约人才能取得承诺的能力，受要约人以外的第三人不享有承诺的权利。

（2）承诺须向要约人做出。承诺是对要约的同意，是受要约人与要约人订立合同，当然要向要约人做出。如果承诺不是向要约人做出，则做出的承诺不视为承诺，达不到与要约人订立合同的目的。

（3）承诺的内容须与要约保持一致。这是承诺最核心的要件，承诺必须是对要约完全的、单纯的同意。因为受要约人如果想与要约人签订合同，必须在内容上与要约的内容一致，如果受要约人在承诺中对要约的内容加以扩张、限制或者变更，便不能构成承诺，合同自然不能成立。但可认为同时提出了一项新的要约，称为反要约。

（4）承诺必须在要约的有效期内做出。如果要约规定了承诺期限，则承诺应在规定的承诺期限内做出，如果要约没有规定承诺期限，则承诺应当在合理的期限内做出。如果要约的承诺期限已过，或者已超过一个合理的时期，则不应再做出承诺。如果承诺期限已过而受要约人还想订立合同，当然也可以发出承诺，但此承诺已不能视为是承诺，只能视为是一项要约。原来的要约人不再受原要约的拘束，他可以不答应受要约人，当然也可以答应，如果答应，是作为受要约人承诺要约人的要约。

（二）承诺的方式与期限

承诺应当以通知的方式做出，但根据交易习惯或者要约表明可以通过行为做出承诺的除外。

承诺应当在要约确定的期限内到达要约人。要约以信件或者电报做出的，承诺期限自信件载明的日期或者电报交发之日开始计算。信件未载明日期的，自投寄该信件的邮戳日期开始计算。要约以电话、传真等快速通信方式做出的，承诺期限自要约到达受要约人时开始计算。要约没有确定承诺期限的，承诺应当依照下列规定到达：①要约以对话方式做出的，应当即时做出承诺，但当事人另有约定的除外；②要约以非对话方式做出的，承诺应当在合理期限内到达。

受要约人超过承诺期限发出承诺的，除要约人及时通知受要约人该承诺有效的以外，为新要约。受要约人在承诺期限内发出承诺，按照通常情形能够及时到达要约人，但因其他原因承诺到达要约人时超过承诺期限的，除要约人及时通知受要约人因承诺超过期限不接受该承诺的以外，该承诺有效。

（三）承诺的生效

承诺通知到达要约人时生效。承诺不需要通知的，根据交易习惯或者要约的要求做出承诺的行为时生效。采用数据电文形式订立合同的，承诺到达的时间同上述要约到达时间的规定相同。

承诺也可以撤回，承诺的撤回是指受要约人阻止承诺发生法律效力的意思表示。撤回承诺的通知应当在承诺通知到达要约人之前或者与承诺通知同时到达要约人。

受要约人对要约的内容做出实质性变更的，为新要约。承诺对要约的内容做出非实质性变更的，除要约人及时表示反对或者要约表明承诺不得对要约的内容做出任何变更的以外，该承诺有效，合同的内容以承诺的内容为准。

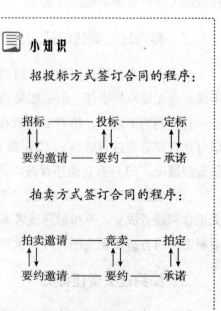

小知识

招投标方式签订合同的程序：

招标 —— 投标 —— 定标

要约邀请 —— 要约 —— 承诺

拍卖方式签订合同的程序：

拍卖邀请 —— 竞卖 —— 拍定

要约邀请 —— 要约 —— 承诺

三、合同成立的时间与地点

（一）合同成立的时间

当事人采用合同书形式订立合同的，自双方当事人签字或者盖章时合同成立。当事人采用信件、数据电文等形式订立合同的，可以在合同成立之前要求签订确认书，签订确认书时合同成立。法律、行政法规规定或者当事人约定采用书面形式订立合同，当事人未采用书面形式但一方已经履行主要义务并且对方接受的，该合同成立。采用合同书形式订立合同，在签字或者盖章之前，当事人一方已经履行主要义务并且对方接受的，该合同成立。

（二）合同成立的地点

承诺生效的地点为合同成立的地点。采用数据电文形式订立合同的，收件人的主营业地为合同成立的地点；没有主营业地的，其经常居住地为合同成立的地点。当事人另有约定的，按照其约定。当事人采用合同书形式订立合同的，双方当事人签字或者盖章的地点为合同成立的地点。

第四节 缔约过失责任

一、缔约过失责任概念

缔约过失责任是指当事人在订立合同过程中，因违背诚实信用原则给对方造成损失时所应承担的法律责任。

二、缔约过失责任的适用范围

当事人应当根据自愿和诚实信用原则进行协商，决定是否订立合同。协商不成，也无须承担责任。但是如果当事人违背了诚实信用原则，在订立合同过程中有下列情形之一，给对方造成损失，就应当承担损害赔偿责任：（1）假借订立合同恶意进行磋商；（2）故意隐瞒与订立合同有关的重要事实或者提供虚假情况；（3）有其他违背诚实信用原则的行为。

《合同法》第四十三条规定："当事人在订立合同过程中知悉的商业秘密，无论合同是否成立，不得泄露或者不正当地使用。泄露或者不正当地使用该商业秘密给对方造成损失的，应当承担损害赔偿责任。"

三、缔约过失责任种类

负有缔约过失责任的当事人，应当赔偿受损害的当事人。赔偿应当以受损害的当事人的损失为限。这个损失包括直接利益的减少，如谈判中发生的费用，还应当包括受损害的当事人因此失去的与第三人订立合同的机会的损失。

📖 小案例

张某经营一个幼儿园。由于入园的孩子不断增加，原来的教室很拥挤。计划将幼儿园扩大。王某长期在外经商，自己经营一家企业。其在 2000 年 5 月初回到家乡，听说朋友张某扩建幼儿园资金不足，正在四处筹集资金，便主动提出愿意借款 80 万元。二人在同年 5 月 25 日经协商，确定了资金到位的时间和开工的时间。王某提出其借款将在 7 月初到位，在此之前张某可作好开工准备工作，包括准备必要的配套资金。

同年 6 月中旬，张某将原有做幼儿园四间平房拆除，在外租房临时使用，并于 6 月底向一家信用社贷款 40 万元，期限为一年。7 月初，张某找到王某催要借款。王某提出因其生意亏本无力支付。张某提出可以减少借款，但王某表示仅能借 10 万元。为此，双方不能达成协议，张某将王某告到法庭，要求王某履行诺言，否则赔偿张某的损失。王某辩解称，双方并没有签订书面合同，他没有义务必须借款，至于张某遭受的损失是由于其自己的原因造成，他不应该承担任何责任。张某的主张有法律根据吗？

本例中张某的主张没有法律根据。张某应当承担缔约过失责任。

本 章 小 结

合同订立是指缔约当事人互为意思表示，并使双方意思表示趋于一致，达成合意的过程。这个过程主要包括要约和承诺两个阶段。要约是希望和他人订立合同的意思表示。承诺是受要约人同意要约的意思表示。当事人订立合同，有书面形式、口头形式和其他形式。由于格式条款难免有不公平之处，因此合同法对格式条款的适用作了特别规定。如果当事人违背了诚实信用原则，在订立合同过程中有法律规定情形给对方造成损失，就应当承担损害赔偿责任。

思 考 题

1. 合同订立的形式有哪些？
2. 《合同法》对格式条款的使用有哪些限制？

3. 合同订立的程序是怎样的?

4. 要约的撤回、撤销有什么区别?

5. 合同成立的时间是怎样的?

6. 缔约过失责任的适用范围是什么?

7.《解释二》对合同的订立有哪些规定?

8.《解释二》对格式条款是怎样规定的?

第三章　合同的效力

第一节　合同的生效

一、合同生效的概念

合同生效（即有效合同），是指已依法成立的合同，发生相应的法律效力。合同生效后，其效力主要体现在以下几个方面：

（1）在当事人之间产生法律效力。一旦合同成立生效后，当事人应当依合同的规定，享受权利，承担义务。当事人依法受合同的拘束，是合同的对内效力。

（2）合同生效后产生的法律效果还表现在对当事人以外的第三人产生一定的法律拘束力。合同的这一效力表现，称为合同的对外效力。

（3）合同生效后的法律效果还表现在，当事人违反合同的将依法承担民事责任，必要时人民法院也可以采取强制措施使当事人依合同的规定承担责任、履行义务，对另一方当事人进行补救。

二、合同生效的要件

合同的生效要件是衡量合同是否具备法律效力的标准。我国合同法没有直接规定合同生效要件，主要从程序方面做出规定，但根据《民法通则》有关法律行为应当具备的要件的规定以及《合同法》的相关规定，合同生效的共同要件应当包括：（1）订立合同的当事人具有相应的民事行为能力；（2）订立合同的当事人意思表示真实；（3）合同不违反法律或者不得损害社会公共利益。

小知识

《民法通则》关于公民的行为能力的规定是：18周岁以上的公民是成年人，具有完全民事行为能力，可以独立进行民事活动，是完全民事行为能力人。16周岁以上不满18周岁的公民，以自己的劳动收入为主要生活来源的，视为完全民事行为能力人。

10周岁以上的未成年人是限制民事行为能力人，可以进行与他的年龄、智力相适应的民事活动；其他民事活动由他的法定代理人代理，或者征得他的法定代理人的同意。不满10周岁的未成年人是无民事行为能力人，由他的法定代理人代理民事活动。

不能辨认自己行为的精神病人是无民事行为能力人，由他的法定代理人代理民事活动。不能完全辨认自己行为的精神病人是限制民事行为能力人，可以进行与他的精神健康状况相适应的民事活动；其他民事活动由他的法定代理人代理，或者征得他的法定代理人的同意。

无民事行为能力人、限制民事行为能力人的监护人是他的法定代理人。

三、合同生效的时间

《合同法》根据不同类型的合同规定了合同生效的时间，主要有以下四种情况：

（1）依法成立的合同，自成立时生效。也就是说合同的生效，原则上是与合同的成立一致的，合同成立就产生效力。根据《合同法》第二十五条的规定："承诺生效时合同成立。"

（2）法律、行政法规规定应当办理批准、登记等手续生效的，依照其规定办理批准、登记等手续后生效。也就是说某些法律、行政法规规定合同的生效要经过特别程序后才产生法律效力，这是合同生效的特别要件。

（3）当事人对合同的效力可以约定附条件。附生效条件的合同，自条件成就时生效。附解除条件的合同，自条件成就时失效。当事人为自己的利益不正当地阻止条件成就的，视为条件已成就；不正当地促成条件成就的，视为条件不成就。

（4）当事人对合同的效力可以约定附期限。附生效期限的合同，自期限届至时生效。附终止期限的合同，自期限届满时失效。

《解释一》规定，法律、行政法规规定合同应当办理批准手续，或者办理批准、登记等手续才生效的，在法院审理案件过程中，一审法庭辩论终结前当事人仍未办理批准手续的，或者仍未办理批准、登记等手续的，人民法院应当认定该合同未生效；法律、行政法规规定合同应当办理登记手续，但未规定登记后生效的，当事人未办理登记手续不影响合同的效力，但合同标的所有权及其他物权不能转移。此类合同的变更、转让、解除等情形，也依据上述规定处理。

第二节　无效合同

一、无效合同的概念

所谓无效合同就是不具有法律约束力和不发生履行效力的合同。一般合同一旦依法成立，就具有法律拘束力，但是无效合同却由于违反法律、行政法规的强制性规定或者损害国家、社会公共利益，因此，即使其成立，也不具有法律拘束力。

无效合同一般具有以下特征：

（1）无效合同具有违法性。一般来说，本法所规定的无效合同都具违法性，它们大都违反了法律和行政法规的强制性规定和损害了国家利益、社会公共利益。无效合同的违法性表明此类合同不符合国家的意志和立法的目的，国家就应当对其实行干预，使其不发生效力，而不管当事人是否主张合同的效力。

（2）无效合同是自始无效的。无效合同从订立时起就没有法律约束力，以后也不会转化为有效合同。由于无效合同从本质上违反了法律规定，因此，国家不承认此类合同的效力。对于已经履行的，应当通过返还财产、赔偿损失等方式使当事人的财产恢复到合同订立前的状态。

二、无效合同的种类

《解释一》规定，合同法实施以后，人民法院确认合同无效，应当以全国人大及其常委会制定的法律和国务院制定的行政法规为依据，不得以地方性法规、行政规章为依据。

无效合同的种类包括：（1）一方以欺诈、胁迫的手段订立合同，损害国家利益；（2）恶意串通，损害国家、集体或者第三人利益；（3）以合法形式掩盖非法目的；（4）损害社会公共利益；（5）违反法律、行政法规的强制性规定。

另外，《合同法》还就免责条款作了规定。免责条款是指合同中的双方当事人在合同中约定的，为免除或限制一方或双方当事人未来责任的条款。一般来说，当事人经过充分协商确定的免责条款，只要是完全建立在当事人自愿的基础上，又不违反公共利益。法律对其效力给予承认。但是对严重违反诚实信用原则和社会公共利益的免责条款，法律予以禁止。《合同法》第五十三条规定，合同中的下列免责条款无效：造成对方人身伤害的；因故意或者重大过失造成对方财产损失的。

根据《解释一》规定，当事人超越经营范围订立合同，人民法院不因此认定合同无效，但违反国家限制经营、特许经营以及法律、行政法规禁止经营规定的除外。

第三节　可撤销合同

一、可撤销合同概念

可撤销合同，是指因存在法定事由，合同一方当事人可请求人民法院或者仲裁机构撤销或者变更的合同。

二、可撤销合同的特点

可撤销合同一般具有如下特征：（1）可撤销合同在未被撤销前是有效的合同；（2）可撤销合同一般是意思表示有缺陷的合同；（3）可撤销合同的变更或撤销要由有撤销权的当事人通过行使撤销权来实现；（4）可撤销合同的变更或撤销须由人民法院或仲裁机构做出。

可撤销合同与无效合同有相同之处，如合同都会因被确认无效或者被撤销后而使合同自始不具有效力。二者的主要区别是：（1）可撤销合同主要是涉及意思不真实的合同，而无效合同主要是违反法律的强制性规定和社会公共利益的合同；（2）可撤销合同在没有被撤销之前仍然是有效的，而无效合同是自始都不具有效力；（3）可撤销合同中的撤销权是有时间限制的，无效合同则自始无效；（4）可撤销合同中的撤销权人有选择的权利，而无效合同是当然的无效，当事人无权进行选择。

三、可撤销合同的种类

《合同法》规定了三种可撤销的合同：（1）因重大误解订立的合同。所谓重大误解，是指当事人对合同的性质、对方当事人、标的物的种类、质量、数量等涉及合同后果的重要事项存在错误认识，违背其真实意思表示订立合同，并因此受到较大损失的行为。（2）显失公平的合同。所谓显失公平是指一方当事人利用优势或者对方没有经验，在订立合同时致使双方的权利与义务明显违反公平、等价有偿原则的行为。（3）一方以欺诈、胁迫的手段或者乘人之危，使对方在违背真实意思的情况下订立的合同。

一方以欺诈、胁迫的手段或者乘人之危，使对方在违背真实意思的情况下订立的合同的受害方有权请求人民法院或者仲裁机构变更或者撤销。当事人请求变更的，人民法院或仲裁机构不得撤销。

与上述因欺诈、胁迫订立的无效合同相比较，二者的区别在于是否损害了国家利益。损害国家利益的为无效合同；未损害国家利益的，受欺诈、胁迫的一方可以自主决定该合同有效或撤销。即只有受损害方当事人才可以行使请求权。

四、无效合同与被撤销合同的法律后果

无效合同与被撤销合同的法律后果主要有：

（1）无效或者可撤销合同在被认定无效或者可撤销后自始没有法律约束力。

（2）合同部分无效，不影响其他部分的效力，其他部分仍然有效。

（3）合同无效、被撤销或者终止，不影响合同中独立存在的有关解决争议方法的效力。

（4）合同无效后，因该合同取得的财产，应当予以返还；不能返还或者没有必要返还的，应当折价补偿。有过错的一方应当赔偿对方因此所受到的损失；双方都有过错的，应当各自承担相应的责任。当事人恶意串通，损害国家、集体或者第三人利益的，因此取得的财产收归国家所有或者返还集体、第三人。

五、撤销权的行使时效和限制

需要注意的是，撤销权的行使是有时效和限制的。有下列情形之一的，撤销权消灭：①具有撤销权的当事人自知道或者应当知道撤销事由之日起一年内没有行使撤销权；②具有撤销权的当事人知道撤销事由后明确表示或者以自己的行为放弃撤销权。

第四节　效力待定合同

一、效力待定合同的含义

　　对于某些方面不符合合同生效的要件，但并不属于上述无效合同或可撤销合同，法律允许根据情况予以补救的合同，为效力待定合同。

二、效力待定合同的种类

　　（1）限制民事行为能力人订立的合同，经法定代理人追认，该合同有效，但纯获利益的合同或者与其年龄、智力、精神健康状况相适应而订立的合同，不必经法定代理人追认。

　　为避免因限制民事行为能力人订立的合同效力长期处于不确定状态而影响相对人的权益，《合同法》规定了相对人的催告权。相对人可以催告法定代理人在一个月内予以追认。法定代理人未做表示的，视为拒绝追认。合同被追认之前，善意相对人有撤销的权利。撤销应当以通知的方式做出。

📖 **小案例**

中学生赵某，16 周岁，身高 175 公分，但面貌成熟，像二十七八岁。赵某为了买一辆摩托车，欲将家中一套闲房卖掉筹购车款。后托人认识李某，与李某签订了购房合同，李某支付定金 5 万元，双方遂到房屋管理部门办理了房屋产权转让手续。赵某父亲发现此事后，起诉到法院。该房屋买卖合同有效吗？

本例中该房屋买卖合同是无效的。因为当事人一方赵某虽年满 16 周岁，但不是以自己的劳动作为生活来源，是限制行为能力的人。因缔约主体资格不合格，导致该合同无效，加上赵某的父亲事后并未予以追认，所以该房屋买卖合同是无效合同。

（2）行为人没有代理权、超越代理权或者代理权终止后以被代理人名义订立的合同，未经被代理人追认，对被代理人不发生效力，由行为人承担责任。

相对人可以催告被代理人在一个月内予以追认。被代理人未做表示的，视为拒绝追认。合同被追认之前，善意相对人有撤销的权利。撤销应当以通知的方式做出。

（3）行为人没有代理权、超越代理权或者代理权终止后以被代理人名义订立合同，相对人有理由相信行为人有代理权的，该代理行为有效。这是关于表见代理的规定。所谓表见代理，是指客观上存在使相对人相信无权代理人的行为有代理权的情况和理由且相对人主观上为善意时，代理行为有效。

（4）法人或者其他组织的法定代表人、负责人超越权限订立的合同（含担保合同），除相对人知道或者应当知道其超越权限的以外，该代表行为有效，合同成立有效。

（5）无处分权的人处分他人财产，经权利人追认或者无处分权的人订立合同后取得处分权的，该合同有效。

关于效力待定合同，《解释二》规定：（1）根据《合同法》第四十七条、第四十八条的规定，追认的意思表示自到达相对人时生效，合同自订立时起生效。（2）无权代理人以被代理人的名义订立合同，被代理人已经开始履行合同义务的，视为对合同的追认。（3）被代理人依照《合同法》第四十九条的规定承担有效代理行为所产生的责任后，可以向无权代理人追偿因代理行为而遭受的损失。

本 章 小 结

合同的效力即是合同的法律效力，是指已经成立的合同在当事人之间产生的一定的法律约束力。有效合同对当事人具有法律约束力，国家法律予以保护；无效合同不具有法律约束力，国家法律不予以保护。《合同法》就合同的效力问题规定了有效合同、无效合同、可撤销合同和效力待定合同等四种情况。

思 考 题

1. 合同生效的共同要件应当包括哪些？
2. 《合同法》规定了合同生效的时间主要有哪几种情况？
3. 合同无效有哪些？其法律后果是怎么的？
4. 可撤销合同有哪些特点？可撤销合同的法律后果是怎样的？
5. 可撤销合同撤销权的行使时效和限制有哪些规定？
6. 效力待定合同有哪些？

第四章 合同的履行

学习目标

掌握当事人就有关合同内容约定不明确时的履行规则；了解执行政府定价或者政府指导价的合同的履行规则；掌握涉及第三人的合同履行规则；了解同时履行抗辩权的主要规定；了解后履行抗辩权的主要规定；掌握不安（先履行）抗辩权的主要规定；了解提前履行、部分履行的主要规定；掌握提起代位权诉讼的条件及相关规定；掌握撤销权的相关规定。

关键名词

合同履行　不安抗辩权　后履行抗辩权　同时履行抗辩权　提前履行
部分履行合同的保全　代位权　撤销权

第一节　合同履行的原则

一、合同履行的概念

合同的履行，是指合同的双方当事人正确、适当、全面地完成合同中规定的各项义务的行为。当事人应当按照合同约定全面履行自己的义务。

在合同的履行中，当事人应当遵循诚实信用原则。诚实信用原则在合同法中居特殊地位，在合同履行中，诚信履行亦构成合同履行的基本原则。合同的当事人应当依照诚信原则行使债权，履行债务。合同的约定符合诚信原则的，当事人应当严格履行合同，不得擅自变更或者解除。

诚信履行原则，又导出履行的附随义务。当事人除应当按照合同约定履行自己的义务外。也要履行合同未做约定但依照诚信原则也应当履行的协助、告知、保密、防止损失扩大等义务。

二、合同履行的原则

（一）当事人就有关合同内容约定不明确时的履行规则

合同生效后，当事人就质量、价款或者报酬、履行地点等内容没有约定或者约定不明确的，可以协议补充；不能达成补充协议的，按照合同有关条款或者交易习惯确定。依照上述履行原则仍不能确定的，适用《合同法》的下列规定：

（1）质量要求不明确的，按照国家标准、行业标准履行；没有国家标准、行业标准的，按照通常标准或者符合合同目的的特定标准履行。

（2）价款或者报酬不明确的，按照订立合同时履行地的市场价格履行；依法应当执行政府定价或者政府指导价的，按照规定履行。

（3）履行地点不明确，给付货币的，在接受货币一方所在地履行；交付不动产的，在不动产所在地履行；其他标的，在履行义务一方所在地履行。

（4）履行期限不明确的，债务人可以随时履行，债权人也可以随时要求履行，但应当给对方必要的准备时间。

（5）履行方式不明确的，按照有利于实现合同目的的方式履行。

（6）履行费用的负担不明确的，由履行义务方负担。

> **小案例**
>
> 某年3月某贸易公司同西林江矾石厂签订买卖合同，向西林江矾石厂购买1000吨特级矾石熟料，按国家定价每吨80元，总价款为8万元。合同约定，在同年9月30日以前，贸易公司到西林江矾石厂提货。由于运输工具没有安排好，贸易公司的运输队于10月2日才到西林江矾石厂提货。此时，由于燃料涨价，国家将每吨80元提到每吨90元。西林江矾石厂要求贸易公司按国家调整后的价格支付货款，而贸易公司坚持按合同定价支付货款，为此双方发生争议。此案应按何种价格执行？
>
> 按照合同法的相关规定应按新价格执行。

（二）执行政府定价或者政府指导价的合同的履行规则

执行政府定价或者政府指导价的，在合同约定的交付期限内政府价格调整时，按照交付时的价格计价。逾期交付标的物的，遇价格上涨时，按照原价格执行；价格下降时，按照新价格执行。逾期提取标的物或者逾期付款的，遇价格上涨时，按照新价格执行；价格下降时，按照原价格执行。

（三）涉及第三人的合同履行

合同生效后，通常应由合同当事人亲自履行和亲自接受履行。但在不涉及人身性质的合同中，当事人也可以约定由第三人代为履行或代为接受履行，在这种情况下，第三人只是合同的履行主体，而不是合同当事人。由于合同仅在当事人之间产生约束力，因此，在第三人代为履行或代为接受履行合同时，应遵守下列规则：

（1）当事人约定由第三人向债权人履行债务的，第三人不履行债务或者履行债务不符合约定，债务人应当向债权人承担违约责任。

由第三人履行的合同，又称第三人负担的合同，指双方当事人约定债务由第三人履行的合同。例如，甲乙约定，甲欠乙的钱由丙偿付，即是由第三人履行的合同。

由第三人履行的合同以债权人、债务人为合同双方当事人，第三人不是合同的当事人。第三人只负担向债权人履行，不承担合同责任。第三人同意履行后又反悔的，或者债务人事后征询第三人意见，第三人不同意向债权人履行的，或者第三人向债权人瑕疵履行的，违约责任均由债务人承担。第三人不履行的，债务人可以代第三人履行；债务人不代为履行，应当赔偿损失。第三人瑕疵履行的，瑕疵责任由债务人承担。

小案例

甲公司与乙公司签订一份陶瓷买卖合同，合同约定，甲公司销售给乙公司陶瓷一批，价值200万元，分五批供货，每批陶瓷货款价值40万元。合同同时对陶瓷质量、数量，履行期限、地点与方式做出了明确约定，但只简单约定货款由第三人丙公司代为给付（丙当时实欠乙公司货款200万元）。甲、乙、丙公司都在合同上签字盖章。此后，甲公司按约定交付了前三批货物，价款计120万元，但丙公司却在支付80万元货款后就被破产清算了。于是，甲公司就通知乙公司清偿货款40万元，而乙公司以债务已移转为由予以拒斥。乙公司的理由是否正确？

本例中乙公司的理由不正确。当事人约定由第三人向债权人履行债务的，第三人不履行债务或者履行债务不符合约定，债务人应当向债权人承担违约责任。

（2）当事人约定由债务人向第三人履行债务的，债务人未向第三人履行债务或者履行债务不符合约定，应当向债权人承担违约责任。

向第三人履行的合同，又称利他合同，或者为第三人合同，指双方当事人约定，由债务人向第三人履行债务，第三人直接取得请求权的合同。

向第三人履行的合同，除应具备债权人与债务人合意等合同成立的一般要件外，还需具备两项特别要件。一是债务由债务人向第三人履行，而不是向债权人履行。二是不但债权人享有请求债务人向第三人履行的权利，第三人亦直接取得请求债务人履行的权利。

债务人不向第三人履行合同的，债权人按照约定有权请求其向第三人履行，或者向第三人赔偿损失；第三人也有权请求债务人履行或者赔偿损失。债务人瑕疵履行的，债权人有权请求其向第三人承担瑕疵履行责任，第三人也有权请求债务人承担瑕疵履行责任。

（四）提前履行和部分履行的规则

合同生效后，当事人应当按照合同约定的期限全面履行合同义务。当出现当事人提前履行或部分履行时，应遵守下列规则：

（1）债务人提前履行债务的，债权人可以拒绝接受履行，但提前履行不损害债权人利益的，债权人应当接受履行。因债务人提前履行债务给债权人增加的费用，由债务人承担。

（2）债务人部分履行债务的，债权人可以拒绝接受履行，但部分履行不损害债权人利益的，债权人应当接受履行。因债务人部分履行债务给债权人增加的费用，由债务人承担。

第二节　合同履行的抗辩权

一、抗辩权的概念

抗辩权就是指在双务合同中，一方当事人在对方不履行或履行不符合约定时，依法对抗对方要求或否认对方权利主张的权利。《合同法》规定了同时履行抗辩权、后履行抗辩权和不安（先履行）抗辩权三种。

二、同时履行抗辩权

（一）同时履行抗辩权概念

同时履行抗辩权，是指在双务合同中应当同时履行的一方当事人有证据证明另一方当事人在同时履行的时间不能履行或不能适当履行，到履行期时其享有不履行或部分履行的权利。《合同法》规定：当事人互负债务，没有先后履行顺序的，应当同时履行。一方在对方履行之前有权拒绝其履行要求；另一方在对方履行债务不符合约定时，有权拒绝其相应的履行要求。

（二）同时履行抗辩权的发生条件

同时履行抗辩权的发生，需具备以下条件：（1）基于同一双务合同；（2）该合同需由双方当事人同时履行；（3）一方当事人有证据证明同时履行的对方当事人不能履行合同或者不能适当履行合同。具备上述条件发生同时履行抗辩权，即已到履行期的一方当事人享有不履行或者部分履行的权利。

三、后履行抗辩权

（一）后履行抗辩权概念

后履行抗辩权，是指双务合同中应当先履行义务的一方当事人未履行时，对方当事人有拒绝一方当事人请求履行的权利。《合同法》规定，当事人互负债务，有先后履行顺序，先履行一方未履行的，后履行一方有权拒绝其履行要求。先履行一方履行债务不符合约定的，后履行一方有权拒绝其相应的履行要求。

（二）后履行抗辩权的发生条件

后履行抗辩权的发生，需具备以下条件：

（1）基于同一双务合同。双方当事人因同一合同互负债务，在履行上存在关联性，形成对价关系。单务合同无对价关系，不发生后履行抗辩权。

（2）该合同需由一方当事人先为履行。

在双务合同中，双方当事人的履行，多是有先后的。这种履行顺序的确立，或依法律规定，或按当事人约定，或按交易习惯。

（3）应当先履行的当事人不履行合同或者不适当履行合同。

具备上述条件，发生后履行抗辩权，即没有先履行义务但已到履行期的对方当事人享有不履行或者部分履行的权利。应当先履行合同的当事人不能行使后履行抗辩权。

四、不安抗辩权

（一）不安抗辩权概念

不安抗辩权又称先履行抗辩权，是指当事人互负债务，有先后履行顺序的，先履行的一方有确切证据证明另一方丧失履行债务能力时，在对方没有履行或者没有提供担保之前，有权中止合同履行的权利。

小案例

　　甲为一著名相声表演艺术家，乙为一家演出公司。甲、乙之间签订了一份演出合同，约定甲在乙主办的一场演出中出演一个节目，由乙预先支付给甲演出劳务费 5 万元。后来，在合同约定支付劳务费的期限到来之前，甲因一场车祸而受伤住院。乙通过向医生询问甲的伤情得知，在演出日之前，甲的身体有康复的可能，但也不排除甲的伤情会恶化，以至于不能参加原定的演出。基于上述情况，乙向甲发出通知，主张暂不予支付合同中所约定的 5 万元劳务费。乙的做法有法律根据吗？

　　本例中乙的做法有法律根据。乙方的行为属于行使不安抗辩权的行为。

（二）不安抗辩权发生的情形

　　《合同法》规定，应当先履行债务的当事人，有确切证据证明对方有下列情形之一的，可以中止履行：（1）经营状况严重恶化；（2）转移财产、抽逃资金，以逃避债务；（3）丧失商业信誉；（4）有丧失或者可能丧失履行债务能力的其他情形。

（三）行使不安抗辩权的后果

　　行使不安抗辩权，举证责任在先履行合同义务的当事人，其应当有证据证明对方不能履行合同或者有不能履行合同的可能性。当事人行使不安抗辩权后，应当立即通知对方当事人。

　　不安抗辩权属延期抗辩权，当事人仅是中止合同的履行。

　　倘若对方当事人提供了担保或者做了对待给付，不安抗辩权消灭，当事人应当履行合同。对方当事人的提供担保或者对待给付，履行不安抗辩权的再抗辩权。

　　应当先履行的当事人行使了不安抗辩权，对方当事人既未提供担保，也不能证明自己的履行能力，行使不安抗辩权的当事人有权解除合同。

第三节　合同的保全

　　为防止因债务人的财产不当减少而给债权人的债权带来危害，法律允许债权人为保全其债权的实现而采取的法律措施。这些允许采取的措施，称作合同的保全措施。保全措施包括代位权和撤销权两种。

一、代位权

（一）代位权的概念

代位权，是指当债务人怠于行使其权利损害债权人利益时，债权人为了保全债权，可以自己的名义代位行使债务人权利的权利。

《合同法》规定，因债务人怠于行使其到期债权，对债权人造成损害的，债权人可以向人民法院请求以自己的名义代位行使债务人的债权，但该债权专属于债务人自身的除外。

（二）提起代位权诉讼，应当符合下列条件

1. 债务人对第三人享有债权，倘若债务人没有对外的债权，就无所谓代位权

债务人对第三人的债权尚需是非专属于债务人本身的权利。这里的"专属于债务人自身的债权"，是指基于扶养关系、抚养关系、赡养关系、继承关系产生的给付请求权和劳动报酬、退休金、养老金、抚恤金、安置费、人寿保险、人身伤害赔偿请求权等权利。

2. 需债务人怠于行使其债权

"债务人怠于行使其到期债权"是指债务人不履行其对债权人的到期债务，又不以诉讼方式或者仲裁方式向其债务人主张其享有的具有金钱给付内容的到期债权。债务人应当收取债务，且能够收取，而不收取。债务人已经行使了权利，即使不尽如人意，债权人也不能行使代位权。

3. 债务人怠于行使自己的债权

债务人怠于行使自己的债权，已害及债权人的债权，若不害及债权人的债权，则不发生代位权。

4. 需债务人已陷于迟延履行

债务人的债务未到履行期和履行期间未届满的，债权人不能行使代位权。债务履行期间已届满，债务人陷于迟延履行，债权人方可行使代位权。但债权人专为保存债务人权利的行为，如中断时效，可以不受债务人迟延的限制。

次债务人（即债务人的债务人）不认为债务人有怠于行使其到期债权情况的，应当承担举证责任。

两个或者两个以上债权人以同一次债务人为被告提起代位权诉讼的，人民法院可以合并审理。

小案例

　　甲公司向乙商业银行借款 10 万元，借款期限为一年。借款合同期满后，由于甲公司经营不善，无力偿还借款本息。但是丙公司欠甲公司到期货款 20 万元，甲公司不积极向丙公司主张支付货款。为此，乙商业银行以自己的名义请求法院执行丙公司的财产，以偿还甲公司的借款。法院能否应支持乙商业银行的请求？若乙商业银行行使代位权花费 3000 元必要费用，此费用应由谁承担？

　　本例中法院是应支持乙商业银行的请求。此费用应当由丙公司承担。

　　在代位权诉讼中，债权人请求人民法院对次债务人的财产采取保全措施的，应当提供相应的财产担保。次债务人对债务人的抗辩，可以向债权人主张。债务人在代位权诉讼中对债权人的债权提出异议，经审查异议成立的，人民法院应当裁定驳回债权人的起诉。在代位权诉讼中，债权人胜诉的，诉讼费由次债务人负担，从实现的债权中优先支付。

　　债权人向次债务人提起的代位权诉讼经人民法院审理后认定代位权成立的，由次债务人向债权人履行清偿义务，债权人与债务人、债务人与次债务人之间相应的债权债务关系即予消灭。

　　在代位权诉讼中，债权人行使代位权的请求数额超过债务人所负债务额或者超过次债务人对债务人所负债务额的，对超出部分人民法院不予支持。债务人在代位权诉讼中，对超过债权人代位请求数额的债权部分起诉次债务人的，人民法院应当告知其向有管辖权的人民法院另行起诉。债务人的起诉符合法定条件的，人民法院应当受理；受理债务人起诉的人民法院在代位权诉讼裁决发生法律效力以前，应当依法中止。

二、撤销权

（一）撤销权概念

　　撤销权，是指债权人对债务人实施的危及债权人利益的减少财产行为，可以请求人民法院予以撤销的权利。

（二）撤销权行使的条件

　　《合同法》规定："因债务人放弃其到期债权或者无偿转让财产，对债权人造成损害的，债权人可以请求人民法院撤销债务人的行为。债务人以明显不合理的低价转让财产，对债权人造成损害，并且受让人知道该情形的，债权人也可以请求人民法院撤销债务人的行为。撤销权的行使范围以债权人的债权为限。债权人行使撤销权的必要费用，由债务人负担"。

据此撤销权的成立一般应具备以下要件：

（1）须债务人实施了一定的有害于债权人债权的行为。第一，债务人实施了一定的处分财产的法律行为；第二，债务人的处分财产的法律行为已经发生法律效力；第三，债务人处分财产的法律行为已经或者将要严重损害债权，即债务人处分财产的法律行为已经或将要导致债权人的债权的不能实现。

（2）须债务人与第三人为法律行为时具有恶意。有偿行为的撤销，以恶意为要件；无偿行为的撤销，不以恶意为必要要件。

根据最高人民法院的《合同法解释》规定，债权人行使撤销权所支付的律师代理费、差旅费等必要费用，由债务人负担；第三人有过错的，应当适当分担。

（三）撤销权行使的时限

撤销权自债权人知道或者应当知道撤销事由之日起一年内行使。自债务人的行为发生之日起五年内没有行使撤销权的，该撤销权消灭。上述规定中的"五年"时效为不变期间，不适用诉讼时效中止、中断或者延长的规定。

关于合同的履行，《解释二》有以下补充规定：

（1）人民法院根据具体案情可以将《合同法》第六十四条、第六十五条规定的第三人列为无独立请求权的第三人，但不得依职权将其列为该合同诉讼案件的被告或者有独立请求权的第三人。

（2）债权人以境外当事人为被告提起的代位权诉讼，人民法院根据《中华人民共和国民事诉讼法》第二百四十一条的规定确定管辖。

（3）债务人放弃其未到期的债权或者放弃债权担保，或者恶意延长到期债权的履行期，对债权人造成损害，债权人依照《合同法》第七十四条的规定提起撤销权诉讼的，人民法院应当支持。

（4）对于《合同法》第七十四条规定的"明显不合理的低价"，人民法院应当以交易当地一般经营者的判断，并参考交易当时交易地的物价部门指导价或者市场交易价，结合其他相关因素综合考虑予以确认。

转让价格达不到交易时交易地的指导价或者市场交易价70%的，一般可以视为明显不合理的低价；对转让价格高于当地指导价或者市场交易价30%的，一般可以视为明显不合理的高价。债务人以明显不合理的高价收购他人财产，人民法院可以根据债权人的申请，参照《合同法》第七十四条的规定予以撤销。

（5）债务人的给付不足以清偿其对同一债权人所负的数笔相同种类的全

部债务，应当优先抵充已到期的债务；几项债务均到期的，优先抵充对债权人缺乏担保或者担保数额最少的债务；担保数额相同的，优先抵充债务负担较重的债务；负担相同的，按照债务到期的先后顺序抵充；到期时间相同的，按比例抵充。但是，债权人与债务人对清偿的债务或者清偿抵充顺序有约定的除外。

（6）债务人除主债务之外还应当支付利息和费用，当其给付不足以清偿全部债务时，并且当事人没有约定的，人民法院应当按照下列顺序抵充：①实现债权的有关费用；②利息；③主债务。

小知识

除斥期间与诉讼时效的不同主要为：第一，诉讼时效适用于请求权，请求权是请求他人为一定行为或者不为一定行为的权利。除斥期间适用于形成权。第二，诉讼时效的适用范围无须事事由法律特别规定，只需符合法院受案范围的请求权，均可援用诉讼时效。除斥期间需由法律明确规定，法律未做特别规定的，当事人不能援用除斥期间。第三，诉讼时效有中止、中断、延长的制度，除斥期间则无，是固定不变的，故除斥期间又有不变期间之称。第四，诉讼时效届满，消灭的是胜诉权，当事人的请求权（实体权利）依然存在，只不过是被请求权人产生时效届满的抗辩权，可以据此对抗请求权人的请求。除斥期间届满，当事人消灭的是实体权利，该权利丧失，不能再行使。

本 章 小 结

在合同的履行中，当事人应当按照合同约定全面履行自己的义务，遵循诚实信用原则，根据合同的性质、目的和交易习惯履行通知、协助、保密等义务。在双务合同中，一方当事人在对方不履行或履行不符合约定时，依法对抗对方要求或否认对方权利主张的权利。《合同法》规定了同时履行抗辩权、后履行抗辩权和不安（先履行）抗辩权三种。为防止因债务人的财产不当减少而给债权人的债权带来危害，法律允许债权人为保全其债权的实现而采取的保全措施。保全措施包括代位权和撤销权两种。

思 考 题

1. 当事人就有关合同内容约定不明确时的履行规则是怎样的？

2. 执行政府定价或者政府指导价的合同的履行规则是怎样的?

3. 涉及第三人的合同履行规则是怎样的?

4. 同时履行抗辩权的主要规定有哪些?

5. 后履行抗辩权的主要规定有哪些?

6. 不安（先履行）抗辩权的主要规定有哪些?

7. 提前履行、部分履行的主要规定有哪些?

8. 合同的保全措施有哪些?

9. 债权人提起代位权诉讼的条件是什么?

10. 债权人行使撤销权有什么规定?

第五章 合同的担保

学习目标

掌握担保的概念和担保方式；掌握担保法关于保证人资格的规定；掌握保证方式的相关规定；了解保证与物的担保的关系；掌握保证人不承担保证责任的情况；掌握可以抵押的财产范围；掌握禁止抵押的财产范围；掌握权力质押范围；掌握抵押权的清偿顺序；掌握留置的相关规定；掌握定金的担保作用。

关键名词

合同的担保　保证　一般保证　连带责任保证　抵押　最高额抵押权　动产质押　权利质押　留置　定金

第一节　合同担保的概述

一、合同担保的概念

合同的担保是指依照法律规定，或由当事人双方经过协商一致而约定的，为保障合同债权实现的法律措施。《中华人民共和国担保法》（以下简称《担保法》）、最高人民法院发布的《关于适用〈中华人民共和国担保法〉若干问题的解释》（以下简称《担保法解释》）、《中华人民共和国物权法》（以下简称《物权法》）等法律法规对担保问题做了规定。

二、担保合同的特征

1. 从属性

担保合同的特征主要有：担保合同的从属性，又称附随性、伴随性，是指担保合同的成立和存在必须以一定的合同关系的存在为前提。被担保的合同关系是一种主法律关系，为之而设立的担保关系是一种从法律关系。我国《担保法》第五条第一款规定："担保合同是主合同的从合同。"

担保合同的从属性主要表现在以下四个方面：一是成立上的从属性，即担保合同的成立应以相应的合同关系的发生和存在为前提，而且担保合同所担保的债务范围不得超过主合同债权的范围。二是处分上的从属性，即担保合同应随主合同债权的移转而移转。三是消灭上的从属性，即主合同关系消灭，为其所设定的担保合同关系也随之消灭。四是效力上的从属性，担保合同的效力依主合同而定。担保合同的订立时间，可以是与主合同同时订立，也可以是主合同订立在先，担保合同随后订立。

根据我国《担保法》第五条第一款规定："当事人约定担保合同不从属于被担保的合同的，若被担保的合同无效，担保合同并不因之而无效。"《担保法》第十四条和第五十九条也明确规定了最高额保证和最高额抵押，允许为将来存在的债权预先设定保证或者抵押权。

2. 补充性

担保合同的补充性是指合同债权人所享有的担保权或者担保利益。担保合同的补充性主要体现在以下两个方面：一是责任财产的补充，即担保合同一经有效成立，就在主合同关系的基础上补充了某种权利义务关系，从而使保障债权实现的责任财产得以扩张，或使债权人就特定财产享有了优先权，增强了债权人的债权得以实现的可能性。二是效力的补充，即在主合同关系因适当履行而正常终止时，担保合同中担保人的义务并不实际履行。只有在主债务不履行时，担保合同中担保人的义务才履行，使主债权得以实现。

3. 相对独立性

担保合同的相对独立性，是指担保合同尽管属于从合同，但也具有相对独立的地位，即担保合同能够相对独立于被担保的合同债权而发生或者存在。担保合同的相对独立性主要表现在以下两个方面：一是发生或存在的相对独立性，即担保合同也是一种独立的法律关系。担保合同的成立，和其他合同的成立一样，须有当事人的合意，或者依照法律的规定而发生，与被担保的合同债权的成立或者发生分属于两个不同的法律关系，受不同的法律调整。二是效力的相对独立性，即依照法律的规定或者当事人的约定，担保合同可以不依附于被担保的合同债权而单独发挥效力，此时，被担保的合同债权不成立、无效或者失效，对已经成立的担保合同的效力不发生影响。此外，担保合同有自己的成立、生效要件和消灭的原因，而且，担保合同不成立、无效或者消灭，对其所担保的合同债权不发生影响。

三、担保合同的分类

根据不同的分类标准，可将担保做出不同的分类，常见的分类方法如下。

1. 按法律规定分类

根据《担保法》第二条所规定的担保的方式不同，可将担保分为保证、抵押、质押、留置和定金。

2. 按担保设定的方式分类

根据担保的设定方式不同，可将担保分为约定担保和法定担保。所谓约定担保，是指完全由当事人双方自行约定的担保。约定担保对担保的方式、担保的条件以及担保的范围及担保权的行使等均可由当事人自行约定。自愿原则为《担保法》的一项基本原则，担保原则上应由当事人自愿约定，所以约定担保是担保的主要形态。我国《担保法》中所规定的保证担保、抵押担保、质押担保、定金担保等担保方式，均为约定担保。所谓法定担保，是指由法律直接规定而不是由当事人约定的担保。典型的法定担保为留置权。留置权是完全由法律直接规定的担保物权。如《担保法》第八十四条所规定的合同发生的债权，债务人不履行债务的，债权人才享有留置权。这种担保成立的条件、担保当事人和担保的范围等均由法律规定。

3. 按担保的标的分类

根据担保的标的不同，可将担保分为人的担保和物的担保。所谓人的担保，是指债务人以外的第三人以其财产和信用为债务人提供的担保。人的担保以保证担保为基本形式，在性质上属于债的担保方式，即在债务人不能或没有履行债务时，由担保人代为履行债务或者承担连带清偿责任的担保方式。人的担保既包括法人提供的保证担保，又包括自然人、其他组织所提供的保证担保。所谓物的担保，是指债务人或者第三人以特定的财产为自己或他人债务提供的担保。《担保法》中所规定的抵押、质押、留置等担保方式均为物的担保。定金担保也属特殊的物的担保，即货币（或称为金钱）担保。

4. 按担保的范围分类

根据担保的范围不同，可以将担保分为部分担保、全额担保和最高额担保。所谓部分担保，是指担保人仅为债务人的部分债务提供的担保。部分担保，在司法实践中，需担保人与债权人在合同中对担保的债权数额做出明确的约定，根据《担保法》第二十一条、第四十六条和第六十七条的规定，若担保人未明确约定为部分担保，则推定担保人为全额担保。所谓全额担保，是指担保人为债务人的全部债务所提供的担保。只要担保人未约定对部分债务提供担保，即为全额担保，担保人明确约定对债务人全部债务提供担保，即按约定。所谓最高额担保，是指担保人为债权人与债务人在一定期间内连续发生的债务在一定限额内所提供的担保。如《担保法》第十四条所规定的最高限额保证，该法第五十九条所规定的最高额抵押，均为最高额担保。

5. 按担保的人数分类

根据担保的人数不同，可将担保分为一人担保和共同担保。所谓一人担保，是指仅有一个人（法人、其他组织或自然人均可）为债务人提供的担保。一人担保中的"一人"既可以是债务人本人，如抵押人、质押人与债务人为同一人，又可以是债务人以外的第三人为担保人。所谓共同担保，是指两人或两人以上为债务人的同一笔债务提供的担保。如《担保法》第十四条所规定的共同保证即是。共同抵押，《担保法》中未作规定，《担保法解释》第七十五条对共同抵押作了规定。

担保合同被确认无效时，债务人、担保人、债权人有过错的，应当根据其过错各自承担相应的民事责任，即承担《合同法》规定的缔约过失责任。根据《担保法解释》规定，主合同有效而担保合同无效，债权人无过错的，担保人与债务人对主合同债权人的经济损失，承担连带赔偿责任；债权人、担保人有过错的，担保人承担民事责任的部分，不应超过债务人不能清偿部分的1/2。主合同无效而导致担保合同无效，担保人无过错的，担保人不承担民事责任；担保人有过错的，担保人承担民事责任的部分，不应超过债务人不能清偿部分的1/3。

第二节　保证

一、保证的概念

保证，是指保证人和债权人约定，当债务人不履行债务时，保证人按照约定履行债务或者承担责任的行为。

保证担保作为一种债权担保制度，主要具有以下法律特征：

（1）保证担保属于人的担保范畴。保证担保不同于抵押、质押、留置等物的担保形式，它是以保证人的信誉和不特定的财产为他人的债务提供担保的。

（2）保证担保中的保证人必须是主合同以外的第三人，债务人不得为自己的债务作保证。

（3）保证债权与其他普通债权一样，不具有优先受偿的权利。如果保证人有多个债权人，有保证的债权人并不比其他债权人优先受偿。

（4）设立保证担保的程序较为简便。设立保证担保，不需要到有关部门登记，因此，相对于抵押、质押等担保形式来说，保证具有手续简便、有利于当事人操作等特点。

二、保证人的资格

（一）可以担任保证人的条件

担任保证人须具有一定的资格。具有代为清偿债务能力的法人、其他组织或者公民，可以做保证人。但不具有完全代偿能力的法人、其他组织或者自然人，以保证人身份订立保证合同后，不能以自己没有代偿能力为由要求免除保证责任。

（二）不可以担任保证人的主体

除经国务院批准为使用外国政府或者国际经济组织贷款进行转贷担保者外，国家机关不得为保证人。学校、幼儿园、医院等以公益为目的的事业单位、社会团体不得为保证人，但从事经营活动的事业单位、社会团体可以为保证人。

企业法人的分支机构、职能部门不得为保证人。企业法人的分支机构有法人书面授权的，可以在授权范围内提供保证，该分支机构经营管理的财产不足以承担担保责任的，由企业法人承担民事责任。企业法人的分支机构未经法人书面授权或者超出授权范围与债权人订立保证合同，导致该合同无效或者超出授权范围的部分无效，债权人和企业法人有过错的，应当根据其过错各自承担相应的民事责任；债权人无过错的，由企业法人承担民事责任。

小案例

某乡镇企业为购置设备，向银行贷款 30 万元，企业以自有工具车一辆作抵押（评估价 10 万元），另由乡财政所作保证。贷款到期后，企业仅归还 15 万元，其余贷款及利息无法偿付，为此，银行向法院提起诉讼，要求乡财政所承担连带清偿责任。乡财政所应承担连带责任吗？如果保证人不是乡财政所，而是 B 公司，但保证方式没有约定，该案应当如何处理？

本例中乡财政所不应承担连带责任；因为按《担保法》规定，国家机关和以公益为目的的事业单位、社会团体不得违反法律规定提供担保。法院先对企业抵押的工具车拍卖或变卖，以偿付银行贷款；不足清偿的部分，企业可依法追究乡财政所无效保证的民事责任。若保证人是 B 公司，B 公司应承担连带保证责任。

（三）多个保证人的保证责任

保证人可为两人以上。同一债务有两个以上保证人的，保证人应当按照保证合同约定的保证份额，承担保证责任。没有约定保证份额的，保证人承担连带责任。已经承担保证责任的保证人，有权向债务人追偿，或者要求承担连带责任的其他保证人清偿其应当承担的份额。

三、保证合同

保证合同应当包括以下内容：①被保证的主债权种类、数额；②债务人履行债务的期限；③保证的方式；④保证担保的范围；⑤保证的期间；⑥双方认为需要约定的其他事项。

📋 **小知识**

保证合同应当以书面形式订立。保证人与债权人可以就单个主合同订立保证合同，也可以协议在最高债权额限度内就一定期间连续发生的借款合同或者某项商品交易合同订立一个保证合同。第三人单方以书面形式向债权人出具担保书，债权人接受且未提出异议的，保证合同成立。主合同中虽然没有保证条款，但是，保证人在主合同上以保证人的身份签字或者盖章的，保证合同成立。

四、保证的方式

保证的方式有两种：一般保证和连带责任保证。

（一）一般保证

当事人在保证合同中约定，债务人不能履行债务时，才由保证人承担保证责任的，为一般保证。一般保证的保证人对债权人享有先诉抗辩权，即在主合同纠纷未经审判或仲裁，并就债务人财产依法强制执行仍不能清偿债务前，对债权人可拒绝承担保证责任。但有法律规定情形之一的，保证人不得行使先诉抗辩权。

📖 **小案例**

杨某因做生意无钱便找马某借3万元现金，马某同意借钱，但要求其找个担保人进行担保。于是杨某找到张某进行担保，张某同意担保后，杨某与马某签订了协议，约定："由杨某于本年年底还清借款，若杨某到期不能还款，由

张某作为担保人负全责"。担保人张某也在协议上签了字。至还款期限，杨某却并未按期还款，于是马某向法院提起诉讼，要求杨某和张某共同偿还借款。马某的主张能得到法院的支持吗？

本例中马某的主张不能得到法院的支持："当事人在保证合同中约定，债务人不能履行债务时，由保证人承担保证责任的，为一般保证。""一般保证的保证人在主合同纠纷未经审判或者仲裁，并就债务人财产依法强制执行仍不能履行债务前，对债权人可以拒绝承担保证责任。"

一般保证的保证人在主债权履行期间届满后，向债权人提供了债务人可供执行财产的真实情况的，债权人放弃或怠于行使权利致使该财产不能被执行，保证人可请求法院在其提供可供执行财产的实际价值范围内免除保证责任。

（二）连带责任保证

当事人在保证合同中约定保证人与债务人对债务承担连带责任的，为连带责任保证。只要债务人在主合同规定的债务履行期届满时没有履行债务，债权人可直接要求保证人在其保证范围内承担保证责任。

当事人对保证方式没有约定或者约定不明确的，按照连带责任保证承担保证责任。

五、保证担保的范围

（一）保证担保的范围

根据《担保法》规定，保证担保的责任范围包括主债权及利息、违约金、损害赔偿金和实现债权的费用。保证合同对责任范围另有约定的，按照约定执行。当事人对保证担保的范围没有约定或者约定不明确的，保证人应当对全部债务承担责任。

小知识

根据《担保法解释》的规定，第三人向债权人保证监督支付专款专用的，在履行了监督支付专款专用的义务后，不再承担责任。未尽监督义务造成资金流失的，应当对流失的资金承担补充赔偿责任。保证人对债务人的注册资金提供保证的，债务人的实际投资与注册资金不符，或者抽逃转移注册资金的，保证人在注册资金不足或者抽逃转移注册资金的范围内承担连带保证责任。

（二）债权债务转让对保证责任的影响

保证期间，债权人依法将主债权转让给第三人，除保证合同另有约定，保证人在原保证担保的范围内继续承担保证责任。保证期间，债权人许可债务人转让债务的，应当取得保证人书面同意，保证人对未经其同意转让的债务部分，不再承担保证责任。

（三）主合同变更对保证效力的影响

《担保法》规定，除保证合同另有约定，债权人与债务人协议变更主合同的，应当取得保证人书面同意，未经保证人书面同意的，保证人不再承担保证责任。根据《担保法解释》规定，保证期间，债权人与债务人对主合同数量、价款、币种、利率等内容作了变动，未经保证人同意的，如果减轻债务人的债务的，保证人仍应当对变更后的合同承担保证责任；如果加重债务人的债务的，保证人对加重的部分不承担保证责任。债权人与债务人对主合同履行期限作了变动，未经保证人书面同意的，保证期间为原合同约定的或者法律规定的期间。债权人与债务人协议变动主合同内容，但并未实际履行的，保证人仍应当承担保证责任。

六、保证与物的担保

同一债权既有保证又有物的担保时，应优先执行物的担保，保证人仅对物的担保以外的债权承担保证责任。如债权人放弃物的担保，保证人在债权人放弃权利的范围内免除保证责任。但物的担保合同被确认无效或者被撤销，或者担保物因不可抗力的原因灭失而没有代位物的，保证人仍应当按合同的约定或者法律的规定承担保证责任。如债权人在主合同履行期届满后怠于行使担保物权，致使担保物的价值减少或者毁损、灭失的，视为债权人放弃部分或者全部物的担保，保证人在债权人放弃权利的范围内减轻或者免除保证责任。

七、保证人的追偿权

保证人承担保证责任后，享有追偿权，有权向债务人追偿其代为清偿的部分。保证人自行履行保证责任时，其实际清偿额大于主债权范围的，保证人只能在主债权范围内对债务人行使追偿权。

八、保证人不承担保证责任的情况

根据《担保法》和《担保法解释》规定，有下列情形之一的，保证人不承担民事责任：

（1）主合同当事人双方串通，骗取保证人提供保证的。

（2）合同债权人采取欺诈、胁迫等手段，使保证人在违背真实意思的情况下提供保证的。

（3）主合同债务人采取欺诈、胁迫等手段，使保证人在违背真实意思的情况下提供保证的，债权人知道或者应当知道欺诈、胁迫事实的，保证人不承担民事责任。

（4）主合同当事人双方协议以新贷偿还旧贷，除保证人知道或者应当知道者外，保证人不承担民事责任。

📖 小案例

新艺服装厂从中行支行借款42万元，借款期限10个月。同日，东升制药厂在明知该笔贷款是用于偿还新艺服装厂以前所欠贷款的情况下，为该笔贷款提供了连带责任保证。借款期限届满后，新艺服装厂未归还借款本息，东升制药厂亦未承担保证责任。在中行催要未果的情况下，诉至法院。在开庭审理过程中，借款人对于借款的事实、理由及借款数额均无异议，只是暂时没有偿还能力。而东升制药厂则辩称，上述借款属于以新贷还旧贷，自己不应承担保证责任。

法院经审理认为，上述借款确实是以新贷还旧贷，但是在借款合同与保证合同的条款中已经明确说明以新贷还旧贷的情况，东升制药厂仍提供了连带责任的保证。东升制药厂在明知的情况下，不应当免除保证责任。

第三节　抵押

一、抵押的概念

抵押是指债务人或者第三人不转移对其确定的财产的占有，将该财产作为债权的担保。当债务人不履行债务时，债权人有权依照法律规定，以该财产折价或者以拍卖、变卖该财产的价款优先受偿。该债务人或者第三人为抵押人，债权人为抵押权人，提供担保的财产为抵押物。

抵押担保有以下特点：

（1）抵押人可以是第三人，也可以是债务人自己。这与保证不同，在保证担保中，债务人自己不能作为保证人。

（2）抵押物是动产，也可以是不动产。这与质押不同，质物只能是动产。

（3）抵押人不转移抵押物的占有，抵押人可以继续占有、使用抵押物。这也与质押不同，质物必须转移于质权人占有。

（4）抵押权人有优先受偿的权利。抵押担保是以抵押物作为债权的担保，抵押权人对抵押物有控制、支配的权利。所谓控制权，表现在抵押权设定后，抵押人在抵押期间不得随意处分抵押物。所谓支配权，表现在抵押权人在实现抵押权时，对抵押物的价款有优先受偿的权利。优先受偿，是指当债务人有多个债权人，其财产不足以清偿全部债权时，有抵押权的债权人优先于其他债权人受偿。

二、可以抵押的财产

《物权法》第一百八十条规定，债务人或者第三人有权处分的下列财产可以抵押：（1）建筑物和其他土地附着物；（2）建设用地使用权；（3）以招标、拍卖、公开协商等方式取得的荒地等土地承包经营权；（4）生产设备、原材料、半成品、产品；（5）正在建造的建筑物、船舶、航空器；（6）交通运输工具；（7）法律、行政法规未禁止抵押的其他财产。

抵押人可以将前款所列财产一并抵押。

经当事人书面协议，企业、个体工商户、农业生产经营者可以将现有的以及将有的生产设备、原材料、半成品、产品抵押，债务人不履行到期债务或者发生当事人约定的实现抵押权的情形，债权人有权就实现抵押权时的动产优先受偿。

以建筑物抵押的，该建筑物占用范围内的建设用地使用权一并抵押。以建设用地使用权抵押的，该土地上的建筑物一并抵押。

抵押人未依照前款规定一并抵押的，未抵押的财产视为一并抵押。

乡镇、村企业的建设用地使用权不得单独抵押。以乡镇、村企业的厂房等建筑物抵押的，其占用范围内的建设用地使用权一并抵押。

三、禁止抵押的财产

《物权法》第一百八十四条规定，下列财产不得抵押：（1）土地所有权；（2）耕地、宅基地、自留地、自留山等集体所有的土地使用权，但法律规定可以抵押的除外；（3）学校、幼儿园、医院等以公益为目的的事业单位、社会团体的教育设施、医疗卫生设施和其他社会公益设施；（4）所有权、使用权不明或者有争议的财产；（5）依法被查封、扣押、监管的财产；（6）法律、行政法规规定不得抵押的其他财产。

四、抵押合同

设立抵押权，当事人应当采取书面形式订立抵押合同。抵押合同一般包括下列条款：①被担保债权的种类和数额；②债务人履行债务的期限；③抵押财产的名称、数量、质量、状况、所在地、所有权归属或者使用权归属；④担保的范围。

抵押权人在债务履行期届满前，不得与抵押人约定债务人不履行到期债务时抵押财产归债权人所有。以《物权法》第一百八十条所列（1）、（2）、（3）财产或者（5）中正在建造的建筑物抵押的，应当办理抵押登记。抵押权自登记时设立；以（4）、（6）规定的财产或者（5）中的正在建造的船舶、航空器抵押的，抵押权自抵押合同生效时设立；未经登记，不得对抗善意第三人。

小案例

某甲向当地工商银行申请贷款，工商银行要求其提供担保，某甲即同意以其所有的一套住房作为抵押物。双方签订了借款合同及抵押合同。双方并未到有关登记部门办理抵押登记手续。双方的抵押合同有效吗？银行对房屋是否享有抵押权？

本例中双方的抵押合同符合法律规定而有效。但银行对房屋不享有抵押权。因为《物权法》规定，以建筑物和其他土地附着物抵押的，应当办理抵押登记。抵押权自登记时设立。由于双方没有办理抵押登记手续，因此银行对该房屋抵押物权没有设立。

五、抵押权的效力

（1）订立抵押合同前抵押财产已出租的，原租赁关系不受该抵押权的影响。抵押权设立后抵押财产出租的，该租赁关系不得对抗已登记的抵押权。

（2）抵押期间，抵押人经抵押权人同意转让抵押财产的，应当将转让所得的价款向抵押权人提前清偿债务或者提存。转让的价款超过债权数额的部分归抵押人所有，不足部分由债务人清偿。抵押期间，抵押人未经抵押权人同意，不得转让抵押财产，但受让人代为清偿债务消灭抵押权的除外。

（3）抵押权不得与债权分离而单独转让或者作为其他债权的担保。债权转让的，担保该债权的抵押权一并转让，但法律另有规定或者当事人另有约定的除外。

（4）抵押人的行为足以使抵押财产价值减少的，抵押权人有权要求抵押人停止其行为，恢复抵押财产的价值，或者提供与减少的价值相应的担保。抵押人不恢复抵押财产的价值也不提供担保的，抵押权人有权要求债务人提前清偿债务。

（5）抵押权人可以放弃抵押权或者抵押权的顺位。抵押权人与抵押人可以协议变更抵押权顺位以及被担保的债权数额等内容，但抵押权的变更，未经其他抵押权人书面同意，不得对其他抵押权人产生不利影响。

债务人以自己的财产设定抵押，抵押权人放弃该抵押权、抵押权顺位或者变更抵押权的，其他担保人在抵押权人丧失优先受偿权益的范围内免除担保责任，但其他担保人承诺仍然提供担保的除外。

六、抵押权的实现

债务人不履行到期债务或者发生当事人约定的实现抵押权的情形，抵押权人可以与抵押人协议以抵押财产折价或者以拍卖、变卖该抵押财产所得的价款优先受偿。协议损害其他债权人利益的，其他债权人可以在知道或者应当知道撤销事由之日起一年内请求人民法院撤销该协议。

抵押权人与抵押人未就抵押权实现方式达成协议的，抵押权人可以请求人民法院拍卖、变卖抵押财产。抵押财产折价或者变卖的，应当参照市场价格。

抵押财产折价或者拍卖、变卖后，其价款超过债权数额的部分归抵押人所有，不足部分由债务人清偿。

七、抵押权的清偿顺序

同一财产向两个以上债权人抵押的，拍卖、变卖抵押财产所得的价款依照下列规定清偿：（1）抵押权已登记的，按照登记的先后顺序清偿；顺序相同的，按照债权比例清偿。（2）抵押权已登记的先于未登记的受偿。（3）抵押权未登记的，按照债权比例清偿。

建设用地使用权抵押后，该土地上新增的建筑物不属于抵押财产。该建设用地使用权实现抵押权时，应当将该土地上新增的建筑物与建设用地使用权一并处分，但新增建筑物所得的价款，抵押权人无权优先受偿。

以土地承包经营权抵押的，或者以乡镇、村企业的厂房等建筑物占用范围内的建设用地使用权一并抵押的，实现抵押权后，未经法定程序，不得改变土地所有权的性质和土地用途。抵押权人应当在主债权诉讼时效期间行使抵押权；未行使的，人民法院不予保护。

小知识

　　向人民法院请求保护民事权利的诉讼时效期间为两年，法律另有规定的除外。下列的诉讼时效期间为一年：①身体受到伤害要求赔偿的；②出售质量不合格的商品未声明的；③延付或者拒付租金的；④寄存财物被丢失或者损毁的。

　　诉讼时效期间从知道或者应当知道权利被侵害时起计算。但是，从权利被侵害之日起超过20年的，人民法院不予保护。有特殊情况的，人民法院可以延长诉讼时效期间。

　　超过诉讼时效期间，当事人自愿履行的，不受诉讼时效限制。

八、最高额抵押权

　　为担保债务的履行，债务人或者第三人对一定期间内将要连续发生的债权提供担保财产的，债务人不履行到期债务或者发生当事人约定的实现抵押权的情形，抵押权人有权在最高债权额限度内就该担保财产优先受偿。

　　最高额抵押权设立前已经存在的债权，经当事人同意，可以转入最高额抵押担保的债权范围。最高额抵押担保的债权确定前，部分债权转让的，最高额抵押权不得转让，但当事人另有约定的除外。最高额抵押担保的债权确定前，抵押权人与抵押人可以通过协议变更债权确定的期间、债权范围以及最高债权额，但变更的内容不得对其他抵押权人产生不利影响。

　　有下列情形之一的，抵押权人的债权确定：

　　（1）约定的债权确定期间届满；

　　（2）没有约定债权确定期间或者约定不明确，抵押权人或者抵押人自最高额抵押权设立之日起满二年后请求确定债权；

　　（3）新的债权不可能发生；

　　（4）抵押财产被查封、扣押；

　　（5）债务人、抵押人被宣告破产或者被撤销；

　　（6）法律规定债权确定的其他情形。

　　最高额抵押权除适用本节规定外，适用本章第一节一般抵押权的规定。

第四节　质押

质押包括动产质押和权利质押。

一、动产质押

（一）动产质押的概念

动产质押是指债务人或者第三人将其动产移交债权人占有，将该动产作为债权的担保。当债务人不履行债务时，债权人有权依照法律规定，以该动产折价或者以拍卖、变卖该动产的价款优先受偿。该债务人或者第三人为出质人，债权人为质权人，移交的动产为质物。

动产质押是质押的一般形式。动产质押的核心内容是债权人的质权。动产质押的特点在于：（1）动产质押的质物必须是动产，不动产不得出质。（2）出质人可以是第三人，也可以是债务人本人。（3）质物必须转移于债权人占有，质权才设立。（4）质权人就质物有优先受偿的权利。

（二）动产质押合同

质押合同应当以书面形式订立。质押合同应当包括以下内容：①被担保的主债权种类、数额；②债务人履行债务的期限；③质物的名称、数量、质量、状况；④质押担保的范围；⑤质物移交的时间；⑥当事人认为需要约定的其他事项。质权人在债务履行期届满前，不得与出质人约定债务人不履行到期债务时质押财产归债权人所有。

（三）质押合同的成立与效力

质权自出质人交付质押财产时设立。质权人有权收取质押财产的孳息，但合同另有约定的除外。

质权人在质权存续期间，未经出质人同意，擅自使用、处分质押财产，给出质人造成损害的，应当承担赔偿责任。质权人在质权存续期间，未经出质人同意转质，造成质押财产毁损、灭失的，应当向出质人承担赔偿责任。

质权人负有妥善保管质押财产的义务；因保管不善致使质押财产毁损、灭失的，应当承担赔偿责任。质权人的行为可能使质押财产毁损、灭失的，出质人可以要求质权人将质押财产提存，或者要求提前清偿债务并返还质押财产。因不能归责于质权人的事由可能使质押财产毁损或者价值明显减少，足以危害质权人权利的，质权人有权要求出质人提供相应的担保；出质人不提供的，质权人可以拍卖、变卖质押财产，并与出质人通过协议将拍卖、变卖所得的价款提前清偿债务或者提存。

质权人可以放弃质权。债务人以自己的财产出质，质权人放弃该质权的，其他担保人在质权人丧失优先受偿权益的范围内免除担保责任，但其他担保人承诺仍然提供担保的除外。债务人履行债务或者出质人提前清偿所担保的债权的，质权人应当返还质押财产。

债务人不履行到期债务或者发生当事人约定的实现质权的情形，质权人可以与出质人协议以质押财产折价，也可以就拍卖、变卖质押财产所得的价款优先受偿。质押财产折价或者变卖的，应当参照市场价格。

出质人可以请求质权人在债务履行期届满后及时行使质权；质权人不行使的，出质人可以请求人民法院拍卖、变卖质押财产。出质人请求质权人及时行使质权，因质权人怠于行使权利造成损害的，由质权人承担赔偿责任。质押财产折价或者拍卖、变卖后，其价款超过债权数额的部分归出质人所有，不足部分由债务人清偿。

出质人与质权人可以协议设立最高额质权。最高额质权参照最高额抵押权的规定执行。

二、权利质押

（一）权利质押的概念

权利质押是指以汇票、支票、本票、债券、存款单、仓单、提单，依法可以转让的股份、股票，依法可以转让的商标专用权，专利权、著作权中的财产权，依法可以质押的其他权利等作为质权标的担保。

权利质押与动产质押虽然同属质押，但两者之间存有不同。（1）质押标的不同。动产质押的标的是有形动产，而权利质押的标的则是没有物质实体的无形权利。（2）质押设定的方式不同。设定动产质押时，移转动产占有的方式只有一种即出质人向质权人交付出质的动产。而在设定权利质押时，移转权利占有的方式则有三种。（3）对于质权的保全和实现的方式不同。

> 📋 **小知识**
>
> 抵押与质押是两种完全不同的担保方式，是不容混淆的。第一，抵押与质押的标的物不同。抵押的标的物主要是不动产（也包括部分动产），而质押的标的物是动产与权利。第二，对于抵押与质押中，标的物是否转移占有不同的。在抵押法律关系中，抵押的标的物是不转移占有的，仍由抵押人占有、使用、收益。抵押权人的权利在于有权干预未经其同意的债务人对抵押物的处分，

并有权追索该标的物，以及优先受偿权。而质押中，作为标的物的动产与权利是要进行转移占有的。在质押合同设立后，债务人要将标的物交付债权人占有。动产要交付占有，而权利质押也要履行相应的手续。

（二）权利质押范围

《物权法》规定，债务人或者第三人有权处分的下列权利可以出质：①汇票、支票、本票；②债券、存款单；③仓单、提单；④可以转让的基金份额、股权；⑤可以转让的注册商标专用权、专利权、著作权等知识产权中的财产权；⑥应收账款；⑦法律、行政法规规定可以出质的其他财产权利。

（三）权利质押合同的生效

以汇票、支票、本票、债券、存款单、仓单、提单出质的，当事人应当订立书面合同。质权自权利凭证交付质权人时设立；没有权利凭证的，质权自有关部门办理出质登记时设立。汇票、支票、本票、债券、存款单、仓单、提单的兑现日期或者提货日期先于主债权到期的，质权人可以兑现或者提货，并与出质人协议将兑现的价款或者提取的货物提前清偿债务或者提存。

以基金份额、股权出质的，当事人应当订立书面合同。以基金份额、证券登记结算机构登记的股权出质的，质权自证券登记结算机构办理出质登记时设立；以其他股权出质的，质权自工商行政管理部门办理出质登记时设立。

基金份额、股权出质后，不得转让，但经出质人与质权人协商同意的除外。出质人转让基金份额、股权所得的价款，应当向质权人提前清偿债务或者提存。

以注册商标专用权、专利权、著作权等知识产权中的财产权出质的，当事人应当订立书面合同。质权自有关主管部门办理出质登记时设立。

知识产权中的财产权出质后，出质人不得转让或者许可他人使用，但经出质人与质权人协商同意的除外。出质人转让或者许可他人使用出质的知识产权中的财产权所得的价款，应当向质权人提前清偿债务或者提存。

以应收账款出质的，当事人应当订立书面合同。质权自信贷征信机构办理出质登记时设立。应收账款出质后，不得转让，但经出质人与质权人协商同意的除外。出质人转让应收账款所得的价款，应当向质权人提前清偿债务或者提存。

除此之外权利质权要遵守动产质权的规定。

第五节　留置

一、留置的概念

留置是指债权人依法律规定或者约定按照合同约定占有债务人的动产，债务人不履行到期债务，债权人可以留置已经合法占有的债务人的动产，并有权就该动产优先受偿。债权人为留置权人，占有的动产为留置财产。

留置具有以下特点：（1）留置担保，依照法律规定直接产生留置权，不需要当事人之间有约定为前提。（2）留置的财产必须是动产。（3）留置的动产与主合同有牵连关系，即因主合同合法占有的动产。（4）留置权的实现，不得少于留置财产后两个月的期限。（5）留置权人就留置物有优先受偿的权利。

二、留置权的行使

债权人留置的动产，应当与债权属于同一法律关系，但企业之间留置的除外。

法律规定或者当事人约定不得留置的动产，不得留置。留置财产为可分物的，留置财产的价值应当相当于债务的金额。

留置权人负有妥善保管留置财产的义务；因保管不善致使留置财产毁损、灭失的，应当承担赔偿责任。留置权人有权收取留置财产的孳息。

留置权人与债务人应当约定留置财产后的债务履行期间；没有约定或者约定不明确的，留置权人应当给债务人两个月以上履行债务的期间，但鲜活易腐等不易保管的动产除外。债务人逾期未履行的，留置权人可以与债务人协议以留置财产折价，也可以就拍卖、变卖留置财产所得的价款优先受偿。留置财产折价或者变卖的，应当参照市场价格。

债务人可以请求留置权人在债务履行期届满后行使留置权；留置权人不行使的，债务人可以请求人民法院拍卖、变卖留置财产。留置财产折价或者拍卖、变卖后，其价款超过债权数额的部分归债务人所有，不足部分由债务人清偿。

同一动产上已设立抵押权或者质权，该动产又被留置的，留置权人优先受偿。

留置权人对留置财产丧失占有或者留置权人接受债务人另行提供担保的，留置权消灭。

第六节 定金

一、定金的概念

（一）定金的概念

定金是由合同一方当事人预先向对方当事人交付一定数额的货币，以保证债权实现的担保方式。

定金作为一种担保方式，具有以下特点：（1）定金合同的成立不仅需要双方当事人的意思表示一致，而且还必须有交付定金的行为。（2）定金担保的主合同，一般是给付金钱债务的合同。（3）法律对定金的数额有限制，即不能超过主合同标的额的20%。

📖 小知识

定金与订金的区别主要表现在四个方面：①交付定金的协议是从合同，依约定应交付定金而未付的，不构成对主合同的违反；而交付订金的协议是主合同的一部分，依约定应交付订金而未交付的，即构成对主合同的违反。②交付和收受订金的当事人一方不履行合同债务时，不发生丧失或者双倍返还预付款的后果，订金仅可作损害赔偿金。③定金的数额在法律规定上有一定限制，例如《担保法》就规定定金数额不超过主合同标的额的20%；而订金的数额依当事人之间自由约定，法律一般不作限制。④定金具有担保性质，而订金只是单方行为，不具有明显的担保性质。可见定金和订金虽只一字之差，但其所产生的法律后果是不一样的，订金不能产生定金所有的四种法律效果，更不能适用定金罚则。

（二）定金的种类

根据最高人民法院关于适用《担保法》若干问题的解释，定金的种类主要有以下几种：

1. 订约定金

订约定金即立约定金，其设立是为了担保主合同的签订。订约定金的特点是，其法律效力的发生与主合同是否发生法律效力没有关系。凡在意向书一类的协议中设定了订约定金，其法律效力自当事人实际交付定金时就存在，在其所担保的订约行为没有发生时，对拒绝订立主合同的当事人就要实施定金处罚。

2. 成约定金

作为主合同成立或生效要件而约定的定金，称为成约定金。当事人在合同中约定有成约定金的，定金未交付，则合同不成立或不生效。若当事人约定定金并明确表示定金的交付构成合同的成立或生效要件的，该定金具有成约定金的性质。但是，为了鼓励交易，如果主合同已经履行或者履行了主要部分，即使给付定金的一方当事人未按约实际交付定金，仍应当承认主合同的成立或生效。

3. 解约定金

解约定金是指以定金作为保留合同解除权的代价，即支付定金的一方当事人可以放弃定金以解除合同，接受定金的一方当事人也可以双倍返还定金以解除合同。需要注意的是，当事人一方虽然以承担定金损失解除了合同，但在守约的当事人因合同解除受到的损失大于定金收益的情况下，解约方仍然应承担损害赔偿的责任。

4. 违约定金

违约定金是指以定金的放弃或者双倍返还作为违反合同的补救方法而约定的定金。《担保法》规定以当事人一方不履行约定的债务作为适用定金罚则的条件，违约定金处罚的条件不但要有迟延履行等违约行为，还要有因该违约行为致使合同目的落空的结果，这两个条件缺一不可。

二、定金的担保作用

《担保法》规定，当事人可以约定一方向对方给付定金作为债权的担保。债务人履行债务后，定金应当抵作价款或者收回。给付定金的一方不履行约定的债务的，无权要求返还定金；收受定金的一方不履行约定的债务的，应当双倍返还定金。

当事人约定以交付定金作为订立主合同担保的，给付定金的一方拒绝订立主合同的，无权要求返还定金；收受定金的一方拒绝订立合同的，应当双倍返还定金。当事人约定以交付定金作为主合同成立或者生效要件的，给付定金的一方未支付定金，但主合同已经履行或者已经履行主要部分的，不影响主合同的成立或者生效。

当事人交付留置金、担保金、保证金、订约金、押金或者订金等，但没有约定定金性质的，当事人主张定金权利的，人民法院不予支持。

定金交付后，交付定金的一方可以按照合同的约定以丧失定金为代价而解除主合同，收受定金的一方可以双倍返还定金为代价而解除主合同。对解除主合同后责任的处理，适用《合同法》的规定。

因当事人一方迟延履行或者其他违约行为，致使合同目的不能实现，可以适用定金罚则。但法律另有规定或者当事人另有约定的除外。当事人一方不完全履行合同的，应当按照未履行部分所占合同约定内容的比例，适用定金罚则。因不可抗力、意外事件致使主合同不能履行的，不适用定金罚则。

> **📝 小知识**
>
> 出卖人通过认购、订购、预订等方式向买受人收受定金作为订立商品房买卖合同担保的，如果因当事人一方原因未能订立商品房买卖合同，应当按照法律关于定金的规定处理；因不可归责于当事人双方的事由，导致商品房买卖合同未能订立的，出卖人应当将定金返还买受人。

三、定金合同

定金应当以书面形式约定。定金的数额由当事人约定，但不得超过主合同标的额的20%。当事人在定金合同中应当约定交付定金的期限。定金合同从实际交付定金之日起生效。实际交付的定金数额多于或者少于约定数额，视为变更定金合同；收受定金一方提出异议并拒绝接受定金的，定金合同不生效。

> **📖 小案例**
>
> 甲公司与乙公司签订了一份买卖合同。合同约定：乙公司供给甲公司限量生产的X型号的手表1000块，每块单价100元；甲公司应交付定金3万元；如果一方违约，则应支付总价款的20%作为违约金。合同签订后，甲公司立即将3万元定金交付乙公司，并很快与丙公司就同一批货物签订了一份买卖合同，每块表单价120元。后乙公司没有按期履行合同。由此导致甲公司无法履行与丙公司之间的合同，为此甲公司向丙公司支付违约金2万元。现甲公司要求乙公司双倍返还定金6万元、支付违约金2万元。乙公司则以定金条款无效为由主张合同无效。（1）定金条款全部无效吗？（2）定金条款无效必然导致合同全部无效？甲公司可以要求乙公司既承担违约金责任又承担定金责任吗？如果甲公司只请求支付违约金，乙公司要求减少违约金，法院能否支持吗？甲公司要求增加违约金，法院能支持吗？丙公司能直接要求乙公司对自己承担违

约责任吗？若乙公司本已准备了 1000 块手表，但在履行期到来之前三天因突发地震而灭失，乙公司当即向甲公司通报了此情况，乙公司是否还应向甲公司承担违约责任？若乙公司不能交付手表的原因是因为相邻的丁工厂失火（因消防设施不全所致），延烧及甲公司的仓库，导致 1000 块手表灭失，乙公司是否要承担违约责任？丁工厂应否承担责任？向谁承担责任？

本例中定金条款部分无效，即超过合同金额 20% 的部分无效。定金条款部分无效并不导致合同无效，低于 20% 部分仍然有效。根据《合同法》第一百一十六条，定金条款和违约金条款，两者只能取其一。乙公司要求减少违约金，法院可以支持，理由是：甲公司约定违约金高于其实际损失，法院可酌情减少违约金数额。甲公司要求增加违约金不会获得法院的支持，理由是甲公司的损失小于其可以获得的违约金数额。丙公司不能直接要求甲公司承担违约责任，理由是：合同责任限于签署合同的双方，对第三人不具有效力，从理论上讲就是合同之债的"对人权"或"相对性"。地震属于不可抗力，一般而言无须承担违约责任，但是，合同另有约定的除外。乙公司未能交货，仍然需要承担违约责任，因为合同法违约责任强调的是无过错责任，即只要违约，不管违约的原因都应当承担违约责任。丁工厂应当向乙公司承担赔偿损失的责任，这是基于侵权之债。

本 章 小 结

合同的担保是指依照法律规定，或由当事人双方经过协商一致而约定的，为保障合同债权实现的法律措施。在借贷、买卖、货物运输、加工承揽等经济活动中，债权人需要以担保方式保障其债权实现的，可以设定保证、抵押、质押、留置和定金五种方式的担保。保证，是指保证人和债权人约定，当债务人不履行债务时，保证人按照约定履行债务或者承担责任的行为。抵押是指债务人或者第三人不转移对其确定的财产的占有，将该财产作为债权的担保。当债务人不履行债务时，债权人有权依照法律规定，以该财产折价或者以拍卖、变卖该财产的价款优先受偿。质押包括动产质押和权利质押。留置是指债权人依法律规定或者约定按照合同约定占有债务人的动产，债务人不履行到期债务，债权人可以留置已经合法占有的债务人的动产，并有权就该动产优先受偿。债权人为留置权人，占有的动产为留置财产。定金，是由合同一方当事人预先向对方当事人交付一定数额的货币，以保证债权实现的担保方式。

思 考 题

1. 担保的措施有哪些?

2. 一般保证和连带责任保证的区别是什么?

3. 哪些财产可以抵押?

4. 哪些财产不可以抵押?

5. 抵押权的清偿顺序是怎样的?

6. 关于最高额抵押权有哪些规定?

7. 权利质押范围是什么?

8. 留置权的行使有哪些规定?

9. 定金的担保作用是怎样的?

第六章 合同的变更、转让和终止

学习目标

掌握合同变更的条件；了解合同变更与合同转让的区别；掌握合同权利的转让的相关规定；掌握合同义务的转让条件；了解合同权利义务一并转让的规定；掌握合同权利义务终止的具体情形；了解合同的约定解除；掌握合同的解除的法定条件；掌握债务抵销的规定；掌握提存的规定。

关键名词

合同变更 合同权利的转让 合同义务的转让 合同的解除 债务抵销 提存

第一节 合同的变更

一、合同变更的概念

合同的变更是指合同成立后，当事人双方根据客观情况的变化，依照法律规定的条件和程序，对原合同进行修改或者补充。合同变更有广、狭两义。广义的合同变更，包括合同内容的变更与合同当事人即主体的变更。狭义的合同变更仅指合同内容的变更。合同主体的变更，在《合同法》中称为合同的转让。在《合同法》中的合同变更仅就合同内容的变更。

二、合同变更的条件

合同是由当事人协商一致而订立的，经当事人协商一致，也可以变更合同。合同是双方当事人通过要约、承诺的方式，经协商一致达成的。合同成立后，当事人应当按照合同的约定履行合同。任何一方未经对方同意，都不得改变合同的内容。由于合同是当事人协商一致的产物，所以，当事人在变更合同内容时，也应当本着协商的原则进行。

但法律、行政法规规定变更合同应当办理批准登记等手续的，应依照其规定办理批准、登记等手续。合同变更需要当事人协商一致，但有的情况下，仅有当事人协商一致是不够的，当事人还应当履行法定的程序。如果没有履行法定程序，即使当事人已协议变更了合同，变更的内容也不发生法律效力。

合同变更的过程，就是当事人协商一致的过程。合同中关于要约、承诺的规定也适用于合同变更的情况。当事人在变更合同的过程中，可能出现对需要变更的内容达不成统一意见的情况。为了减少在合同变更时可能发生的纠纷，当事人对于合同变更的内容约定不明确的，推定为未变更。

三、合同变更的法律后果

合同变更后，当事人应当按照变更后的合同履行。合同的变更，仅对变更后未履行的部分有效，对已履行的部分无溯及力。因合同的变更而使一方当事人受到经济损失的，受损一方可向另一方当事人要求损失赔偿。

第二节 合同的转让

一、合同转让的概念

合同的转让，是指合同当事人一方将其合同的权利和义务全部或部分转让给第三人。合同的转让，一般由当事人自主决定。合同的转让有三种情况：合同权利转让、合同义务转移、权利和义务一并转让。

二、合同权利的转让

（一）合同权利转让的概念

合同权利转让是指不改变合同权利的内容，由债权人将合同权利的全部或者部分转让给第三人。转让权利的人为让与人，受让权利的人为受让人。合同权利全部转让的，原合同关系消灭，受让人取代原债权人的地位，成为新的债权人，原债权人脱离合同关系。合同权利部分转让的，受让人作为第三人加入到合同关系中与原债权人共同享有债权。债权人转让主权利时，附属于主权利的从权利也一并转让，受让人在取得债权时，也取得与债权有关的从权利，但该从权利专属于债权人自身的除外。

出现下列三种情形时，债权人不得转让合同权利：

1. 根据合同性质不得转让的权利

根据合同性质不得转让的权利，主要是指合同是基于特定当事人的身份关系订立的，合同权利转让给第三人，会使合同的内容发生变化，动摇合同订立的基础，违反了当事人订立合同的目的，使当事人的合法利益得不到应有的保护。

2. 按照当事人约定不得转让的权利

当事人在订立合同时可以对权利的转让做出特别的约定，禁止债权人将权利转让给第三人。这种约定只要是当事人真实意思的表示，同时不违反法律禁止性规定，那么对当事人就有法律的效力。债权人应当遵守该约定不得再将权利转让给他人，否则其行为构成违约。

3. 依照法律规定不得转让的权利

我国一些法律中对某些权利的转让做出了禁止性规定。对于这些规定，当事人应当严格遵守，不得违反法律的规定，擅自转让法律禁止转让的权利。

（二）合同权利转让的要求

债权人转让权利，不需要经债务人同意，但应当通知债务人。未经通知，该转让对债务人不发生效力。债务人接到债权转让通知后，债权让与行为就生效，如果债务人对让与人享有债权，并且债务人的债权先于转让的债权到期或同时到期的，债务人可以向受让人主张抵销。债务人对让与人的抗辩，可以向受让人主张。债权人转让权利的通知不得撤销，但经受让人同意的除外。

📖 小案例

甲公司与乙公司签订合同，合同约定由乙公司向甲公司提供一批价款为50万元电脑配件。由于甲公司因销售原因，需要乙公司提前提供电脑配件，甲公司要求提前履行的请求被乙公司拒绝，甲公司为了不影响销售，只好从外地进货，随后将对乙公司的债权转让给了丙公司，但未通知乙公司。丙公司去乙公司提货时遭拒绝。试分析：乙公司拒绝丙公司提货有法律依据吗？甲公司与丙公司的转让合同是否有效？

乙公司拒绝丙公司的提货有法律依据。我国《合同法》第八十条规定："债权人转让权利的，应当通知债务人。未经通知，该转让对债务人不发生效力。"本案中，甲公司将债权转让给丙公司，但未通知乙公司，因而对乙公司不发生效力。依《合同法》第七十九条的规定，甲公司与丙公司的债权转让合同有效。丙公司的履行要求被拒绝，应当由甲公司对丙公司承担责任。

三、合同义务的转让

（一）合同义务转让的概念

合同义务转让，是指经债权人同意，债务人将合同的义务全部或者部分转移给第三人。合同义务转移分为两种情况：一是合同义务的全部转移，在这种情况下，新的债务人完全取代了旧的债务人，新的债务人负责全面的履行合同义务；二是合同义务的部分转移，即新的债务人加入到原债务中，和原债务人一起向债权人履行义务。

（二）合同义务转让的条件

债务人将合同的义务全部或者部分转移给第三人，应当经债权人同意；否则债务人转移合同义务的行为对债权人不发生效力，债权人有权拒绝第三人向其履行，同时有权要求债务人履行义务并承担不履行或迟延履行合同的法律责任。

📋 **小知识**

债务转移与第三人替债务人履行的区别。①在债务人转移义务时，债务人应当征得债权人的同意。在第三人替代履行的情况下，债务人同意第三人代替其履行债务即可，不必经债权人的同意。②在债务人转移义务的情况下，债务人全部转移义务后就退出了原合同关系，第三人成为合同新的债务人。在债务人部分转移义务时，第三人加入到原合同关系中，和债务人共同履行义务。第三人替代履行时，第三人并未加入到合同关系中，债权人不能把第三人作为合同的主体，直接要求第三人履行义务。③在债务人转移义务后，第三人成为合同关系的当事人，如果债务人未能按照合同约定履行，债权人可以直接请求第三人履行义务，而不能再要求原债务人履行。在合同义务部分转移的情况下，债权人可以向债务人和第三人中的任何一方要求履行。在第三人替代履行的情况下，第三人履行有瑕疵的，债权人只能要求债务人承担违约责任，而不能要求第三人承担违约责任。

债务人全部转移合同义务时，新的债务人完全取代了旧的债务人的地位，承担全面履行合同义务的责任，享有债务人所应享有的抗辩权；可以主张原债务人对债权人的抗辩。同时，与所转移的主债务有关的从债务，也应当由新债务人承担，但该从债务专属于原债务人自身的除外。

小案例

　　甲公司与乙公司签订买卖合同一份，约定由甲公司向乙公司出卖某一型号彩色电视机1000台。在合同签订后，乙公司依约向甲公司付出全部货款，同时，甲公司也依约向乙公司交付彩色电视机800台。但因其货源不足，甲公司无力在合同约定期间交付剩余200台彩色电视机。甲公司遂与丙公司商定，由丙公司向乙公司交付剩余200台彩色电视机，甲公司并将乙公司所付货款之20%转付于丙公司，同时甲公司通知乙公司接受丙公司的发货。丙公司在接到货款后，向乙公司发出200台彩色电视机。乙公司在接到货之后，经检验，发现其质量不符合合同约定，遂向甲公司提出要求退货。甲公司不同意，称丙公司所发货与其无关，如有质量问题，应由丙公司负责。双方协商不成，乙公司向法院起诉，要求甲公司承担违约责任，法院在立案后，经甲公司申请，追加丙公司为第三人。甲公司要求丙公司发货属于第三人履行还是债务转移？应由谁向乙公司承担责任？

　　甲公司要求丙公司发货属于第三人履行，因为债务转移给第三人的，应当经过债权人同意，本案中，甲公司未征得乙公司同意，因此不是债务转移，而属于第三人的履行行为。应当由甲公司向乙公司承担责任。因为甲公司和乙公司是电视机买卖合同的当事人。

四、合同权利义务的一并转让

　　合同权利义务的一并转让是指当事人一方经对方同意，将自己在合同中的权利和义务一并转让给第三人。合同关系的一方当事人将权利和义务一并转让时，除了应当征得另一方当事人的同意外，还应当遵守《合同法》有关转让权利和义务转移的其他规定：不得转让法律禁止转让的权利；转让合同权利和义务时，从权利和从债务一并转让，受让人取得与债权有关的从权利和从债务，但该从权利和从债务专属于让与人自身的除外；转让合同权利和义务不影响债务人抗辩权的行使；债务人对让与人享有债权的，可以依照有关规定向受让人主张抵销；法律、行政法规规定应当办理批准、登记手续的，应当依照其规定办理。

　　对于当事人订立合同后发生合并、分立的情况，法律规定，当事人订立合同后合并的，由合并后的法人或者其他组织行使合同权利，履行合同义务；与当事人订立合同后分立的，除债权人和债务人另有约定的以外，由分立的法人或者其他组织对合同的权利和义务享有连带债权，承担连带债务。

第三节　合同权利与义务的终止

一、合同的权利义务终止的概念

合同的权利义务终止是指依法生效的合同，因具备法定情形和当事人约定的情形，合同债权、债务归于消灭，而使合同终止法律效力。

二、合同权利义务终止的具体情形

根据《合同法》的规定，有下列情形之一的，合同的权利义务终止：（1）债务已经按照约定履行；（2）合同解除；（3）债务相互抵销；（4）债务人依法将标的物提存；（5）债权人依法免除债务；（6）债权债务同归于一人；（7）法律规定或者当事人约定终止的其他情形。

📋 **小知识**

合同权利义务终止与无效合同的主要区别是：①无效合同指合同不符合法律规定的合同有效条件，合同关系不应成立；而合同权利义务终止是消灭已经生效的合同。②无效合同是当然无效，即使当事人不对合同效力提出主张，人民法院或者仲裁机关也有权确认合同无效；而合同权利义务终止是出现了终止合同的法定的事由，当事人行使权利使合同关系消灭，国家不主动干预。③合同被宣告无效后，合同自始无效，产生恢复原状的法律后果；而合同权利义务终止主要是对将来失其效力，即合同不再履行，只有某些被解除的合同溯及既往。

三、债务已经按照约定履行

债务已经按照约定履行，指债务人按照约定的标的、质量、数量、价款或者报酬、履行期限、履行地点和方式全面履行。合同是当事人为达到其利益要求而达成的合意，合同目的的实现，有赖于债务的履行。债务按照合同约定得到履行，一方面可使合同债权得到满足，另一方面也使得合同债务归于消灭，产生合同的权利义务终止的后果。

四、合同的解除

（一）合同解除的概念与特征

合同解除是指合同有效成立后，当具备法律规定的合同解除条件时，因当事人一方或双方的意思表示而使合同关系归于消灭的行为。合同解除具有以下特征：

（1）合同的解除适用于合法有效的合同。合同只有在生效以后，才存在解除，无效合同、可撤销合同不发生合同解除。

（2）合同解除必须具备法律规定的条件。合同一旦生效，即具有法律约束力，非依法律规定，当事人不得随意解除合同。我国法律规定的合同解除条件主要有约定解除和法定解除。

（3）合同的解除必须有解除的行为。即符合法律规定的解除条件，合同还不能自动解除，不论哪方当事人享有解除合同的权利，主张解除合同的一方，必须向对方提出解除合同的意思表示，才能达到合同解除的法律后果。

（4）合同解除使合同关系自始消灭或者向将来消灭。即合同的解除，要么视为当事人之间未发生合同关系，要么合同尚存的权利义务不再履行。

📝 **小知识**

合同解除与附解除条件的合同区别：①附解除条件是行为人以意思表示对自己的行为所加的限制性附款；合同的解除不是合同的附款，不仅基于当事人约定发生，也基于法律规定发生。②附解除条件的合同，条件成就时合同自然解除，不需要当事人再有什么意思表示；合同的解除，仅具备条件还不能使合同消灭，必须有解除合同的意思表示。③附解除条件的合同，条件成就时，合同对于将来失其效力；合同解除，合同不仅对于将来失其效力，有些具有溯及既往的效力。

（二）合同解除的种类

合同解除有约定解除和法定解除两种情况。

1. 约定解除

根据合同自愿原则，当事人在法律规定范围内享有自愿解除合同的权利。当事人约定解除合同包括两种情况：

（1）协商解除。指合同生效后未履行或未完全履行之前，当事人以解除合同为目的，经协商一致，订立一个解除原来合同的协议。协议未达成之前，原合同仍然有效。如果协商解除违反了法律规定的合同有效成立的条件，如损害了国家利益或社会公共利益，则解除合同的协议就不能发生法律效力，原有的合同仍要履行。

（2）约定解除权。约定解除权指当事人在合同中约定，合同履行过程中出现某种情况，当事人一方或双方有解除合同的权利。行使约定的解除权应当以该合同为基础。由于约定解除也是当事人之间订立的合同，所以必须符合合同生效的条件，不得违反法律、损害国家利益和社会公共利益。根据法律规定必须经有关部门批准才能解除的合同，当事人不得按照约定擅自解除。

2. 法定解除

法定解除是指在合同成立后，没有履行或没有完全履行完毕之前，当事人在法律规定的解除条件出现时，行使解除权而使合同关系消灭。

《合同法》规定：有下列情形之一的，当事人可以解除合同：

（1）因不可抗力致使不能实现合同目的。不可抗力是指不能预见、不能避免并不能克服的客观情况。不可抗力事件的发生，对履行合同的影响可能有大有小，有时只是暂时影响到合同的履行，可以通过延期履行实现合同的目的，对此不能行使法定解除权。只有不可抗力致使合同目的不能实现时，当事人才可以解除合同。

（2）在履行期限届满之前，当事人一方明确表示或者以自己的行为表明不履行主要债务。合同履行期限届满之前，当事人一方明确表示或者以自己的行为表明不履行主要债务的，也叫预期违约。预期违约分为明示违约和默示违约。所谓明示违约，指合同履行期到来之前，一方当事人明确肯定地向另一方当事人表示他将不履行合同。所谓默示违约，指合同履行期限到来前，一方当事人有确凿的证据证明另一方当事人在履行期限到来时，将不履行或者不能履行合同，而其又不愿提供必要的履行担保。预期违约，降低了另一方享有的合同权利的价值，如果在一方当事人预期违约的情况下，仍然要求另一方当事人在履行期间届满才能主张补救，将给另一方造成损失。允许受害人解除合同，受害人对于自己尚未履行的合同可以不必履行，有利于保护受害人的合法权益。

（3）当事人一方迟延履行主要债务，经催告后在合理期限内仍未履行。当事人一方迟延履行主要债务，经催告后在合理期限内仍未履行的，对方当事人可以解除合同。迟延履行，指债务人无正当理由，在合同约定的履行期限届满，仍未履行合同债务；或者对于未约定履行期限的合同，债务人在债权人提出履行的催告后仍未履行。债务人迟延履行债务是违反合同约定的行为，但并非就可以因此解除合同。

71

（4）当事人一方迟延履行债务或者有其他违约行为致使不能实现合同目的。迟延履行不能实现合同目的，指迟延的时间对于债权的实现至关重要，超过了合同约定的期限履行合同，合同目的就将落空。通常以下情况可以认为构成根本违约的迟延履行：当事人在合同中明确约定超过期限履行合同，债权人将不接受履行，而债务人履行迟延；履行期限构成合同的必要因素，超过期限履行将严重影响订立合同所期望的经济利益；继续履行不能得到合同利益。

（5）法律规定的其他情形。除了上述四种法定解除情形，本法还规定了其他解除合同的情形。例如，因行使不安抗辩权而中止履行合同，对方在合理期限内未恢复履行能力，也未提供适当担保的，中止履行的一方可以请求解除合同。

法律规定解除的条件，并不是说具备这些条件，当事人必须解除合同，是否行使解除的权利，应由当事人决定；同时法定解除条件，也是对任意解除合同的限制，为了鼓励交易，避免资源浪费，合理保护双方当事人的合法权益，非当事人要求又必须解除的合同，不应解除而应继续履行。

（三）合同解除的期限与程序

法律规定或者当事人约定解除权行使期限，期限届满当事人不行使的，该权利消灭。法律没有规定或者当事人没有约定解除权行使期限，经对方催告后在合理期限内不行使的，该权利消灭。

当事人一方主张解除合同时，应当通知对方。合同自通知到达对方时解除。对方有异议的，可以请求人民法院或者仲裁机构确认解除合同的效力。法律、行政法规规定解除合同应当办理批准、登记等手续的，应按规定办理。

（四）合同解除的后果

合同解除后，尚未履行的，终止履行；已经履行的，根据履行情况和合同性质，当事人可以要求恢复原状、采取其他补救措施，并有权要求赔偿损失。合同的权利义务终止，不影响合同中结算和清理条款的效力。

📝 小知识

《最高人民法院关于审理商品房买卖合同纠纷案件适用法律若干问题的解释》规定：根据《合同法》第九十四条的规定，出卖人迟延交付房屋或者买受人迟延支付购房款，经催告后在三个月的合理期限内仍未履行，当事人一方请求解除合同的，应予支持，但当事人另有约定的除外。

法律没有规定或者当事人没有约定，经对方当事人催告后，解除权行使的合理期限为三个月。对方当事人没有催告的，解除权应当在解除权发生之日起一年内行使；逾期不行使的，解除权消灭。

五、债务的抵销

（一）债务抵销的概念

债务相互抵销是指当事人互负到期债务，又互享债权，以自己的债权充抵对方的债权，使自己的债务与对方的债务在等额内消灭。

（二）抵销的种类

抵销因其产生的根据不同，可分为法定抵销和协议抵销。法定抵销，指法律规定抵销的条件，具备条件时依当事人一方的意思表示即发生抵销的效力。协议抵销，指当事人双方协商一致，使自己的债务与对方的债务在对等额内消灭。

（三）法定抵销的条件

1. 当事人双方互负债务互享债权

抵销发生的基础在于当事人双方既互负债务，又互享债权，只有债务而无债权或者只有债权而无债务，均不发生抵销。

2. 双方债务均已到期

抵销具有相互清偿的作用，因此只有履行期限届至时，才可以主张抵销，否则，等于强制债务人提前履行债务，牺牲其期限利益。

3. 债务的标的物种类、品质相同

种类相同，指合同标的物本身的性质和特点一致。比如都是支付金钱，或者交付同样的种类物。品质相同，指标的物的质量、规格、等级无差别，如都是一级天津大米。债务种类品质不相同，原则上不允许抵销。

当事人双方互负到期债务的，任何一方可以将自己的债务与对方的债务抵销，但下列情况除外：①依照法律规定不得抵销的。法律规定不得抵销的债务，当事人不得通过协议抵销。②按照合同的性质不得抵销的。按照合同的性质不得抵销的情形主要有：必须履行的债务不得抵销；具有特定人身性质或者依赖特定技能完成的债务不得抵销。

抵销不得附条件或附期限。附条件的抵销只有在条件成就时才能实行，而条件有可能不成就。附期限的抵销在期限尚未到来时也不能实现。抵销附条件和附期限，使得抵销不确定，不符合设立抵销制度的目的，并可能损害一方当事人的权利。

在当事人双方债权债务互为相等的情况下，抵销产生合同关系消灭的法律后果，但如果债务的数额大于抵销额，抵销不能消灭合同关系，而只是在抵销范围内减少债权。

（四）协议抵销的条件

当事人互负债务，标的物种类、品质不相同的，经双方协商一致，也可以抵销。法定抵销与约定抵销都是将双方的债务在对等额内消灭。但两者又不同，主要表现在以下几方面。

1. 抵销的根据不同

法定抵销是基于法律规定，只要具备法定条件，任何一方可将自己的债务与对方的债务抵销；协议抵销，双方必须协商一致，不能由单方决定抵销。

2. 对抵销的债务的要求不同

法定抵销要求标的物的种类、品质相同；协议抵销标的物的种类、品质可以不同。

3. 对抵销的债务的期限要求不同

法定抵销当事人双方互负的债务必须均已到期；协议抵销，双方互负的债务即使没有到期，只要双方当事人协商一致，愿意在履行期到来前将互负的债务抵销，也可以抵销。

4. 程序要求不同

法定抵销，当事人主张抵销的应当通知对方，通知未到达对方，抵销行为不生效；协议抵销，双方达成抵销协议时，发生抵销的法律效力，不必履行通知义务。

📖 小案例

甲商场3月份欲从乙冰箱厂购进冰箱50台，每台2800元，共计14万元。双方约定4月货到后先付4万元，其余待销售后付清余下的10万元货款。后乙冰箱厂想在甲商场开设销售专柜，打开销路。双方遂签订租赁场地合同，约定租赁期为1年，自同年4月起至次年4月止，月租金2万元，共计24万元。由乙冰箱厂3个月付1次，分4次付清。7月乙冰箱厂通知甲商场，称用应收甲商场的10万元冰箱货款中的6万元抵销其4月至7月的租金。乙冰箱厂的做法合法吗？

乙冰箱厂的做法是符合我国《合同法》的有关规定。该案涉及的是合同权利义务终止中债务相互抵销的法律规定。

约定抵销使交易活动更加灵活，对当事人也更为便利，但当事人约定抵销必须坚持自愿、公平的原则，防止以欺诈、胁迫的手段或者乘人之危，使对方

在违背真实意思的情况下做出同意抵销的表示。

六、债务人依法将标的物提存

（一）提存的概念

提存是指由于债权人的原因，债务人无法向其交付合同标的物而将该标的物交给提存机关，从而消灭合同的制度。

（二）提存的原因

《合同法》规定，有下列情形之一，难以履行债务的，债务人可以将标的物提存：

1. 债权人无正当理由拒绝受领

债权人无正当理由拒绝受领，指在合同约定的履行期间，债务人提出履行债务的请求，债权人能够接受履行，却无理由的不予受领。

2. 债权人下落不明

所谓下落不明，指债权人离开自己的住所或者变更住所，在合理期间经多方查找仍无下落。债权人下落不明，债务人无法给付，为消灭债权债务关系，债务人可以将标的物提存。

3. 债权人死亡未确定继承人或者丧失民事行为能力未确定监护人

债权人死亡，可以由其继承人享有债权；债权人丧失行为能力应当由其监护人代理行使债权，但是如果债权人的继承人和监护人没有确定，债务就不能因履行而消灭，为此，可以将标的物提存以终止合同。

4. 法律规定的其他情形

法律对提存问题有规定的，应当依照法律规定。例如，《担保法》第四十九条规定：抵押人转让抵押物所得的价款，应当向抵押权人提前清偿所担保的债权或者向与抵押权人约定的第三人提存。

（三）提存的法律后果

1. 提存通知

标的物提存后，除债权人下落不明的以外，债务人应当及时通知债权人或者债权人的继承人、监护人。

2. 提存效力

标的物提存后，毁损、灭失的风险由债权人承担。提存期间，标的物的孳息归债权人所有。提存费用由债权人负担。标的物不适于提存或者提存费用过高的，债务人依法可以拍卖或者变卖标的物，提存所得的价款。

3. 领取提存物的权利和期限

标的物提存后，债权人可以随时领取提存物，但债权人对债务人负有到期债务的，在债权人未履行债务或者提供担保之前，提存部门根据债务人的要求应当拒绝其领取提存物。债权人领取提存物的权利，自提存之日起 5 年内不行使而消灭，提存物扣除提存物费用后归国家所有。

📋 **小知识**

提存公证是公证处依照法定条件和程序，对债务人或担保人为债权人的利益而交付的债之标的物或担保物（含担保物的替代物）进行寄托、保管，并在条件成就时交付债权人的活动。为履行清偿义务或担保义务而向公证处申请提存的人为提存人。提存之债的债权人为提存受领人。

下列标的物可以提存：①货币；②有价证券、票据、提单、权利证书；③贵重物品；④担保物（金）或其替代物；⑤其他适宜提存的标的物。

七、债权人依法免除债务

（一）免除债务的概念

债权人免除债务，即债权人自愿放弃了债权，债务人的债务即被解除。

（二）免除的特点

债权人免除债务具有以下特点：

（1）免除债务是无因行为。债权人免除债务，不论是为了赠与、和解，还是其他什么原因，这些原因是否成立，都不影响免除的效力。

（2）免除债务为无偿行为。免除债务表明债权人放弃债权，不再要求债务人履行义务，因此，债务人不必为免除相应的对价。

（3）免除债务不需要特定的形式。免除债务不必有特定形式，口头、书面，明示、默示都无不可。如债权人以口头或者书面形式通知债务人不必再履行债务，是以明示方式免除债务。而债权人不对债务人主张债权，超过诉讼时效期间，也产生债务免除的后果。

（三）免除债务的后果

1. 免除使债务消灭

债权人免除部分债务的，债务部分消灭；免除全部债务的，债务全部消灭。

2. 免除消灭债权和债权的从权利

免除了对方债务，也等于放弃了自己的债权，债权消灭，从属于债权的担保权利、利息权利、违约金请求权等也随之消灭。

八、债权债务同归于一人

（一）混同的概念

债权债务同归于一人也叫债权债务混同。混同指债权人和债务人同归于一人，致使合同关系及其他债的关系消灭的事实。广义的混同，指不能并立的两种法律关系同归于一人而使其权利义务归于消灭的现象。包括：所有权与他物权同归于一人；债权与债务同归于一人；主债务与保证债务同归于一人。狭义的混同，也即合同法上的混同，仅指债权与债务同归于一人的情况。

（二）混同发生的原因

混同发生的原因主要有：（1）概括承受。概括承受是发生混同的主要原因：企业合并；债权人继承债务人；债务人继承债权人；第三人继承债权人和债务人等。（2）特定承受。特定承受主要包括：债务人受让债权人的债权；债权人承受债务人的债务。

债权和债务同归于一人，即债权债务混同时，使得该当事人既是合同的债权人，又是合同的债务人，合同的履行就失去了实际意义，合同的权利义务终止，但涉及第三人利益的除外。例如由于甲乙两企业合并，甲乙企业之间原先订立的合同中的权利义务同归于合并后的企业，债权债务关系自然终止。再如当债权人继承了债务人或者债务人继承了债权人时，债权债务也同归于一人，合同终止。

九、关于合同的权利义务终止，《解释二》的补充规定

（1）当事人一方违反《合同法》第九十二条规定的义务，给对方当事人造成损失，对方当事人请求赔偿实际损失的，人民法院应当支持。

（2）对于依照《合同法》第九十九条的规定可以抵销的到期债权，当事人约定不得抵销的，人民法院可以认定该约定有效。

（3）当事人对《合同法》第九十六条、第九十九条规定的合同解除或者债务抵销虽有异议，但在约定的异议期限届满后才提出异议并向人民法院起诉的，人民法院不予支持；当事人没有约定异议期间，在解除合同或者债务抵销通知到达之日起三个月以后才向人民法院起诉的，人民法院不予支持。

（4）依照《合同法》第一百零一条的规定，债务人将合同标的物或者标的物拍卖、变卖所得价款交付提存部门时，人民法院应当认定提存成立。提存成立的，视为债务人在其提存范围内已经履行债务。

（5）合同成立以后客观情况发生了当事人在订立合同时无法预见的、非不可抗力造成的不属于商业风险的重大变化，继续履行合同对于一方当事人明

显不公平或者不能实现合同目的，当事人请求人民法院变更或者解除合同的，人民法院应当根据公平原则，并结合案件的实际情况确定是否变更或者解除。

本 章 小 结

依法订立的合同成立后即具有法律约束力，任何一方都不得擅自变更或者解除合同。合同是由当事人协商一致而订立的，经当事人协商一致，也可以变更合同。合同的转让有三种情况：合同权利转让、合同义务转移、权利和义务一并转让。因具备法定情形和当事人约定的情形，合同债权、债务归于消灭，而使合同终止法律效力。

思 考 题

1. 合同变更的条件是什么？
2. 合同变更与合同转让有哪些区别？
3. 合同权利转让的规定有哪些？
4. 合同义务转让的条件是什么？
5. 合同权利义务终止的具体情形有哪些？
6. 合同解除的法定条件有哪些？
7. 债务抵销的形式有哪些？
8. 提存的原因和后果是什么？
9. 关于合同的权利义务终止，《解释二》有哪些补充规定？

第七章 违约责任

学习目标

掌握违约责任的概念和特点；掌握违约责任的构成要件；掌握承担违约责任的主要形式；掌握承担继续履行违约责任条件；掌握承担赔偿损失违约责任条件及相关规定；掌握支付违约金条件及相关规定；掌握定金罚则的主要内容；违约责任免除的相关规定。

关键名词

违约责任　赔偿损失　支付违约金　定金　违约责任的免除

第一节　违约责任概述

一、违约责任的概念

（一）违约的概念及种类

违约，即违反合同。现实中违约形态表现多样，违约行为从不同角度可做以下分类。

1. 根本违约和非根本违约

按照违约行为是否完全违背缔约目的，可分为根本违约和非根本违约。完全违背缔约目的的，为根本违约。部分违背缔约目的的，为非根本违约。

2. 合同的不履行和不适当履行

按照合同是否履行与履行状况，违约行为可分为合同的不履行和不适当履行。合同的不履行，指当事人不履行合同义务。合同的不履行包括拒不履行和履行不能，拒不履行指当事人能够履行合同却无正当理由而故意不履行；履行不能指因不可归责于债务人的事由致使合同的履行在事实上已经不可能。合同的不适当履行，又称不完全给付，指当事人履行合同义务不符合约定的条件。

3. 债务人履行迟延和债权人受领迟延

按照迟延履行的主体，可分为债务人履行迟延和债权人受领迟延。债务人超逾履行期履行的，为债务人履行迟延。债权人超逾履行期受领的，为债权人受领迟延。

（二）违约责任的概念及特点

违约责任即违反合同的民事责任，是指合同当事人一方不履行合同义务或者履行合同义务不符合约定时，依照法律规定或者合同约定所承担的法律责任。依法订立的有效合同，对当事人双方来说，都具有法律约束力。如果不履行或者履行义务不符合约定，就要承担违约责任。

违约责任具有以下特点：

（1）违约责任以合同的有效存在为前提。

（2）违约责任是合同当事人违反合同义务所产生的责任。如果当事人违反的不是合同义务，而是法律规定的其他义务，则应负其他责任。

（3）违约责任具有相对性。违约责任只能在特定的当事人之间发生。当事人一方不履行合同义务或者履行合同义务不符合约定的，应当承担继续履行、采取补救措施或者赔偿损失等违约责任。当事人双方都违反合同的，应当各自承担相应的责任。当事人一方因第三人的原因造成违约的，应当向对方承担违约责任。当事人一方和第三人之间的纠纷，依照法律规定或者按照约定解决。

二、违约责任的构成要件

违反合同，并不一定会引起民事责任的承担。只有具备一定的条件，违约当事人才承担违约责任。根据《民法通则》和《合同法》的有关规定，构成违约责任应具备以下条件。

1. 要有违约行为

违约责任只有在存在违约事实的情况下才有可能产生，当事人不履行或者不完全履行合同义务，是违约责任的客观要件。

2. 违约当事人主观上有过错

当事人违约可能有各种原因，如不可抗力、对方违约等。因这些原因引起违约，当事人不能承担违约责任。只有因违约当事人的原因造成违约的，即有可归责于合同义务人的原因，违约当事人才能承担违约责任。违约当事人是否有过错，适用过错推定，即只要有违约的事实，即推定违约人有过错。违约人要否认自己有过错，必须举证证明。

3. 当事人的违约行为造成了损害事实

损害事实是指当事人违约给对方造成了财产上的损害和其他不利的后果。在违约人支付违约金的情况下，不必考虑对方当事人是否真的受到损害及损害的大小；而在需要支付赔偿金的情况下，则必须考虑当事人所受到的实际损害。

4. 违约行为和损害结果之间有因果关系

违约当事人承担的赔偿责任，只限于因其违约而给对方造成的损失。对合同对方当事人的其他损失，违约人自然没有赔偿的义务。违约行为造成的损害包括直接损害和间接损害，对这两种损害违约人都应赔偿。

上述四个条件，是承担违约责任的基本构成条件，缺一不可。在合同有效的前提下，只要同时具备了以上四个条件，不管是否给对方造成了经济损失，违约方都必须承担违约责任。

📝 **小知识**

违约责任与侵权责任的主要区别：①归责原则与法律依据的不同。违约责任适用严格责任原则，对侵权责任采用过错责任原则、严格责任原则或公平责任原则，实际上是采用多重归责原则。②责任的构成要件。在违约责任中，行为人只要具有违约行为，而不具有有效的抗辩事由，就应承担违约责任。但在侵权责任中，损害事实是侵权损害赔偿责任成立的前提条件，无损害事实，便无侵权责任。③诉讼管辖与当事人的不同。合同纠纷提起的诉讼，由被告住所地或合同履行地法院管辖，当事人可以约定管辖。侵权行为提起的诉讼依法只能由侵权行为地或被告住所地法院管辖。④举证责任的不同。在违约责任中，受害人请求违约方承担违约责任，只要证明其有违约行为即可，不需要举证证明违约方对造成违约有过错。在侵权之诉中，过错推定只适用于少数情况，大多数侵权责任中，受害人必须对行为人的过错负责举证。⑤赔偿范围的不同。合同损害赔偿责任主要是财产损失的赔偿，赔偿数额或者损失赔偿的计算方法可以由当事人在订立合同时约定。侵权损害责任既包括财产也包括人身的精神损害，不仅包括直接损失，而且还包括间接损失。

第二节　承担违约责任的主要形式

《合同法》规定，当事人一方明确表示或者以自己的行为表明不履行合同义务的，对方可以在履行期限届满之前要求其承担违约责任。当事人一方不履行合同义务或者履行合同义务不符合约定的，应当承担继续履行、采取补救措施或者赔偿损失等违约责任。违约的当事人承担违约责任的主要形式有继续履行、采取补救措施、赔偿损失、支付约定违约金和给付或者双倍返回定金等。具体适用哪种违约责任，由当事人根据自己的要求加以选择。

一、继续履行

订立合同的目的是为了实现合同的约定，即实际履行合同。继续履行合同，既是为了实现合同目的，又是一种违约责任。当事人一方未支付价款或者报酬的，对方可以要求其支付价款或者报酬。当事人一方不履行非金钱债务或者履行非金钱债务不符合约定的，对方可以要求履行，但有下列情形之一的除外：①法律上或者事实上不能履行；②债务的标的不适于强制履行或者履行费用过高；③债权人在合理期限内未要求履行。

二、采取补救措施

履行质量不符合约定的，应当按照当事人的约定承担违约责任。受损害方可以根据标的的性质以及损失的大小，合理选择要求对方采取修理、更换、重作、退货、减少价款或者报酬等补救措施。

三、赔偿损失

当事人一方不履行合同义务或者履行合同义务不符合约定的，在履行义务或者采取补救措施后，对方还有其他损失的，应当赔偿损失。损失赔偿额应当相当于因违约所造成的损失，包括合同履行后可以获得的利益，但不得超过违反合同一方订立合同时预见到或者应当预见到的因违反合同可能造成的损失。

这里需要说明的是：赔偿损失的属性是补偿，弥补非违约人所遭受的损失。这种属性决定赔偿损失的适用前提是违约行为造成财产等损失的后果，如果违约行为未给非违约人造成损失，则不能用赔偿损失的方式追究违约人的民事责任。赔偿损失的范围可由法律直接规定，或由双方约定。在法律没有特别规定和当事人没有另行约定的情况下，应按完全赔偿原则，赔偿全部损失，包括直接损失和间接损失。直接损失指财产上的直接减少。间接损失又称所失利益，指失去的可以预期取得的利益。可以获得的预期的利益，简称可得利益。

当事人一方违约后，对方应当采取适当措施防止损失的扩大；没有采取适当措施致使损失扩大的，不得就扩大的损失要求赔偿。当事人因防止损失扩大而支出的合理费用，由违约方承担。

经营者对消费者提供商品或者服务有欺诈行为的，依照《中华人民共和国消费者权益保护法》的规定承担损害赔偿责任。

> **小知识**
>
> 　　新《消费者权益保护法》第五十五条规定：经营者提供商品或者服务有欺诈行为的，应当按照消费者的要求增加赔偿其受到的损失，增加赔偿的金额为消费者购买商品的价款或者接受服务的费用的 3 倍；增加赔偿的金额不足 500 元的，为 500 元。法律另有规定的，依照其规定。

四、支付违约金

　　违约金是指按照当事人的约定或者法律直接规定，一方当事人违约的，应向另一方支付的金钱。违约金的标的物是金钱，但当事人也可以约定违约金的标的物为金钱以外的其他财产。违约金有法定违约金和约定违约金之分。由法律直接规定的违约金为法定违约金。违约金是由当事人约定的，为约定违约金。

> **小知识**
>
> 　　《最高人民法院关于审理商品房买卖合同纠纷案件适用法律若干问题的解释》规定：当事人以约定的违约金过高为由请求减少的，应当以违约金超过造成的损失 30% 为标准适当减少；当事人以约定的违约金低于造成的损失为由请求增加的，应当以违约造成的损失确定违约金数额。

　　为了保证合同的履行，保护自己的利益不受损失，合同当事人可以约定一方违约时应当根据情况向对方支付一定数额的违约金，也可以约定因违约产生的损失赔偿额的计算方法。

　　违约金是对不能履行或者不能完全履行合同行为的一种带有惩罚性质的经济补偿手段，不论违约的当事人一方是否已给对方造成损失都应当支付。约定的违约金低于造成的损失的，当事人可以请求人民法院或者仲裁机构予以增加；约定的违约金过分高于造成的损失的，当事人可以请求人民法院或者仲裁机构予以适当减少。当事人就迟延履行约定违约金的，违约方支付违约金后，还应当履行债务。

五、定金

　　定金是合同当事人一方为了担保合同的履行而预先向对方支付的一定数额

的金钱。当事人可以依照《担保法》约定一方向对方给付定金作为债权的担保。债务人履行债务后，定金应当抵作价款或者收回。给付定金的一方不履行约定的债务的，无权要求返还定金；收受定金的一方不履行约定的债务的，应当双倍返还定金。

当事人既约定违约金，又约定定金的，一方违约时，对方可以选择适用违约金或者定金条款。但由于二者在目的、性质、功能等方面具有共性而不能并用。当事人执行定金条款后不足以弥补所受损害的，仍可以请求赔偿损失。

小案例

王某与韩某签订了一份二手房买卖合同，并向其交纳了 3 万元定金，同时约定，任何一方违约，就向对方支付违约金 5 万元。此后不久，韩某却将房子卖给了别人。王某要求韩某退还定金，同时支付违约金。韩某拒绝。王某的主张合法吗？

王某的主张是不合法。我国《合同法》规定："当事人既约定违约金，又约定定金的，一方违约时，对方可以选择适用违约金或者定金条款。"王某可以选择要求韩某双倍返还定金 6 万元，或者选择要求韩某支付违约金 5 万元。

六、违约责任的免除

一般情况下，在合同订立之后，如果一方当事人没有履行合同或者履行合同不符合约定，不论是自己的原因，还是第三人的原因，都应当向对方承担违约责任。但是，当当事人一方违约是因某些无法防止的客观原因造成的，则可以根据情况免除违约方的违约责任。

《合同法》规定，因不可抗力不能履行合同的，根据不可抗力的影响，部分或者全部免除责任；当事人迟延履行后发生不可抗力的，不能免除责任。不可抗力造成违约的，违约方虽然没有过错，但法律规定因不可抗力造成的违约也要承担违约责任的，违约方也要承担无过错的违约责任。当事人一方因不可抗力不能履行合同的，应当及时通知对方，以减轻可能给对方造成的损失，并应当在合理期限内提供证明。

七、关于违约责任，《解释二》的补充规定

（1）当事人通过反诉或者抗辩的方式，请求人民法院依照《合同法》第一百一十四条第二款的规定调整违约金的，人民法院应予支持。

（2）当事人依照《合同法》第一百一十四条第二款的规定，请求人民法院增加违约金的，增加后的违约金数额以不超过实际损失额为限。增加违约金以后，当事人又请求对方赔偿损失的，人民法院不予支持。

（3）当事人主张约定的违约金过高请求予以适当减少的，人民法院应当以实际损失为基础，兼顾合同的履行情况、当事人的过错程度以及预期利益等综合因素，根据公平原则和诚实信用原则予以衡量，并作出裁决。

当事人约定的违约金超过造成损失的30%的，一般可以认定为《合同法》第一百一十四条第二款规定的"过分高于造成的损失"。

本 章 小 结

依法订立的有效合同，对当事人双方来说，都具有法律约束力。如果不履行或者履行义务不符合约定，就要承担违约责任。当事人一方不履行合同义务或者履行合同义务不符合约定的，应当承担继续履行、采取补救措施或者赔偿损失等违约责任。当事人一方违约是因某些无法防止的客观原因造成的，则可以根据情况免除违约方的违约责任。

思 考 题

1. 违约责任有哪些特点？
2. 违约责任的构成要件是什么？
3. 承担违约责任的主要形式有哪些？
4. 承担赔偿损失违约责任的条件是什么？相关的规定有哪些？
5. 支付违约金有哪些法律规定？
6. 违约责任免除的相关规定有哪些？
7. 关于违约责任《解释二》有哪些补充规定？

第八章 买卖合同

学习目标

了解买卖合同的概念、特点；掌握买卖合同标的物的条件及风险负担；掌握买卖合同出卖人和买受人的义务；掌握买卖合同解除的特殊规定，以及特种买卖合同的有关规定。

关键名词

买卖合同　分期付款买卖合同　凭样品买卖合同　试用买卖合同

第一节　买卖合同概述

一、买卖合同的概念

买卖合同是出卖人转移标的物的所有权于买受人，买受人支付价款的合同。买卖合同的主体是出卖人和买受人。转移买卖标的物的一方为出卖人，也就是卖方；受领买卖标的，支付价金的一方是买受人，也就是买方。

《合同法》颁布后，最高人民法院与2003年3月24日通过《关于审理商品房买卖合同纠纷案件适用法律若干问题的解释》（以下简称《商品房买卖合同解释》）、2012年3月31日通过《关于审理买卖合同纠纷案件适用法律问题的解释》（以下简称《买卖合同解释》）。

二、买卖合同的法律特征

1. 买卖合同是有名合同

买卖合同是合同法分则中明确规定的合同，因而属于有名合同。

2. 买卖合同是卖方转移财产所有权、买方支付价款的合同

买卖合同是卖方转移财产所有权的合同。转移所有权，使得买卖合同与一方也要交付标的物的其他合同，如租赁合同、借用合同、保管合同等区分开来。买方应支付价款，并且价款是取得标的物所有权的对价。这又使买卖合同

与其他转移财产所有权的合同，如互易合同、赠与合同区别开来。

3. 买卖合同是双务合同

出卖人与买受人互为给付，双方都享有一定的权利，又都负有相应的义务。卖方负有交付标的物并转移其所有权于买方的义务，买方也同时负有向卖方支付价款的义务。

4. 买卖合同是有偿合同

出卖人与买受人有对价关系，卖方取得价款是以转移标的物的所有权为代价的，买方取得标的物的所有权是以给付价款为代价的。买卖合同的任何一方从对方取得物质利益，都须向对方付出相应的物质利益。

5. 买卖合同多是诺成合同

一般当事人就买卖达成合意，买卖合同即成立，而不以标的物或者价款的现实交付为成立的要件。买卖合同当事人也可以在合同中做出这样的约定，标的物或者价款交付时，买卖合同始为成立。此时的买卖合同即为实践合同或者称要物合同。

6. 买卖合同为要式合同或者不要式合同

从法律对合同形式的要求区分，既可有要式合同，又可有不要式合同，如房屋买卖需采用书面形式，是要式合同；即时清结买卖为不要式合同，法律对合同的形式一般不作要求。

三、买卖合同的种类

1. 一般买卖和特种买卖

按照买卖有无特殊的方式，可分为一般买卖和特种买卖。试验买卖、分期付款买卖、凭样品买卖、买回买卖、拍卖、标卖等有特殊方式的买卖为特种买卖，除此之外无特殊方式的买卖为一般买卖。

2. 特定物买卖与种类物买卖

按照买卖标的物是特定物还是种类物，可分为特定物买卖和种类物买卖。买卖标的物是特定物的，为特定物买卖。买卖标的物是种类物的，为种类物买卖。种类物买卖有瑕疵的，可以更换种类物。

3. 批发买卖与零售买卖

按照销售的数量可分为批发买卖和零售买卖。批发买卖简称批发，指批量销售。批发可以是批发商将货物销售给另一批发商或者零售商，也可以是批发商或者零售商将货物批量销售给个人或者单位。零售买卖简称零售，指零散销售，是零售商将货物单个、少量销售给个人或者单位。

合同法理论与实务（第二版）

4. 即时买卖和非即时买卖

按照买卖能否即时清结，可分为即时买卖和非即时买卖。即时买卖指当事人在买卖合同成立时即将买卖标的物与价金对交，即时清结。非即时买卖指当事人在买卖合同成立时非即时清结，待日后履行。非即时买卖又有预约买卖、赊欠买卖等多种划分。

5. 一时买卖与连续交易买卖

根据当事人双方的买卖是否以一次完结为标准，可分为一时买卖与连续交易买卖。一时买卖是指当事人双方仅进行一次交易即结束双方之间的买卖关系的买卖，即使双方之间有多次交易，每次交易也都是单独的，而无连续性。连续交易的买卖是指当事人双方于一定的期限内，卖方定期或者不定期地供给买方某种物品，买方按照一定标准支付价款的买卖，双方之间的每次交易都是有关联的。

6. 自由买卖与竞价买卖

按照是否采用竞争的方法进行买卖，可分为自由买卖和竞价买卖。未采用竞争方法买卖的，为自由买卖。采用竞争方法买卖的，为竞价买卖，如拍卖。

四、买卖合同的内容

买卖合同的内容除依照合同法的规定以外，还可以包括包装方式、检验标准和方法、结算方式、合同使用的文字及其效力等条款。

第二节 买卖合同的标的物

一、买卖合同的标的物的条件

买卖合同的标的物应认定为实物。买卖合同的标的物可以是现实存在的物，也可以是将来产生的物；可以是特定物，也可以是不特定物。出卖的标的物，应当属于出卖人所有或者出卖人有权处分。法律、行政法规禁止或者限制转让的标的物，依照其规定。

二、买卖合同标的物的风险负担

标的物的风险负担，主要表现在以下几方面。

（1）标的物毁损、灭失的风险，在标的物交付之前由出卖人承担，交付之后由买受人承担，但法律另有规定或者当事人另有约定的除外。

（2）因买受人的原因致使标的物不能按照约定的期限交付的，买受人应当自违反约定之日起承担标的物毁损、灭失的风险。

 小知识

物的主要分类：（1）流通物、限制流通物、禁止流通物。这是以物是否能够流通和流通范围的大小为标准而进行的区分。流通物是法律允许在民事主体之间自由流通的物。限制流通物是指法律对流通范围和程度有一定限制的物。禁止流通物则是法律明令禁止流通的物，又称不流通物。（2）特定物与种类物。这是根据转让物是否有独立特征或是否经权利人指定而特定化所作的区分。特定物指有独立特征或被权利人指定，不能以其他物替代的转让物，包括独一无二的物和从一类物中经指定而特定化的物。前者如凡·高的一幅油画，后者如从车行里挑出的一辆自行车。种类物指以品种、质量、规格等确定而无须具体指定的转让物，如型号、款式、价格相同的电视机。

（3）出卖人出卖交由承运人运输的在途标的物，除当事人另有约定的以外，毁损、灭失的风险自合同成立时起由买受人承担。

（4）当事人没有约定交付地点或者约定不明确，依照合同法规定标的物需要运输的，出卖人将标的物交付给第一承运人后，标的物毁损、灭失的风险由买受人承担。

（5）出卖人按照约定或者依照合同法规定将标的物置于交付地点，买受人违反约定没有收取的，标的物毁损、灭失的风险自违反约定之日起由买受人承担。

（6）出卖人按照约定未交付有关标的物的单证和资料的，不影响标的物毁损、灭失风险的转移。

（7）因标的物质量不符合质量要求，致使不能实现合同目的的，买受人可以拒绝接受标的物或者解除合同。买受人拒绝接受标的物或者解除合同的，标的物毁损、灭失的风险由出卖人承担；标的物毁损、灭失的风险由买受人承担的，不影响因出卖人履行债务不符合约定，买受人要求其承担违约责任的权利。

（8）标的物在交付之前产生的孳息，归出卖人所有，交付之后产生的孳息，归买受人所有。

> **小知识**
>
> 孳息是"原物"的对称，指由物或者权利而产生的收益，分为"天然孳息"和"法定孳息"。天然孳息指物依自然规律产生的收益。如土地生长的稻麦、树木的果实、牲畜的幼畜、挤出的牛乳、剪下的羊毛等。法定孳息指依民事法律关系产生的收益。如有利息的借贷或租赁，出借人有权收取利息，出租人有权收取租金等。买卖合同中标的物涉及的孳息，一般为天然孳息。但如果买卖的不是一般的货物，则也有可能涉及法定孳息，如买卖正被出租的房屋即是。

第三节　买卖合同当事人的义务

一、买卖合同的当事人

买卖合同当事人包括出卖人和买受人。对于买受人，依据《合同法》的规定，须具备相应的民事行为能力，除此以外，依据民法的基本原则、其他法律的规定以及特定买卖合同的性质，某些具有特别身份的人不得成为特定买卖合同中的买受人；对于出卖人，除须具备相应的民事行为能力之外，根据《合同法》的规定，还应当是买卖合同标的物的所有权人或其他有处分权人。

二、出卖人的合同义务

（一）交付标的物并转移标的物的所有权于买受人

1. 按照约定的时间、地点交付标的物

出卖人应当按照约定的期限交付标的物。约定交付期间的，出卖人可以在该交付期间内的任何时间交付；当事人没有约定标的物的交付期限或者约定不明确的，适用《合同法》的规定；标的物在订立合同之前已为买受人占有的，合同生效的时间为交付时间。

出卖人应当按照约定的地点交付标的物。当事人没有约定交付地点或者约定不明确，依照《合同法》的规定仍不能确定的，适用下列规定：标的物需要运输的，出卖人应当将标的物交付给第一承运人以运交给买受人；标的物不需要运输，出卖人和买受人订立合同时知道标的物在某一地点的，出卖人应当在该地点交付标的物；不知道标的物在某一地点的，应当在出卖人订立合同时的营业地交付标的物。

2．转移标的物的所有权于买受人

标的物的所有权自标的物交付时起转移，但法律另有规定或者当事人另有约定的除外；当事人可以在买卖合同中约定买受人未履行支付价款或者其他义务的，标的物的所有权属于出卖人；出卖具有知识产权的计算机软件等标的物的，除法律另有规定或者当事人另有约定的以外，该标的物的知识产权不属于买受人。

（二）权利的瑕疵担保义务

出卖人就交付的标的物，负有保证第三人不得向买受人主张任何权利的义务，但法律另有规定的除外；买受人订立合同时知道或者应当知道第三人对买卖的标的物享有权利的，出卖人不承担合同法规定的义务；买受人有确切证据证明第三人可能就标的物主张权利的，可以中止支付相应的价款，但出卖人提供适当担保的除外。

（三）交付有关单证和资料

出卖人应当履行向买受人交付标的物或者交付提取标的物的单证，并转移标的物所有权的义务；出卖人应当按照约定或者交易习惯向买受人交付提取标的物单证以外的有关单证和资料。

三、买受人的义务

（一）支付价款

1．支付数额约定

买受人应当按照约定的数额支付价款。对价款没有约定或者约定不明确的，适用合同法的相关规定。

2．支付地点约定

买受人应当按照约定的地点支付价款。对支付地点没有约定或者约定不明确，依照《合同法》的规定仍不能确定的，买受人应当在出卖人的营业地支付，但约定支付价款以交付标的物或者交付提取标的物单证为条件的，在交付标的物或者交付提取标的物单证的所在地支付；买受人应当按照约定的时间支付价款。

3．支付时间约定

对支付时间没有约定或者约定不明确，依照《合同法》的规定仍不能确定的，买受人应当在收到标的物或者提取标的物单证的同时支付。

4．关于标的物的约定

出卖人多交标的物的，买受人可以接收或者拒绝接收多交的部分。买受人接收多交部分的，按照合同的价格支付价款；买受人拒绝接收多交部分的，应当及时通知出卖人。

（二）及时检验出卖人交付的标的物

首先，买受人收到标的物时应当在约定的检验期间内检验。没有约定检验期间的，应当及时检验。

其次，当事人约定检验期间的，买受人应当在检验期间内将标的物的数量或者质量不符合约定的情形通知出卖人。买受人怠于通知的，视为标的物的数量或者质量符合约定。

最后，当事人没有约定检验期间的，买受人应当在发现或者应当发现标的物的数量或者质量不符合约定的合理期间内通知出卖人。买受人在合理期间内未通知或者自标的物收到之日起两年内未通知出卖人的，视为标的物的数量或者质量符合约定，但对标的物有质量保证期的，适用质量保证期，不适用该两年的规定。出卖人知道或者应当知道提供的标的物不符合约定的，买受人不受前两款规定的通知时间的限制。

第四节　买卖合同解除的特殊规定

一、主物合同与从物合同的解除

因标的物的主物不符合约定而被解除合同的，解除合同的效力急于从物。因标的物的从物不符合约定被解除的，解除的效力不及于主物。

二、数物合同的解除

标的物为数物，其中一物不符合约定的，买受人可以就该物解除，但该物与他物分离使标的物的价值显受损害的，当事人可以就数物解除合同。

三、分批交货合同的解除

出卖人分批交付标的物的，出卖人对其中一批标的物不交付或者交付不符合约定，致使该批标的物不能实现合同目的的，买受人可以就该批标的物解除；出卖人不交付其中一批标的物或者交付不符合约定，致使今后其他各批标的物的交付不能实现合同目的的，买受人可以就该批以及今后其他各批标的物解除；买受人如果就其中一批标的物解除，该批标的物与其他各批标的物相互依存的，可以就已经交付和未交付的各批标的物解除。

四、分期付款买卖合同的解除

分期付款的买受人未支付到期价款的金额达到全部价款的 1/5 的，出卖人可以要求买受人支付全部价款或者解除合同。

第五节　特种买卖合同

一、分期付款买卖合同

分期付款买卖，是指买受人将应付的总价款，在一定期间内分次向出卖人支付的买卖合同。

分期付款的买受人未支付到期价款的金额达到全部价款的 1/5 的，出卖人可以要求买受人支付全部价款或者解除合同。出卖人解除合同的，可以向买受人要求支付该标的物的使用费。

《买卖合同解释》规定：《合同法》第一百六十七条第一款规定的"分期付款"，系指买受人将应付的总价款在一定期间内至少分三次向出卖人支付。

分期付款买卖合同的约定违反《合同法》第一百六十七条第一款的规定，损害买受人利益，买受人主张该约定无效的，人民法院应予支持。

分期付款买卖合同约定出卖人在解除合同时可以扣留已受领价金，出卖人扣留的金额超过标的物使用费以及标的物受损赔偿额，买受人请求返还超过部分的，人民法院应予支持。

当事人对标的物的使用费没有约定的，人民法院可以参照当地同类标的物的租金标准确定。

二、凭样品买卖合同

凭样品买卖又称货样买卖，是按货物样品确定买卖标的物的买卖，出卖人交付的货物应当与当事人保留的样品具有相同的品质。凭样品买卖是一种特殊买卖，其特殊性表现在以货物样品来确定标的物。订货交易多采用凭样品买卖方式。

凭样品买卖的当事人应当封存样品，并可以对样品质量予以说明。出卖人交付的标的物应当与样品及其说明的质量相同。凭样品买卖的买受人不知道样品有隐蔽瑕疵的，即使交付的标的物与样品相同，出卖人交付的标的物的质量仍然应当符合同种物的通常标准。

《买卖合同解释》规定：合同约定的样品质量与文字说明不一致且发生纠纷时当事人不能达成合意，样品封存后外观和内在品质没有发生变化的，人民法院应当以样品为准；外观和内在品质发生变化，或者当事人对是否发生变化有争议而又无法查明的，人民法院应当以文字说明为准。

三、试用买卖合同

试用买卖是一种附条件的买卖，指当事人双方约定由买受人试用或者检验标的物，以买受人认可标的物为条件的买卖合同。

试用买卖的当事人可以约定标的物的试用期间。对试用期间没有约定或者约定不明确，依照合同法规定仍不能确定的，由出卖人确定。试用买卖的买受人在试用期内可以购买标的物，也可以拒绝购买。试用期间届满，买受人对是否购买标的物未作表示的，视为购买。

《买卖合同解释》规定：试用买卖的买受人在试用期内已经支付一部分价款的，人民法院应当认定买受人同意购买，但合同另有约定的除外。

在试用期内，买受人对标的物实施了出卖、出租、设定担保物权等非试用行为的，人民法院应当认定买受人同意购买。

买卖合同存在下列约定内容之一的，不属于试用买卖。买受人主张属于试用买卖的，人民法院不予支持：（1）约定标的物经过试用或者检验符合一定要求时，买受人应当购买标的物；（2）约定第三人经试验对标的物认可时，买受人应当购买标的物；（3）约定买受人在一定期间内可以调换标的物；（4）约定买受人在一定期间内可以退还标的物。试用买卖的当事人没有约定使用费或者约定不明确，出卖人主张买受人支付使用费的，人民法院不予支持。

四、招标投标买卖合同

招标投标买卖指招标人公布买卖标的物的出卖条件，投标人参加投标竞买，招标人选定中标人的买卖方式。招标投标买卖法律关系的主体包括出卖人，又可称为招标人和竞买人，又可称为投标人和买受人，又可称为中标人。招标投标除可作为一种特种买卖形式外，还适用于承揽、建设工程、运输、服务等合同的订立。

招标投标买卖的当事人的权利和义务以及招标投标程序等，依照有关法律、行政法规的规定。

五、拍卖合同

拍卖是拍卖人以公开竞价的方式，将拍卖标的物出售给最高应价人的买卖方式。拍卖的当事人的权利和义务以及拍卖程序等，依照有关法律、行政法规的规定。

六、互易合同

互易合同是互易人相互交换标的物，转移标的物所有权的合同。互易人包括自然人、法人。互易合同的当事人可以是双方，也可以是三方以上的当事人，如三角互换。互易合同的当事人互为互易人。

当事人约定易货交易，转移标的物的所有权的，参照买卖合同的有关规定。

第六节 《关于审理买卖合同纠纷案件适用法律问题的解释》的其他主要规定

一、关于买卖合同的成立及效力

（一）买卖合同的成立

当事人之间没有书面合同，一方以送货单、收货单、结算单、发票等主张存在买卖合同关系的，人民法院应当结合当事人之间的交易方式、交易习惯以及其他相关证据，对买卖合同是否成立作出认定。

对账确认函、债权确认书等函件、凭证没有记载债权人名称，买卖合同当事人一方以此证明存在买卖合同关系的，人民法院应予支持，但有相反证据足以推翻的除外。

当事人签订认购书、订购书、预订书、意向书、备忘录等预约合同，约定在将来一定期限内订立买卖合同，一方不履行订立买卖合同的义务，对方请求其承担预约合同违约责任或者要求解除预约合同并主张损害赔偿的，人民法院应予支持。

（二）买卖合同的效力

当事人一方以出卖人在缔约时对标的物没有所有权或者处分权为由主张合同无效的，人民法院不予支持。

出卖人因未取得所有权或者处分权致使标的物所有权不能转移，买受人要求出卖人承担违约责任或者要求解除合同并主张损害赔偿的，人民法院应予支持。

人民法院在按照合同法的规定认定电子交易合同的成立及效力的同时，还应当适用电子签名法的相关规定。

二、关于标的物交付和所有权转移

（一）买卖合同标的物交付

标的物为无须以有形载体交付的电子信息产品，当事人对交付方式约定不明确，且依照《合同法》第六十一条的规定仍不能确定的，买受人收到约定的电子信息产品或者权利凭证即为交付。

根据《合同法》第一百六十二条的规定，买受人拒绝接收多交部分标的物的，可以代为保管多交部分标的物。买受人主张出卖人负担代为保管期间的合理费用的，人民法院应予支持。

买受人主张出卖人承担代为保管期间非因买受人故意或者重大过失造成的损失的，人民法院应予支持。

《合同法》第一百三十六条规定的"提取标的物单证以外的有关单证和资料"，主要应当包括保险单、保修单、普通发票、增值税专用发票、产品合格证、质量保证书、质量鉴定书、品质检验证书、产品进出口检疫书、原产地证明书、使用说明书、装箱单等。

出卖人仅以增值税专用发票及税款抵扣资料证明其已履行交付标的物义务，买受人不认可的，出卖人应当提供其他证据证明交付标的物的事实。

合同约定或者当事人之间习惯以普通发票作为付款凭证，买受人以普通发票证明已经履行付款义务的，人民法院应予支持，但有相反证据足以推翻的除外。

（二）买卖合同所有权转移

出卖人就同一普通动产订立多重买卖合同，在买卖合同均有效的情况下，买受人均要求实际履行合同的，应当按照以下情形分别处理：（1）先行受领交付的买受人请求确认所有权已经转移的，人民法院应予支持；（2）均未受领交付，先行支付价款的买受人请求出卖人履行交付标的物等合同义务的，人民法院应予支持；（3）均未受领交付，也未支付价款，依法成立在先合同的买受人请求出卖人履行交付标的物等合同义务的，人民法院应予支持。

出卖人就同一船舶、航空器、机动车等特殊动产订立多重买卖合同，在买卖合同均有效的情况下，买受人均要求实际履行合同的，应当按照以下情形分别处理：（1）先行受领交付的买受人请求出卖人履行办理所有权转移登记手续等合同义务的，人民法院应予支持；（2）均未受领交付，先行办理所有权转移登记手续的买受人请求出卖人履行交付标的物等合同义务的，人民法院应予支持；（3）均未受领交付，也未办理所有权转移登记手续，依法成立在先合同的买受人请求出卖人履行交付标的物和办理所有权转移登记手续等合同义务的，人民法院应予支持；（4）出卖人将标的物交付给买受人之一，又为其他买受人办理所有权转移登记，已受领交付的买受人请求将标的物所有权登记在自己名下的，人民法院应予支持。

三、关于标的物风险负担

《合同法》第一百四十一条第二款第（一）项规定的"标的物需要运输

的"，是指标的物由出卖人负责办理托运，承运人系独立于买卖合同当事人之外的运输业者的情形。标的物毁损、灭失的风险负担，按照《合同法》第一百四十五条的规定处理。

出卖人根据合同约定将标的物运送至买受人指定地点并交付给承运人后，标的物毁损、灭失的风险由买受人负担，但当事人另有约定的除外。

出卖人出卖交由承运人运输的在途标的物，在合同成立时知道或者应当知道标的物已经毁损、灭失却未告知买受人，买受人主张出卖人负担标的物毁损、灭失的风险的，人民法院应予支持。

当事人对风险负担没有约定，标的物为种类物，出卖人未以装运单据、加盖标记、通知买受人等可识别的方式清楚地将标的物特定于买卖合同，买受人主张不负担标的物毁损、灭失的风险的，人民法院应予支持。

四、关于标的物检验

当事人对标的物的检验期间未作约定，买受人签收的送货单、确认单等载明标的物数量、型号、规格的，人民法院应当根据《合同法》第一百五十七条的规定，认定买受人已对数量和外观瑕疵进行了检验，但有相反证据足以推翻的除外。

出卖人依照买受人的指示向第三人交付标的物，出卖人和买受人之间约定的检验标准与买受人和第三人之间约定的检验标准不一致的，人民法院应当根据《合同法》第六十四条的规定，以出卖人和买受人之间约定的检验标准为标的物的检验标准。

人民法院具体认定《合同法》第一百五十八条第二款规定的"合理期间"时，应当综合当事人之间的交易性质、交易目的、交易方式、交易习惯、标的物的种类、数量、性质、安装和使用情况、瑕疵的性质、买受人应尽的合理注意义务、检验方法和难易程度、买受人或者检验人所处的具体环境、自身技能以及其他合理因素，依据诚实信用原则进行判断。

《合同法》第一百五十八条第二款规定的"两年"是最长的合理期间。该期间为不变期间，不适用诉讼时效中止、中断或者延长的规定。

约定的检验期间过短，依照标的物的性质和交易习惯，买受人在检验期间内难以完成全面检验的，人民法院应当认定该期间为买受人对外观瑕疵提出异议的期间，并根据本解释第十七条第一款的规定确定买受人对隐蔽瑕疵提出异议的合理期间。

约定的检验期间或者质量保证期间短于法律、行政法规规定的检验期间或者质量保证期间的，人民法院应当以法律、行政法规规定的检验期间或者质量保证期间为准。

买受人在合理期间内提出异议，出卖人以买受人已经支付价款、确认欠款数额、使用标的物等为由，主张买受人放弃异议的，人民法院不予支持，但当事人另有约定的除外。

《合同法》第一百五十八条规定的检验期间、合理期间、两年期间经过后，买受人主张标的物的数量或者质量不符合约定的，人民法院不予支持。

出卖人自愿承担违约责任后，又以上述期间经过为由反悔的，人民法院不予支持。

五、关于违约责任

（一）质量保证金

受人依约保留部分价款作为质量保证金，出卖人在质量保证期间未及时解决质量问题而影响标的物的价值或者使用效果，出卖人主张支付该部分价款的，人民法院不予支持。

（二）质量异议

买受人在检验期间、质量保证期间、合理期间内提出质量异议，出卖人未按要求予以修理或者因情况紧急，买受人自行或者通过第三人修理标的物后，主张出卖人负担因此发生的合理费用的，人民法院应予支持。

标的物质量不符合约定，买受人依照《合同法》第一百一十一条的规定要求减少价款的，人民法院应予支持。当事人主张以符合约定的标的物和实际交付的标的物按交付时的市场价值计算差价的，人民法院应予支持。

价款已经支付，买受人主张返还减价后多出部分价款的，人民法院应予支持。

（三）逾期付款违约金

买卖合同对付款期限作出的变更，不影响当事人关于逾期付款违约金的约定，但该违约金的起算点应当随之变更。

买卖合同约定逾期付款违约金，买受人以出卖人接受价款时未主张逾期付款违约金为由拒绝支付该违约金的，人民法院不予支持。

买卖合同约定逾期付款违约金，但对账单、还款协议等未涉及逾期付款责任，出卖人根据对账单、还款协议等主张欠款时请求买受人依约支付逾期付款违约金的，人民法院应予支持，但对账单、还款协议等明确载有本金及逾期付款利息数额或者已经变更买卖合同中关于本金、利息等约定内容的除外。

合同没有约定逾期付款违约金或者该违约金的计算方法，出卖人以买受人违约为由主张赔偿逾期付款损失的，人民法院可以中国人民银行同期同类人民币贷款基准利率为基础，参照逾期罚息利率标准计算。

（四）合同解除

出卖人没有履行或者不当履行从给付义务，致使买受人不能实现合同目的，买受人主张解除合同的，人民法院应当根据《合同法》第九十四条第（四）项的规定，予以支持。

买卖合同因违约而解除后，守约方主张继续适用违约金条款的，人民法院应予支持；但约定的违约金过分高于造成的损失的，人民法院可以参照《合同法》第一百一十四条第二款的规定处理。

（五）违约金调整与损失赔偿

买卖合同当事人一方以对方违约为由主张支付违约金，对方以合同不成立、合同未生效、合同无效或者不构成违约等为由进行免责抗辩而未主张调整过高的违约金的，人民法院应当就法院若不支持免责抗辩，当事人是否需要主张调整违约金进行释明。

一审法院认为免责抗辩成立且未予释明，二审法院认为应当判决支付违约金的，可以直接释明并改判。

买卖合同约定的定金不足以弥补一方违约造成的损失，对方请求赔偿超过定金部分的损失的，人民法院可以并处，但定金和损失赔偿的数额总和不应高于因违约造成的损失。

买卖合同当事人一方违约造成对方损失，对方主张赔偿可得利益损失的，人民法院应当根据当事人的主张，依据《合同法》第一百一十三条、第一百一十九条、本解释第三十条、第三十一条等规定进行认定。

买卖合同当事人一方违约造成对方损失，对方对损失的发生也有过错，违约方主张扣减相应的损失赔偿额的，人民法院应予支持。

买卖合同当事人一方因对方违约而获有利益，违约方主张从损失赔偿额中扣除该部分利益的，人民法院应予支持。

合同约定减轻或者免除出卖人对标的物的瑕疵担保责任，但出卖人故意或者因重大过失不告知买受人标的物的瑕疵，出卖人主张依约减轻或者免除瑕疵担保责任的，人民法院不予支持。

买受人在缔约时知道或者应当知道标的物质量存在瑕疵，主张出卖人承担瑕疵担保责任的，人民法院不予支持，但买受人在缔约时不知道该瑕疵会导致标的物的基本效用显著降低的除外。

六、关于所有权保留

买卖合同当事人主张《合同法》第一百三十四条关于标的物所有权保留

的规定适用于不动产的，人民法院不予支持。

当事人约定所有权保留，在标的物所有权转移前，买受人有下列情形之一，对出卖人造成损害，出卖人主张取回标的物的，人民法院应予支持：（1）未按约定支付价款的；（2）未按约定完成特定条件的；（3）将标的物出卖、出质或者作出其他不当处分的。

取回的标的物价值显著减少，出卖人要求买受人赔偿损失的，人民法院应予支持。

买受人已经支付标的物总价款的 75% 以上，出卖人主张取回标的物的，人民法院不予支持。

在本解释第三十五条第一款第（三）项情形下，第三人依据《物权法》第一百零六条的规定已经善意取得标的物所有权或者其他物权，出卖人主张取回标的物的，人民法院不予支持。

出卖人取回标的物后，买受人在双方约定的或者出卖人指定的回赎期间内，消除出卖人取回标的物的事由，主张回赎标的物的，人民法院应予支持。

买受人在回赎期间内没有回赎标的物的，出卖人可以另行出卖标的物。

出卖人另行出卖标的物的，出卖所得价款依次扣除取回和保管费用、再交易费用、利息、未清偿的价金后仍有剩余的，应返还原买受人；如有不足，出卖人要求原买受人清偿的，人民法院应予支持，但原买受人有证据证明出卖人另行出卖的价格明显低于市场价格的除外。

第七节　《关于审理商品房买卖合同纠纷案件适用法律若干问题的解释》的主要规定

一、关于认购协议

出卖人通过认购、订购、预订等方式向买受人收受定金作为订立商品房买卖合同担保的，如果因当事人一方原因未能订立商品房买卖合同，应当按照法律关于定金的规定处理；因不可归责于当事人双方的事由，导致商品房买卖合同未能订立的，出卖人应当将定金返还买受人。

商品房的认购、订购、预订等协议具备《商品房销售管理办法》第十六条规定的商品房买卖合同的主要内容，并且出卖人已经按照约定收受购房款的，该协议应当认定为商品房买卖合同。

二、关于登记备案

当事人以商品房预售合同未按照法律、行政法规规定办理登记备案手续为由，请求确认合同无效的，不予支持。当事人约定以办理登记备案手续为商品房预售合同生效条件的，从其约定，但当事人一方已经履行主要义务，对方接受的除外。

三、关于惩罚性赔偿

具有下列情形之一，导致商品房买卖合同目的不能实现的，无法取得房屋的买受人可以请求解除合同、返还已付购房款及利息、赔偿损失，并可以请求出卖人承担不超过已付购房款 1 倍的赔偿责任：（1）商品房买卖合同订立后，出卖人未告知买受人又将该房屋抵押给第三人。（2）商品房买卖合同订立后，出卖人又将该房屋出卖给第三人。

出卖人订立商品房买卖合同时，具有下列情形之一，导致合同无效或者被撤销、解除的，买受人可以请求返还已付购房款及利息、赔偿损失，并可以请求出卖人承担不超过已付购房款 1 倍的赔偿责任：（1）故意隐瞒没有取得商品房预售许可证明的事实或者提供虚假商品房预售许可证明；（2）故意隐瞒所售房屋已经抵押的事实；（3）故意隐瞒所售房屋已经出卖给第三人或者为拆迁补偿安置房屋的事实。

四、关于交付使用

对房屋的转移占有，视为房屋的交付使用，但当事人另有约定的除外。

房屋毁损、灭失的风险，在交付使用前由出卖人承担，交付使用后由买受人承担；买受人接到出卖人的书面交房通知，无正当理由拒绝接收的，房屋毁损、灭失的风险自书面交房通知确定的交付使用之日起由买受人承担，但法律另有规定或者当事人另有约定的除外。

五、关于房屋质量

因房屋主体结构质量不合格不能交付使用，或者房屋交付使用后，房屋主体结构质量经核验确属不合格，买受人请求解除合同和赔偿损失的，应予支持。

因房屋质量问题严重影响正常居住使用，买受人请求解除合同和赔偿损失的，应予支持。

交付使用的房屋存在质量问题，在保修期内，出卖人应当承担修复责任；出卖人拒绝修复或者在合理期限内拖延修复的，买受人可以自行修复或者委托他人修复。修复费用及修复期间造成的其他损失由出卖人承担。

六、关于面积误差

出卖人交付使用的房屋套内建筑面积或者建筑面积与商品房买卖合同约定面积不符，合同有约定的，按照约定处理；合同没有约定或者约定不明确的，按照以下原则处理：

（1）面积误差比绝对值在3%以内（含3%），按照合同约定的价格据实结算，买受人请求解除合同的，不予支持。

（2）面积误差比绝对值超出3%，买受人请求解除合同、返还已付购房款及利息的，应予支持。

买受人同意继续履行合同，房屋实际面积大于合同约定面积的，面积误差比在3%以内（含3%）部分的房价款由买受人按照约定的价格补足，面积误差比超出3%部分的房价款由出卖人承担，所有权归买受人；房屋实际面积小于合同约定面积的，面积误差比在3%以内（含3%）部分的房价款及利息由出卖人返还买受人，面积误差比超过3%部分的房价款由出卖人双倍返还买受人。

七、关于迟延履行

根据《合同法》第九十四条的规定，出卖人迟延交付房屋或者买受人迟延支付购房款，经催告后在3个月的合理期限内仍未履行，当事人一方请求解除合同的，应予支持，但当事人另有约定的除外。

法律没有规定或者当事人没有约定，经对方当事人催告后，解除权行使的合理期限为3个月。对方当事人没有催告的，解除权应当在解除权发生之日起1年内行使；逾期不行使的，解除权消灭。

八、关于违约责任

当事人以约定的违约金过高为由请求减少的，应当以违约金超过造成的损失30%为标准适当减少。

当事人以约定的违约金低于造成的损失为由请求增加的，应当以违约造成的损失确定违约金数额。

商品房买卖合同没有约定违约金数额或者损失赔偿额计算方法，违约金数额或者损失赔偿额可以参照以下标准确定：

逾期付款的，按照未付购房款总额，参照中国人民银行规定的金融机构计收逾期贷款利息的标准计算。

逾期交付使用房屋的，按照逾期交付使用房屋期间有关主管部门公布或者有资格的房地产评估机构评定的同地段同类房屋租金标准确定。

九、关于产权登记

由于出卖人的原因，买受人在下列期限届满未能取得房屋权属证书的，除当事人有特殊约定外，出卖人应当承担违约责任：

（一）商品房买卖合同约定的办理房屋所有权登记的期限。

（二）商品房买卖合同的标的物为尚未建成房屋的，自房屋交付使用之日起 90 日。

（三）商品房买卖合同的标的物为已竣工房屋的，自合同订立之日起 90 日。

合同没有约定违约金或者损失数额难以确定的，可以按照已付购房款总额，参照中国人民银行规定的金融机构计收逾期贷款利息的标准计算。

商品房买卖合同约定或者《城市房地产开发经营管理条例》第三十三条规定的办理房屋所有权登记的期限届满后超过一年，由于出卖人的原因，导致买受人无法办理房屋所有权登记，买受人请求解除合同和赔偿损失的，应予支持。

十、关于担保贷款

（一）买卖合同与担保贷款合同解除

商品房买卖合同约定，买受人以担保贷款方式付款、因当事人一方原因未能订立商品房担保贷款合同并导致商品房买卖合同不能继续履行的，对方当事人可以请求解除合同和赔偿损失。因不可归责于当事人双方的事由未能订立商品房担保贷款合同并导致商品房买卖合同不能继续履行的，当事人可以请求解除合同，出卖人应当将收受的购房款本金及其利息或者定金返还买受人。

因商品房买卖合同被确认无效或者被撤销、解除，致使商品房担保贷款合同的目的无法实现，当事人请求解除商品房担保贷款合同的，应予支持。

（二）买卖合同与担保贷款合同纠纷的解决

以担保贷款为付款方式的商品房买卖合同的当事人一方请求确认商品房买卖合同无效或者撤销、解除合同的，如果担保权人作为有独立请求权第三人提出诉讼请求，应当与商品房担保贷款合同纠纷合并审理；未提出诉讼请求的，仅处理商品房买卖合同纠纷。担保权人就商品房担保贷款合同纠纷另行起诉的，可以与商品房买卖合同纠纷合并审理。

商品房买卖合同被确认无效或者被撤销、解除后，商品房担保贷款合同也被解除的、出卖人应当将收受的购房贷款和购房款的本金及利息分别返还担保权人和买受人。

买受人未按照商品房担保贷款合同的约定偿还贷款，也未与担保权人办理商品房抵押登记手续，担保权人起诉买受人，请求处分商品房买卖合同项下买受人合同权利的，应当通知出卖人参加诉讼；担保权人同时起诉出卖人时，如果出卖人为商品房担保贷款合同提供保证的，应当列为共同被告。

买受人未按照商品房担保贷款合同的约定偿还贷款，但是已经取得房屋权属证书并与担保权人办理了商品房抵押登记手续，抵押权人请求买受人偿还贷款或者就抵押的房屋优先受偿的，不应当追加出卖人为当事人，但出卖人提供保证的除外。

📝 小知识

招标投标买卖指招标人公布买卖标的物的出卖条件，投标人参加投标竞买，招标人选定中标人的买卖方式。招标投标买卖法律关系的主体包括出卖人，又可称为招标人；竞买人，又可称为投标人和买受人，又可称为中标人。招标投标除可作为一种特种买卖形式外，还适用于承揽、建设工程、运输、服务等合同的订立。

招标投标买卖的程序，可分为招标、投标、开标、评标、定标。招标时，招标人发出招标公告。招标公告为要约邀请。投标人投标为要约。投标应当表明竞买金额，投标后，招标人应当按照公告说明的时间、地点和程序开标。开标后，招标人组织评标，按评标结果定标，确定中标人，定标为承诺。与同为竞争买卖的拍卖不同的是，拍卖以最高应价者确为买定人，而招标投标买卖的中标人不一定是出价最高者，招标人综合衡量投标人条件选择中标人，或许使出价较低者中标。招标人定标，招标投标买卖成立。

本 章 小 结

买卖合同是出卖人转移标的物的所有权于买受人，买受人支付价款的合同。买卖合同的标的物可以是现实存在的物，也可以是将来产生的物；可以是特定物，也可以是不特定物。出卖的标的物，应当属于出卖人所有或者出卖人有权处分。法律、行政法规禁止或者限制转让的标的物，依照其规定。买卖合同的出卖人应当交付标的物并转移标的物的所有权于买受人。买受人应当按照约定支付价款。

思 考 题

1. 买卖合同有什么特点？

2. 买卖合同标的物的风险负担的规则是什么？

3. 买卖合同出卖人的义务有哪些？

4. 买卖合同出卖人权利的瑕疵担保义务是怎么回事？

5. 买卖合同买受人的义务有哪些？

6. 买受人如何及时检验出卖人交付的标的物？

7. 关于买卖合同解除有哪些特殊规定？

8. 分期付款买卖合同有哪些规定？

9. 凭样品买卖合同有哪些规定？

10. 试用买卖合同有哪些规定？

11. 《买卖合同解释》对合同的成立有哪些规定？

12. 《买卖合同解释》对合同的效力有哪些规定？

13. 出卖人就同一普通动产订立多重买卖合同如何处理？

14. 《买卖合同解释》关于所有权保留有哪些规定？

15. 《商品房买卖合同解释》关于认购协议有哪些规定？

16. 《商品房买卖合同解释》对惩罚性赔偿是怎样规定的？

17. 《商品房买卖合同解释》对关于面积误差的处理是怎样规定的？

18. 《商品房买卖合同解释》对迟延履行有哪些规定？

19. 《商品房买卖合同解释》关于产权登记有哪些规定？

第九章　供用电、水、气、热力合同

第一节　供用电、水、气、热力合同概述

一、供用电、水、气、热力合同的概念

　　供用电、水、气、热力合同是指一方提供电、水、气、热力供另一方利用，另一方利用这些资源并支付报酬的合同。供用电、水、气、热力合同属转移财产所有权合同的一种，实质上是特种商品的买卖合同。

　　供用电合同是一种常见的民事合同。合同的标的，是一种特殊的商品"电"，由于其具有客观物质性并能为人们所使用，因而属于民法上"物"的一种。供电人将自己所有的电力供应给用电人使用，用电人支付一定数额的价款，双方当事人之间的关系实际上是一种买卖关系。因此，供用电合同本质上属于一种特殊类型的买卖合同。

二、供用电、水、气、热力合同的特点

1. 合同的特殊性

　　供应方是特殊主体，只能是依法取得特定营业资格的供应企业，其他任何单位和个人都不得作为供应方。如供应水合同的供应方只能是自来水公司。

2. 属于持续供给合同

　　由于电、水、气、热力的供应与使用均是连续的，因此合同的履行方式都处于一种持续状态。供应方在正常情况下，应当连续向使用方供应，不得中

断；使用方在合同约定的期限内，享有连续使用的权利。

3. 合同一般按照格式条款订立

供应方为了适应大量交易的需要，预先拟定格式条款，双方当事人按照格式条款订立合同，这样既有利于降低交易成本，又有利于供应方集中精力提高供应质量。但同时也存在如何限制供应方利用其垄断地位产生的不公平问题。对供用方式有特殊要求的使用方，也可以采用非格式条款订立合同。

4. 对用户的责任都有特殊要求

由于电、水、气、热力系统都具有网络性，其生产、供应与使用都由网络联结，相互影响，任何一个用户的使用，都可能关系到整个系统的运行，关系到其他用户的利益，因此要求用户按照有关规定和约定安全、合理地使用供应的电、水、气、热力，并承担相应的法律责任。

三、供用电、水、气、热力合同的法律适用

供用水、供用气、供用热力合同，参照供用电合同的有关规定。买卖合同中的相关规定，对于该合同同样有参照适用的效力。

第二节　供用电合同的概念、内容

一、供用电合同的概念

供用电合同是供电人向用电人供电，用电人支付电费的合同。

二、供用电合同的法律特征

1. 合同的主体

合同的主体是供电人和用电人。供电人是指供电企业或者依法取得供电营业资格的法人单位。其他任何单位和个人都不得作为供电人。受供电企业委托供电的营业网点、营业所不具有权利能力，不能以自己的名义签订合同，因而不是供电人。用电人的范围非常广泛，自然人、法人以及其他组织等，都有资格成为供用电合同的用电人，订立供用电合同。

2. 合同的标的

合同的标的是电力，是一种特殊的能源，具有不可替代性。供电人将自己所有的电力供应给用电人使用，用电人支付一定数额的价款，双方当事人之间的关系实际上是一种买卖关系。因此，供用电合同本质上属于一种特殊类型的买卖合同。

3. 供用电合同属于持续供给合同

供电人在发电、供电系统正常的情况下，应当连续向用电人供电，不得中断；用电人在合同约定的时间内，享有连续用电的权利。

4. 供用电合同一般按照格式条款订立

供电企业为了与不特定的多个用电人订立合同而预先拟定格式条款，双方当事人按照格式条款订立合同。用电人对该格式条款仅有同意或不同意的权利，而不能更改其内容。对供用电方式有特殊要求的用电人，可采用非格式条款订立合同。

5. 供用电合同的性质

供用电合同为诺成、双务、有偿合同。供用电合同自双方当事人达成协议时起成立生效，而不以电力的实际供应为合同的生效要件。

📑 小知识

供电设施的产权分界处是划分供电设施所有权归属的分界点，分界点电源侧的供电设施归供电人所有，分界点负荷侧的供电设施归用电人所有。在用电人为单位时，供电设施的产权分界处通常为该单位变电设备的第一个瓷瓶或开关；在用电人为散用户时，供电设施的产权分界处通常为进户墙的第一个接收点。上述供电设施的产权分界处为供用电合同的履行地点。

三、供用电合同的内容

供用电合同的内容包括供电的方式、质量、时间，用电容量、地址、性质，计量方式，电价、电费的结算方式，供用电设施的维护责任等条款。供用电合同的履行地点，按照当事人约定；当事人没有约定或者约定不明确的，供电设施的产权分界处为履行地点。

第三节　供用电合同的效力

一、供电人的义务

1. 及时、安全、合格供电

供电人应当按照国家规定的供电质量标准和约定安全供电。供电人未按照国家规定的供电质量标准和约定安全供电，造成用电人损失的，应当承担损害赔偿责任。

小知识

《供电营业规则》对供电质量标准作了规定：①在电力系统正常状况下，供电频率的允许偏差为：电网装机容量在 300 万千瓦及以上的，为正负 0.2 赫兹；电网装机容量在 300 万千瓦以下的，为正负 0.5 赫兹。在电力系统非正常状况下，供电频率允许偏差不应超过正负 1 赫兹。②在电力系统正常状况下，供电企业供到用户受电端的供电电压允许偏差为：35 千伏及以上电压供电的，电压正、负偏差的绝对值之和不超过额定值的 10%；10 千伏及以下三相供电的，为额定值的正负 7%；220 伏单相供电的，为额定值的正 7%、负 10%。在电力系统非正常状况下，用户受电端的电压最大允许偏差不应超过额定值的正负 10%。用户用电功率因数达不到规定标准时，其受电端的电压偏差不受此限制。

---

2. 因限电、检修等停电的通知义务

供电人因供电设施计划检修、临时检修、依法限电或者用电人违法用电等原因，需要中断供电时，应当按照国家有关规定事先通知用电人。未事先通知用电人中断供电，造成用电人损失的，应当承担损害赔偿责任。

小知识

《电力供应与使用条例》第三十九条规定，用户逾期未交付电费的，供电企业可以从逾期之日起，每日按照电费总额的 1‰~3‰加收违约金，具体比例由供用电双方在供用电合同中约定。《供电营业规则》第九十八条规定，用户在供电企业规定的期限内未交清电费时，应承担电费滞纳的违约责任。电费违约金从逾期之日起计算至交纳日止。每日电费违约金按下列规定计算：①居民用户每日按欠费总额的 1‰计算；②其他用户：当年欠费部分，每日按欠费总额的 2‰计算；跨年度欠费部分，每日按欠费总额的 3‰计算。

---

3. 对电力事故的抢修义务

因自然灾害等原因断电，供电人应当按照国家有关规定及时抢修。未及时

抢修，造成用电人损失的，应当承担损害赔偿责任。

二、用电人的义务

1. 支付电费的义务

用电人应当按照国家有关规定和当事人的约定及时交付电费。用电人逾期不交付电费的，应当按照约定支付违约金。经催告用电人在合理期限内仍不交付电费和违约金的，供电人可以按照国家规定的程序中止供电。

2. 按照约定安全用电义务

用电人应当按照国家有关规定和当事人的约定安全用电。用电人未按照国家有关规定和当事人的约定安全用电，造成供电人损失的，应当承担损害赔偿责任。

本 章 小 结

供用电、水、气、热力合同是指一方提供电、水、气、热力供另一方利用，另一方利用这些资源并支付报酬的合同。供用电合同是供电人向用电人供电，用电人支付电费的合同。

思 考 题

1. 供用电、水、气、热力合同有哪些特点？
2. 供电人有哪些义务？
3. 用电人有哪些义务？

110

第十章 赠 与 合 同

学习目标

　　了解赠与合同的概念和特点；掌握赠与合同的效力；掌握赠与合同的撤销。

关键名词

　　赠与合同　附义务的赠与　赠与人的任意撤销权　赠与人的法定撤销权

第一节　赠与合同概述

一、赠与合同的概念

　　赠与合同是赠与人将自己的财产无偿给予受赠人，受赠人表示接受赠与的合同。赠与合同是单务、无偿合同。赠与合同属于诺成合同，当事人意思表示一致，合同即告成立。

二、赠与合同的特点

1. 赠与合同是转移财产所有权的合同

　　赠与人将其享有所有权的财产无偿给予受赠人，从而使受赠人取得该财产的所有权。

2. 赠与合同是无偿合同

　　受赠人在取得赠与物所有权的同时，不需要向赠与人给付任何对价，即受赠人纯获利益。而赠与人向受赠人给付财产，也不从受赠人那里获得任何补偿或者回报。

3. 赠与合同是单务合同

　　一般情况下，赠与人负有给付的义务而不享有权利，受赠人享有接受财产的权利而不承担任何给付义务。在附义务的赠与合同中，受赠人要承担一定的义务，并以此作为取得赠与物所有权的一个条件，但这一义务对受赠人所产生的负担是远远低于其所获得的利益的。

4. 赠与合同是诺成合同

赠与合同自受赠人表示接受赠与时成立，不要求以接受赠与物作为合同成立的要件。

5. 赠与合同为不要式合同

赠与合同是要式合同还是不要式合同，与赠与合同是否成立也有关联。

第二节　赠与合同的效力

一、附义务的赠与的效力

附义务的赠与也称附负担的赠与，是指以受赠人对赠与人或者第三人为一定给付为条件的赠与，也即使受赠人接受赠与后负担一定义务的赠与。

附义务的赠与不同于一般的赠与，而属一种特殊的赠与。

1. 附义务的赠与的特征

（1）一般的赠与，受赠人仅享有取得赠与财产的权利，不承担任何义务。而附义务的赠与，赠与人对其赠与附加一定的条件，使受赠人承担一定的义务。

（2）附义务的赠与，其所附义务有一定限度，通常低于赠与财产的价值。

（3）一般情况下，在赠与人履行了赠与义务后，才发生受赠人义务的履行问题，但当事人另有约定的也无不可。

（4）赠与所附义务，可以约定向赠与人履行，也可以约定向第三人履行，还可以约定向不特定的多数人履行。

（5）履行赠与所负的义务，依照当事人的约定，可以是作为，也可以是不作为。

（6）赠与所附义务，是赠与合同的组成部分，而不是另外的独立合同。

2. 附义务的赠与的效力

（1）赠与可以附义务。赠与附义务的，受赠人应当按照约定履行义务。受赠人不履行的，赠与人有权要求受赠人履行义务或者撤销赠与。赠与人撤销赠与的，受赠人应将取得的赠与财产返还赠与人。

（2）附义务的赠与，赠与的财产有瑕疵的，赠与人在附义务的限度内承担与出卖人相同的责任。

二、赠与人的责任

1. 赠与人对赠与财产的瑕疵担保责任

赠与的财产有瑕疵的，赠与人不承担责任。赠与人故意不告知瑕疵或者保证无瑕疵，造成受赠人损失的，应当承担损害赔偿责任。赠与人的经济状况显著恶化，严重影响其生产经营或者家庭生活的，可以不再履行赠与义务。

小案例

周某与郑某是老邻居，周某单位分了新房子准备搬家。搬家时，见郑某家因经济一直比较困难没有冰箱，自己搬新家准备买台新冰箱，就将原来使用的一台单门冰箱送给郑某，并对郑某说，这台冰箱用了 12 年了，但一直都很好用，没出过毛病，如不嫌弃就留下使用。郑某说，旧的总比没有强，于是留下冰箱。半年后，这台冰箱在使用中突然因故障起火，烧毁了郑家的大部分财产。郑某向法院提起诉讼，认为周某没有告知冰箱存在质量问题，可能会引起火灾，导致他接受了冰箱，造成家庭财产的损失。要求周某对他家的经济损失承担损害赔偿责任。郑某的诉由是否有法律依据？

郑某的诉由没有法律依据。赠与的财产有瑕疵的，赠与人不承担责任。附义务的赠与，赠与的财产有瑕疵的，赠与人在附义务的限度内承担与出卖人相同的责任。赠与人故意不告知瑕疵或者保证无瑕疵，造成受赠人损失的，应当承担损害赔偿责任。

---

2. 交付赠与财产的责任

具有救灾、扶贫等社会公益、道德义务性质的赠与合同或者经过公证的赠与合同，赠与人不交付赠与的财产的，受赠人可以要求交付。

赠与的财产依法需要办理登记等手续的，应当办理有关手续。因赠与人故意或者重大过失致使赠与的财产毁损、灭失的，赠与人应当承担损害赔偿责任。

第三节 赠与的撤销

一、赠与人的任意撤销权及其限制

赠与人的任意撤销权是指赠与人在赠与财产的权利转移之前可以撤销赠

与。《合同法》第一百八十六条规定："赠与人在赠与财产的权利转移之前可以撤销赠与。"法律规定赠与的任意撤销，源于赠与是无偿行为。即便赠与合同已经成立，也还可以允许赠与人因自身的某种事由撤销赠与，这也是赠与合同与其他有偿合同的显著区别。

《合同法》第一百八十六条规定第二款规定："具有救灾、扶贫等社会公益、道德义务性质的赠与合同或者经过公证的赠与合同，不适用前款规定。"据此，合同法对赠与的任意撤销又有如下限制：

（1）具有社会公益、道德义务性质的赠与合同，不论当事人以何种形式订立，不论是否经过公证，也不论赠与的财产是否已转移其权利，赠与人均不得任意撤销。

（2）履行道德义务的赠与，由于当事人之间有着道义上的因素，如果允许赠与人任意撤销，则与道义不符。因此，此类的赠与也不得由赠与人任意撤销。

（3）赠与合同订立后经公证证明的，赠与人不得任意撤销。可以任意撤销的赠与合同限于未经公证的赠与合同。而赠与合同订立后，当事人交由公证部门公证，表明其赠与意愿的表达已十分慎重，因此经过公证证明的赠与合同，赠与人不得任意撤销。

二、赠与人的法定撤销权及其撤销权的行使

1. 赠与人的法定撤销权

赠与人的法定撤销权是指受赠人有下列情形之一的，不论赠与财产的权利是否转移，赠与是否具有救灾、扶贫等社会公益、道德义务性质的赠与合同或者经过公证，赠与人均可以撤销赠与：①严重侵害赠与人或者赠与人的近亲属；②对赠与人有扶养义务而不履行；③不履行赠与合同约定的义务。

 小案例

　　父赠子房，附义务：要求子让继母有生之年在该房居住。后父死，子撵继母出。问赠与合同可否撤销，如何撤销，由谁来行使撤销权？
　　答案：可以撤销赠与。应当由继母行使撤销权。

---

2. 赠与法定撤销权的行使

赠与人的撤销权，自知道或者应当知道撤销原因之日起一年内行使。因受

赠人的违法行为致使赠与人死亡或者丧失民事行为能力的，赠与人的继承人或者法定代理人可以撤销赠与。赠与人的继承人或者法定代理人的撤销权，自知道或者应当知道撤销原因之日起 6 个月内行使。撤销权人撤销赠与的，可以向受赠人要求返还赠与的财产。

本 章 小 结

　　赠与合同是赠与人将自己的财产无偿给予受赠人，受赠人表示接受赠与的合同。赠与可以附义务。赠与附义务的，受赠人应当按照约定履行义务。赠与人对赠与财产的瑕疵承担担保责任和交付赠与财产的责任。赠与人在赠与财产的权利转移之前可以撤销赠与，但具有救灾、扶贫等社会公益、道德义务性质的赠与合同或者经过公证的赠与合同，不能撤销。受赠人有法定情形之一的，不论赠与财产的权利是否转移，赠与是否具有救灾、扶贫等社会公益、道德义务性质的赠与合同或者经过公证，赠与人均可以撤销赠与。

思 考 题

1. 什么是赠与合同？其特点有哪些？
2. 什么是附义务的赠与？关于附义务的赠与有哪些规定？
3. 关于赠与人的任意撤销权及其限制有哪些规定？
4. 赠与人的法定撤销权及其撤销权的行使有哪些规定？

第十一章 借款合同

学习目标

    了解借款合同的概念和特点；了解借款合同的形式与内容；掌握银行借款合同的相关规定；掌握自然人之间借款合同的相关规定。

关键名词

    借款合同   自然人之间的借款合同   银行借款合同

第一节　借款合同概述

一、借款合同的概念

借款合同是借款人向贷款人借款，到期返还借款并支付利息的合同。《合同法》对借款合同是否为诺成合同视合同主体不同有不同的规定。金融机构贷款的借款合同是诺成合同，自双方意思表示一致时成立；自然人之间的借款合同为实践合同，自贷款人提供借款时生效。

二、借款合同的特点

（1）借款合同的标的物是货币。这里所说的货币，包括人民币和外币。

（2）借款合同是有偿合同。除公民之间借款约定无利息或公民之间借款对是否支付利息约定不明而视为不支付利息之外，借款到期时，借款人应当向贷款人返还借款并支付利息。

（3）借款合同转移标的物的占有、使用和处分权。借款人在形式上取得了标的物的所有权，但借款人的目的是为了取得标的物的占有、使用、处分权，在合同到期时，借款人仍要承担返还同等数量标的物义务。

三、借款合同的形式

借款合同采用书面形式，但自然人之间借款另有约定的除外。《合同法》

第一百九十七条规定:"借款合同采用书面形式,但自然人之间借款另有约定的除外。"法律规定以银行或者其他金融机构为贷款人的借款合同必须采用书面形式。自然人之间的借款合同可以采用书面形式,也可以采用口头合同形式。

四、借款合同的内容

借款合同的内容包括借款种类、币种、用途、数额、利率、期限和还款方式等条款。订立借款合同,贷款人可以要求借款人提供担保。担保依照《中华人民共和国担保法》的规定。订立借款合同,借款人应当按照贷款人的要求提供与借款有关的业务活动和财务状况的真实情况。

第二节 借款合同当事人的权利义务

一、银行借款合同

借款的利息不得预先在本金中扣除。利息预先在本金中扣除的,应当按照实际借款数额返还借款并计算利息。贷款人按照约定的日期、数额提供贷款。贷款人未按照约定的日期、数额提供借款,造成借款人损失的,应当赔偿损失。借款人未按照约定的日期、数额收取借款的,应当按照约定的日期、数额支付利息。

贷款人按照约定可以检查、监督借款的使用情况。借款人应当按照约定向贷款人定期提供有关财务会计报表等资料。借款人未按照约定的借款用途使用借款的,贷款人可以停止发放借款、提前收回借款或者解除合同。

办理贷款业务的金融机构贷款的利率,应当按照中国人民银行规定的贷款利率的上下限确定。借款人应当按照约定的期限支付利息。对支付利息的期限没有约定或者约定不明确,依照合同法规定仍不能确定,借款期间不满一年的,应当在返还借款时一并支付;借款期间一年以上的,应当在每届满一年时支付,剩余期间不满一年的,应当在返还借款时一并支付。

借款人应当按照约定的期限返还借款。对借款期限没有约定或者约定不明确,依照合同法规定仍不能确定的,借款人可以随时返还;贷款人可以催告借款人在合理期限内返还。借款人未按照约定的期限返还借款的,应当按照约定或者国家有关规定支付逾期利息。借款人提前偿还借款的,除当事人另有约定的以外,应当按照实际借款的期间计算利息。借款人可以在还款期限届满之前向贷款人申请展期。贷款人同意的,可以展期。

二、自然人之间的借款合同

自然人之间的借款合同，自贷款人提供借款时生效。自然人之间的借款合同对支付利息没有约定或者约定不明确的，视为不支付利息。自然人之间的借款合同约定支付利息的，借款的利率不得违反国家有关限制借款利率的规定。

📝 小知识

1991 年最高人民法院公布的《关于人民法院审理借贷案件的若干问题》中对民间借贷的问题做出了规定，明确民间借贷可以适当高于银行的利率，各地人民法院可根据本地区的实际情况具体掌握，但最高不得超过银行同类贷款利率的四倍（包含利率本数）。超过此限度的，超出部分的利息不予保护。近些年来，我国在司法实践中对高利借贷行为的认定也是依据该规定处理的，因此，在没有新规定的情况下，自然人之间借款的利率的确定不得违反最高人民法院的有关规定。

本 章 小 结

借款合同是借款人向贷款人借款，到期返还借款并支付利息的合同。借款合同采用书面形式，但自然人之间借款另有约定的除外。借款合同的内容包括借款种类、币种、用途、数额、利率、期限和还款方式等条款。贷款人按照约定的日期、数额提供贷款，借款人应当按照约定的期限返还借款及利息。

思 考 题

1. 借款合同有哪些特点？
2. 借款合同的形式是怎样的？
3. 借款合同的主要内容是什么？
4. 银行借款合同有哪些规定？
5. 自然人之间的借款合同有哪些规定？

第十二章　租赁合同与融资租赁合同

学习目标

　　了解租赁合同的概念和特点；掌握租赁合同的主要内容；掌握租赁物的使用与维修的有关规定；掌握租赁合同当事人的权利义务；了解融资租赁合同概念特点；掌握融资租赁合同当事人的权利义务。

关键名词

　　租赁合同　融资租赁合同

第一节　租赁合同

一、租赁合同概述

（一）租赁合同的概念

　　租赁合同是出租人将租赁物交付承租人使用、收益，承租人支付租金的合同。租赁合同转让是转让财产使用权、收益权的合同，为双务、诺成合同。

（二）租赁合同的特点

　　一是租赁合同的标的物必须是有形物、特定物、非消耗物。租赁合同的标的物必须是有形物，包括动产（如汽车、电视机等）和不动产（如房屋、土地使用权等）；由于租赁物期满必须返还，租赁物应是特定物或特定化的种类物；同时租赁物还应是非消耗物，否则承租人使用一段时间后，不能将租赁物返还给出租人。

　　二是租赁合同是转移物的使用权的合同。租赁合同不转移物的所有权，而是转移物的使用权的合同。这是租赁合同与买卖合同、赠与合同的重要区别。

　　三是租赁合同是有偿合同。承租人使用租赁物时，应当支付租金。有偿使用他人财产是租赁法律关系的本质特征之一。租金是承租人获得租赁物使用权的代价，租金是租赁合同的必要条款。

　　四是租赁合同是诺成合同、双务合同。双方当事人达成租赁协议后合同即告成立，而不以租赁物的实际交付为合同的生效要件；租赁合同当事人双方既负有一定义务，也享有一定权利，双方的权利义务具有对应性，对价性。

五是租赁合同具有期限性。租赁合同只是出租人在一定期限内将其财产的使用收益转让给承租人。一定的期限是租赁合同的基本要素。

二、租赁合同的主要内容

租赁合同的内容包括租赁物的名称、数量、用途、租赁期限、租金及其支付期限和方式、租赁物维修等条款。租赁期限不得超过 20 年。超过 20 年的，超过部分无效。租赁期间届满，当事人可以续订租赁合同，但约定的租赁期限自续订之日起不得超过 20 年。租赁期限 6 个月以上的，应当采用书面形式。当事人未采用书面形式的，视为不定期租赁。

出租人应当按照约定将租赁物交付承租人，并在租赁期间保持租赁物符合约定的用途。承租人应当按照约定的方法使用租赁物。对租赁物的使用方法没有约定或者约定不明确，依照《合同法》的规定仍不能确定的，应当按照租赁物的性质使用。

三、租赁物的使用与维修

（一）租赁物的使用

承租人按照约定的方法或者租赁物的性质使用租赁物，致使租赁物受到损耗的，不承担损害赔偿责任。承租人未按照约定的方法或者租赁物的性质使用租赁物，致使租赁物受到损失的，出租人可以解除合同并要求赔偿损失。

（二）租赁物的维修

出租人应当履行租赁物的维修义务，但当事人另有约定的除外。承租人在租赁物需要维修时可以要求出租人在合理期限内维修。出租人未履行维修义务的，承租人可以自行维修，维修费用由出租人负担。因维修租赁物影响承租人使用的，应当相应减少租金或者延长租期。

四、租赁合同当事人的权利义务

（一）租赁物的保管与改善

承租人应当妥善保管租赁物，因保管不善造成租赁物毁损、灭失的，应当承担损害赔偿责任。承租人经出租人同意，可以对租赁物进行改善或者增设他物。承租人未经出租人同意，对租赁物进行改善或者增设他物的，出租人可以要求承租人恢复原状或者赔偿损失。

（二）租赁物的转租

承租人经出租人同意，可以将租赁物转租给第三人。承租人转租的，承租人与出租人之间的租赁合同继续有效，第三人对租赁物造成损失的，承租人应当赔偿损失。承租人未经出租人同意转租的，出租人可以解除合同。在租赁期间因占有、使用租赁物获得的收益，归承租人所有，但当事人另有约定的除外。

（三）租金的约定

承租人应当按照约定的期限支付租金。对支付期限没有约定或者约定不明确，依照本法规定仍不能确定，租赁期间不满一年的，应当在租赁期间届满时支付；租赁期间一年以上的，应当在每届满一年时支付，剩余期间不满一年的，应当在租赁期间届满时支付。承租人无正当理由未支付或者迟延支付租金的，出租人可以要求承租人在合理期限内支付。承租人逾期不支付的，出租人可以解除合同。

因第三人主张权利，致使承租人不能对租赁物使用、收益的，承租人可以要求减少租金或者不支付租金。第三人主张权利的，承租人应当及时通知出租人。租赁物在租赁期间发生所有权变动的，不影响租赁合同的效力。出租人出卖租赁房屋的，应当在出卖之前的合理期限内通知承租人，承租人享有以同等条件优先购买的权利。

五、租赁合同的解除

因不可归责于承租人的事由，致使租赁物部分或者全部毁损、灭失的，承租人可以要求减少租金或者不支付租金；因租赁物部分或者全部毁损、灭失，致使不能实现合同目的的，承租人可以解除合同。

当事人对租赁期限没有约定或者约定不明确，依照《合同法》规定仍不能确定的，视为不定期租赁。当事人可以随时解除合同，但出租人解除合同应当在合理期限之前通知承租人。租赁物危及承租人的安全或者健康的，即使承租人订立合同时明知该租赁物质量不合格，承租人仍然可以随时解除合同。承租人在房屋租赁期间死亡的，与其生前共同居住的人可以按照原租赁合同租赁该房屋。

租赁期间届满，承租人应当返还租赁物。返还的租赁物应当符合按照约定或者租赁物的性质使用后的状态。租赁期间届满，承租人继续使用租赁物，出租人没有提出异议的，原租赁合同继续有效，但租赁期限为不定期。

六、《关于审理城镇房屋租赁合同纠纷案件具体应用法律若干问题的解释》的主要规定

（一）关于本解释的适用范围

本解释所称城镇房屋，是指城市、镇规划区内的房屋。

乡、村庄规划区内的房屋租赁合同纠纷案件，可以参照本解释处理。但法律另有规定的，适用其规定。

当事人依照国家福利政策租赁公有住房、廉租住房、经济适用住房产生的纠纷案件，不适用本解释。

（二）关于未取得规划许可与临时建筑的房屋租赁

出租人就未取得建设工程规划许可证或者未按照建设工程规划许可证的规定建设的房屋，与承租人订立的租赁合同无效。但在一审法庭辩论终结前取得建设工程规划许可证或者经主管部门批准建设的，人民法院应当认定有效。

出租人就未经批准或者未按照批准内容建设的临时建筑，与承租人订立的租赁合同无效。但在一审法庭辩论终结前经主管部门批准建设的，人民法院应当认定有效。

租赁期限超过临时建筑的使用期限，超过部分无效。但在一审法庭辩论终结前经主管部门批准延长使用期限的，人民法院应当认定延长使用期限内的租赁期间有效。

（三）关于租赁合同登记备案

当事人以房屋租赁合同未按照法律、行政法规规定办理登记备案手续为由，请求确认合同无效的，人民法院不予支持。

当事人约定以办理登记备案手续为房屋租赁合同生效条件的，从其约定。但当事人一方已经履行主要义务，对方接受的除外。

（四）关于租赁合同无效的占有使用费

房屋租赁合同无效，当事人请求参照合同约定的租金标准支付房屋占有使用费的，人民法院一般应予支持。

当事人请求赔偿因合同无效受到的损失，人民法院依照合同法的有关规定和本司法解释第九条、第十三条、第十四条的规定处理。

（五）关于一房多租的处理

出租人就同一房屋订立数份租赁合同，在合同均有效的情况下，承租人均主张履行合同的，人民法院按照下列顺序确定履行合同的承租人：（1）已经合法占有租赁房屋的；（2）已经办理登记备案手续的；（3）合同成立在先的。

不能取得租赁房屋的承租人请求解除合同、赔偿损失的，依照合同法的有关规定处理。

（六）关于房屋的主体结构变动及装饰装修

1. 承租人擅自变动房屋建筑主体和承重结构或者扩建，在出租人要求的合理期限内仍不予恢复原状，出租人请求解除合同并要求赔偿损失的，人民法院依照《合同法》第二百一十九条的规定处理。

2. 承租人经出租人同意装饰装修，租赁合同无效时，未形成附合的装饰装修物，出租人同意利用的，可折价归出租人所有；不同意利用的，可由承租人拆除。因拆除造成房屋毁损的，承租人应当恢复原状。

已形成符合的装饰装修物，出租人同意利用的，可折价归出租人所有；不同意利用的，由双方各自按照导致合同无效的过错分担现值损失。

3. 承租人经出租人同意装饰装修，租赁期间届满或者合同解除时，除当事人另有约定外，未形成符合的装饰装修物，可由承租人拆除。因拆除造成房屋毁损的，承租人应当恢复原状。

4. 承租人经出租人同意装饰装修，合同解除时，双方对已形成符合的装饰装修物的处理没有约定的，人民法院按照下列情形分别处理：

（1）因出租人违约导致合同解除，承租人请求出租人赔偿剩余租赁期内装饰装修残值损失的，应予支持；

（2）因承租人违约导致合同解除，承租人请求出租人赔偿剩余租赁期内装饰装修残值损失的，不予支持。但出租人同意利用的，应在利用价值范围内予以适当补偿；

（3）因双方违约导致合同解除，剩余租赁期内的装饰装修残值损失，由双方根据各自的过错承担相应的责任；

（4）因不可归责于双方的事由导致合同解除的，剩余租赁期内的装饰装修残值损失，由双方按照公平原则分担。法律另有规定的，适用其规定。

（5）承租人经出租人同意装饰装修，租赁期间届满时，承租人请求出租人补偿符合装饰装修费用的，不予支持。但当事人另有约定的除外。

（6）承租人未经出租人同意装饰装修或者扩建发生的费用，由承租人负担。出租人请求承租人恢复原状或者赔偿损失的，人民法院应予支持。

（7）承租人经出租人同意扩建，但双方对扩建费用的处理没有约定的，人民法院按照下列情形分别处理：办理合法建设手续的，扩建造价费用由出租人负担；未办理合法建设手续的，扩建造价费用由双方按照过错分担。

（七）关于转租

承租人经出租人同意将租赁房屋转租给第三人时，转租期限超过承租人剩余租赁期限的，人民法院应当认定超过部分的约定无效。但出租人与承租人另有约定的除外。

出租人知道或者应当知道承租人转租，但在 6 个月内未提出异议，其以承租人未经同意为由请求解除合同或者认定转租合同无效的，人民法院不予支持。因租赁合同产生的纠纷案件，人民法院可以通知次承租人作为第三人参加诉讼。

因承租人拖欠租金，出租人请求解除合同时，次承租人请求代承租人支付欠付的租金和违约金以抗辩出租人合同解除权的，人民法院应予支持。但转租合同无效的除外。次承租人代为支付的租金和违约金超出其应付的租金数额，可以折抵租金或者向承租人追偿。

房屋租赁合同无效、履行期限届满或者解除，出租人请求负有腾房义务的次承租人支付逾期腾房占有使用费的，人民法院应予支持。

（八）关于买卖不破租赁

租赁房屋在租赁期间发生所有权变动，承租人请求房屋受让人继续履行原租赁合同的，人民法院应予支持。但租赁房屋具有下列情形或者当事人另有约定的除外：（1）房屋在出租前已设立抵押权，因抵押权人实现抵押权发生所有权变动的；（2）房屋在出租前已被人民法院依法查封的。

（九）关于承租人的优先购买权

出租人出卖租赁房屋未在合理期限内通知承租人或者存在其他侵害承租人优先购买权情形，承租人请求出租人承担赔偿责任的，人民法院应予支持。但请求确认出租人与第三人签订的房屋买卖合同无效的，人民法院不予支持。

出租人与抵押权人协议折价、变卖租赁房屋偿还债务，应当在合理期限内通知承租人。承租人请求以同等条件优先购买房屋的，人民法院应予支持。

出租人委托拍卖人拍卖租赁房屋，应当在拍卖5日前通知承租人。承租人未参加拍卖的，人民法院应当认定承租人放弃优先购买权。

具有下列情形之一，承租人主张优先购买房屋的，人民法院不予支持：（1）房屋共有人行使优先购买权的；（2）出租人将房屋出卖给近亲属，包括配偶、父母、子女、兄弟姐妹、祖父母、外祖父母、孙子女、外孙子女的；（3）出租人履行通知义务后，承租人在15日内未明确表示购买的；（4）第三人善意购买租赁房屋并已经办理登记手续的。

📑 小知识

租赁合同和融资租赁合同的区别：①融资租赁合同的承租人对租赁物和供货人有自由选择权，租赁合同中的承租人无权选择。②融资租赁合同的租金由租赁物的成本、购买租赁物的费用、利息等组成，租金是出租人融资的对价，租赁合同的租金是租赁物的使用对价，一般在租赁期间届满时出租人不能收回投资。③融资租赁合同中对租赁物的维修保养由承租人承担，而租赁合同中租赁物的维修保养由出租人承担。④融资租赁合同中，出租人主要是融通资金，一般不直接承担交付租赁物的义务，租赁物由供货人交付承租人，并承担由此而产生的质量责任；租赁合同则是出租人按合同约定将租赁物直接交付承租人，并承担由此而发生的质量责任。⑤租赁期满，融资租赁合同一般采用"退租、续租、留购"三种方法之一处置，而租赁合同期满，承租人必须按合同约定交还租赁物（或者续签租赁合同）。⑥融资租赁合同涉及多个当事人，其法律关系十分复杂，而租赁合同只涉及出租人和承租人双方当事人的法律关系，相对而言，关系较单纯、简单。⑦在租赁合同中，出租人和买卖合同中的出卖人一样负有瑕疵担保责任，包括权利担保责任。在融资租赁合同中，除承租人依赖出租人的技能确定租赁物或者出租人干预选择租赁物情况外，出租人对租赁标的物不符合约定或者不符合使用目的的不承担责任。

第二节　融资租赁合同

一、融资租赁合同概述

（一）融资租赁合同的概念

融资租赁合同是出租人根据承租人对出卖人、租赁物的选择，向出卖人购买租赁物，提供给承租人使用，承租人支付租金的合同。

典型的融资租赁合同具有以下三方面的含义：①出租人须根据承租人对出卖人和租赁物的选择出资购买租赁物。这是融资租赁合同不同于租赁合同的一个重要特点。②出租人须将购买的租赁物交付承租人使用收益。在融资租赁合同中，出租人虽然须向第三人购买标的物，但其购买的直接目的是为了交付承租人使用收益，而不是为了自己使用。这是融资租赁合同中出租人的买卖行为不同于买卖合同之处。③承租人须向出租人支付租金。融资租赁合同的承租人对出租人购买租赁物为使用收益，并须支付租金。

（二）融资租赁合同的特点

1. 融资租赁合同涉及两个或两个以上的合同关系

融资租赁交易除了由融资性的租赁合同直接约定出租人与承租人之间的权利义务关系外，还涉及出租人与供应商之间的买卖合同，此外，还有可能涉及信托合同、借款合同等多个合同关系。

2. 融资租赁合同涉及三方当事人

融资租赁合同涉及三方当事人：为租赁交易提供资金融通的出租人，选择租赁物并支付租金的承租人，为出租人提供租赁物的供应商。

3. 融资租赁合同的标的物由承租人选择确定

承租人承担与租赁物所有权有关的一切风险与责任。融资租赁合同的出租人只享有租赁物的名义所有权，与所有权有关的权利义务完全由承租人享有与负担。

4. 融资租赁合同的租期一般与租赁物的实质使用周期相同

融资租赁合同的租期，一般为租赁物的使用周期，法律没有最长期限的规定。

二、融资租赁合同的内容

融资租赁合同的内容包括租赁物名称、数量、规格、技术性能、检验方法、租赁期限、租金构成及其支付期限和方式、币种、租赁期间届满租赁物的归属等条款。融资租赁合同应当采用书面形式。

三、融资租赁合同当事人的权利义务

（一）融资租赁合同的标的物

出租人根据承租人对出卖人、租赁物的选择订立的买卖合同，出卖人应当按照约定向承租人交付标的物，承租人享有与受领标的物有关的买受人的权利。出租人根据承租人对出卖人、租赁物的选择订立的买卖合同，未经承租人同意，出租人不得变更与承租人有关的合同内容。出租人、出卖人、承租人可以约定，出卖人不履行买卖合同义务的，由承租人行使索赔的权利。承租人行使索赔权利的，出租人应当协助。

出租人享有租赁物的所有权。承租人破产的，租赁物不属于破产财产。出租人和承租人可以约定租赁期间届满租赁物的归属。对租赁物的归属没有约定或者约定不明确，依照合同法的规定仍不能确定的，租赁物的所有权归出租人。

租赁物不符合约定或者不符合使用目的的，出租人不承担责任，但承租人依赖出租人的技能确定租赁物或者出租人干预选择租赁物的除外。出租人应当保证承租人对租赁物的占有和使用。

（二）融资租赁合同的租金

融资租赁合同的租金，除当事人另有约定的以外，应当根据购买租赁物的大部分或者全部成本以及出租人的合理利润确定。当事人约定租赁期间届满租赁物归承租人所有，承租人已经支付大部分租金，但无力支付剩余租金，出租人因此解除合同收回租赁物的，收回的租赁物的价值超过承租人欠付的租金以及其他费用的，承租人可以要求部分返还。承租人应当按照约定支付租金。承租人经催告后在合理期限内仍不支付租金的，出租人可以要求支付全部租金；也可以解除合同，收回租赁物。

（三）融资租赁合同的标的物的维修与责任

承租人占有租赁物期间，租赁物造成第三人的人身伤害或者财产损害的，出租人不承担责任。承租人应当妥善保管、使用租赁物。承租人应当履行占有租赁物期间的维修义务。

📖 小案例

某企业需要购买一套生产 DVD 的生产线，但由于缺少资金，找到某融资租赁公司，在融资租赁公司的建议下，由租赁公司出资购买了甲公司的 DVD 生产线，然后租赁给某企业。本例中甲企业应当向谁交付标的物？甲企业不履行合同，由谁行使索赔的权利？如果甲企业交付的标的物不符合约定的使用目的，出租人是否承担责任？在租赁期间的维修义务由承租人，还是由出租人负责？

甲企业应当向承租人某企业交付 DVD 生产线。《合同法》第二百三十九条规定"出租人根据承租人对出卖人、租赁物的选择订立买卖合同，出卖人应当按照约定向承租人交付标的物，承租人享有与受领标的物有关的买受人的权利。"甲企业不履行合同，由出租人租赁公司行使索赔的权利。《合同法》第二百四十条规定"出租人、出卖人承租人可以约定出卖人不履行买卖合同义务的，由承租人行使索赔的权利。承租人行使索赔权利的，出租人应当协助。"本案中，合同中并未约定索赔权由出租人转让给承租人，所以承租人不享有行使索赔权。出租人不承租责任。《合同法》第二百四十四条规定租赁物不符合约定或者不符合使用目的，出租人不承担责任，但承租人依赖出租人的技能确定租赁物或者出租人干预选择租赁物的除外。本案中不存在除外情况，故出租人不承担责任。租赁期间的维修义务由承租人某企业承担。《合同法》第二百四十七条规定，承租人应该妥善保管，使用租赁物。承租人应当履行占有租赁物期间的维修义务。

本 章 小 结

租赁合同是出租人将租赁物交付承租人使用、收益，承租人支付租金的合同。租赁合同转让是转让财产使用权、收益权的合同，为双务、诺成合同。融资租赁合同是出租人根据承租人对出卖人、租赁物的选择，向出卖人购买租赁物，提供给承租人使用，承租人支付租金的合同。租赁合同的内容包括租赁物的名称、数量、用途、租赁期限、租金及其支付期限和方式、租赁物维修等条款。融资租赁合同的内容包括租赁物名称、数量、规格、技术性能、检验方法、租赁期限、租金构成及其支付期限和方式、币种、租赁期间届满租赁物的归属等条款。

思 考 题

1. 租赁合同的特点有哪些？

2. 融资租赁合同的特点有哪些？

3. 租赁物的使用与维修有哪些规定？

4. 租赁合同当事人的权利义务有哪些？

5. 租赁合同解除的规定有哪些？

6. 融资租赁合同当事人的权利义务有哪些？

7. 租赁合同和融资租赁合同有什么区别？

8. 《房屋租赁合同解释》关于租赁合同登记备案是怎么规定的？

9. 《房屋租赁合同解释》对关于一房多租的处理规则是怎样的？

10. 《房屋租赁合同解释》对转租有怎样的规定？

11. 《房屋租赁合同解释》关于承租人优先购买权有怎样的规定？

第十三章　承揽合同

学习目标

　　了解承揽合同的概念和特点；掌握承揽合同当事人的权利义务。

关键名词

　　承揽合同　承揽人　定作人

第一节　承揽合同概述

一、承揽合同的概念

　　承揽合同是承揽人按照定作人的要求完成工作，交付工作成果，定作人给付报酬的合同。完成工作并交付成果的一方称承揽人，接受承揽人的工作成果并给付报酬的一方称为定作人。承揽人完成的工作成果称作定作物。承揽活动是人们生产、生活不可缺少的民事活动，诸如加工、定作、修理、印刷等，均与人们的生产、生活息息相关，故承揽合同是现实社会生活中广泛存在的合同类型。

二、承揽合同的特点

　　一是承揽合同是承揽人独立地提供劳务的合同。承揽人以自己的设备、技术和劳动独立地为定作人完成一定的工作，并交付成果。

　　二是承揽合同的标的物具有特定性。承揽合同的标的物是承揽人完成并交付的工作成果。这一工作成果既可以是体力劳动成果，也可以是脑力劳动成果，但它必须具有特定性，是按照定作人的特定要求，能够满足定作人特殊需要的物或其他财产。

　　三是承揽合同是双务、有偿合同。在承揽合同关系中，承揽人的义务表现为按照定作人的要求完成工作，交付工作成果；定作人的义务是受领该工作成果支付约定的报酬，双方当事人任何一方从另一方取得利益均应支付对等价款。

四是承揽合同是诺成、不要式合同。承揽合同当事人双方意思表示一致即可成立生效，而不以当事人一方对标的物的实际交付为合同成立生效要件。当事人的意思表示可以采用口头形式，也可以采用书面形式。

三、承揽合同的主要条款

承揽包括加工、定作、修理、复制、测试、检验等工作。承揽合同的内容包括承揽的标的、数量、质量、报酬、承揽方式、材料的提供、履行期限、验收标准和方法等条款。

📋 **小知识**

承揽合同与买卖合同的区别：买卖合同与承揽合同都存在交付行为，但是两者有着根本的区别，主要体现为：买卖合同的订立以发生所有权的转移为根本目的，标的物既可以是特定物，也可以是种类物，如果是特定物一般存在于合同订立之前。买卖合同的买受人无权检查和监督对方的生产经营状况；而承揽合同的订立是以获得特定的工作成果为目的，标的物是特定化的工作成果，它因定作人的要求和承揽人自己的劳动而特定，一般不具有通用性，也区别于市场上出售的同类产品，存在于承揽合同订立后。承揽合同的定作人为获得定作物，有权在不影响承揽人工作的情况下对承揽人的工作情况进行监督和检查。

第二节　承揽合同当事人的权利义务

一、工作成果的完成

承揽人应当以自己的设备、技术和劳力，完成主要工作，但当事人另有约定的除外。承揽人将其承揽的主要工作交由第三人完成的，应当就该第三人完成的工作成果向定作人负责；未经定作人同意的，定作人也可以解除合同。承揽人可以将其承揽的辅助工作交由第三人完成。承揽人将其承揽的辅助工作交由第三人完成的，应当就该第三人完成的工作成果向定作人负责。

二、材料提供、检验与更换

承揽人提供材料的，承揽人应当按照约定选用材料，并接受定作人的检验。定作人提供材料的，定作人应当按照约定提供材料。承揽人对定作人提供的材料，应当及时检验，发现不符合约定时，应当及时通知定作人更换、补齐或者采取其他补救措施。承揽人不得擅自更换定作人提供的材料，不得更换不需要修理的零部件。承揽人发现定作人提供的图纸或者技术要求不合理的，应当及时通知定作人。因定作人怠于答复等原因造成承揽人损失的，应当赔偿损失。

三、承揽工作的变更与合同解除

定作人中途变更承揽工作的要求，造成承揽人损失的，应当赔偿损失。承揽工作需要定作人协助的，定作人有协助的义务。定作人不履行协助义务致使承揽工作不能完成的，承揽人可以催告定作人在合理期限内履行义务，并可以顺延履行期限；定作人逾期不履行的，承揽人可以解除合同。承揽人在工作期间，应当接受定作人必要的监督检验。定作人不得因监督检验妨碍承揽人的正常工作。定作人可以随时解除承揽合同，造成承揽人损失的，应当赔偿损失。

四、工作成果的交付与验收

承揽人完成工作的，应当向定作人交付工作成果，并提交必要的技术资料和有关质量证明。定作人应当验收该工作成果。承揽人交付的工作成果不符合质量要求的，定作人可以要求承揽人承担修理、重作、减少报酬、赔偿损失等违约责任。承揽人应当按照定作人的要求保守秘密，未经定作人许可，不得留存复制品或者技术资料。

五、报酬的支付与责任承担

定作人应当按照约定的期限支付报酬。对支付报酬的期限没有约定或者约定不明确，依照合同法规定仍不能确定的，定作人应当在承揽人交付工作成果时支付；工作成果部分交付的，定作人应当相应支付。定作人未向承揽人支付报酬或者材料费等价款的，承揽人对完成的工作成果享有留置权，但当事人另有约定的除外。承揽人应当妥善保管定作人提供的材料以及完成的工作成果，因保管不善造成毁损、灭失的，应当承担损害赔偿责任。共同承揽人对定作人承担连带责任，但当事人另有约定的除外。

本 章 小 结

承揽合同是承揽人按照定作人的要求完成工作，交付工作成果，定作人给付报酬的合同。承揽人应当以自己的设备、技术和劳力，完成主要工作，但当事人另有约定的除外。定作人应当按照约定的期限支付报酬。

思 考 题

1. 承揽合同有哪些特点？
2. 掌握承揽合同当事人的权利义务有哪些？

第十四章　建设工程合同

学习目标

　　了解建设工程合同的概念和特点；掌握建设工程合同的主要规定。

关键名词

　　建设工程合同　发包　承包　分包　发包人　承包人　竣工验收

第一节　建设工程合同概述

一、建设工程合同的概念

　　建设工程合同是承包人进行工程建设，发包人支付价款的合同。建设工程合同包括工程勘察、设计、施工合同。建设工程合同本质上属于承揽合同，《合同法》第二百八十七条规定："本章没有规定的，适用承揽合同的有关规定"。但因其具有许多复杂的特点，故《合同法》未将其列入承揽合同调整，而单独作为一类合同加以规定。

二、建设工程合同的特点

1. 建设工程合同具有计划性

　　国家的基本建设计划是建设工程合同签订的基础。在我国，凡未列入投资计划和建设计划的建设项目；或者违反国家规定程序所签订的建设工程合同都是无效的。

2. 合同主体必须合法

　　建设工程的主体资格有严格的规定，只有取得有关资质等级的主体才能参与建设工程招标和投标。这种资质等级论证制度，能有效地保证建设工程的质量。

3. 合同的履行具有合作性

　　建设工程合同的履行，不仅要求承包方完成一定的工作量，还要求双方当事人在完成该工作时密切配合，共同努力，确保整个合同义务得以全面完成。

4. 合同标的具有特定性

建设工程合同的标的是基本建设工程，以资金、材料、设备为条件，以科学技术为手段，通过脑力劳动和体力劳动，建设各种工厂、矿山、道路、住宅、公用设施等，形成扩大再生产的能力和改进人民物质文化生活的建设工作。

5. 国家对建设工程合同施行严格管理

国家除通过审批程序加强监督建设工程合同的签订之外，还在合同的整个履行过程中，通过中国建设银行来管理建设基金的使用和勘察设计费、工程价款的支付；通过物资部门来管理建设材料的供应和使用；通过建设单位的主管部门来监督工程项目的竣工、验收。

三、建设工程合同的种类

一项工程一般包括勘察、设计和施工等一系列过程，因此建设工程合同通常包括工程勘察、设计、施工合同。

1. 勘察合同

勘察合同指发包人与勘察人就完成建设工程地理、地质状况的调查研究工作而达成的协议。勘察工作是一项专业性很强的工作，所以一般应当由专门的地质工程单位完成。勘察合同就是反映并调整发包人与受托地质工程单位之间关系的依据。

2. 设计合同

设计合同实际上包括两个合同，一是初步设计合同，即在建设工程立项阶段承包人为项目决策提供可行性资料的设计而与发包人签订的合同。二是施工设计合同，是指在承包人与发包人就具体施工设计达成的协议。

3. 施工合同

施工合同主要包括建筑和安装两方面内容，这里的建筑是指对工程进行营造的行为。安装主要是指与工程有关的线路、管道、设备等设施的装配。

第二节　建设工程合同的效力

一、建设工程合同发包、承包和分包

建设工程合同应当采用书面形式。建设工程的招标投标活动，应当依照有关法律的规定公开、公平、公正进行。发包人可以与总承包人订立建设工程合同，也可以分别与勘察人、设计人、施工人订立勘察、设计、施工承包合同。发包人不得将应当由一个承包人完成的建设工程肢解成若干部分发包给几个承包人。总承包人或者勘察、设计、施工承包人经发包人同意，可以将自己承包的部分工作交由第三人完成。第三人就其完成的工作成果与总承包人或者勘察、设计、施工承包人向发包人承担连带责任。承包人不得将其承包的全部建设工程转包给第三人或者将其承包的全部建设工程肢解以后以分包的名义分别转包给第三人。

禁止承包人将工程分包给不具备相应资质条件的单位。禁止分包单位将其承包的工程再分包。建设工程主体结构的施工必须由承包人自行完成。

二、发包人的检查与竣工验收权

发包人在不妨碍承包人正常作业的情况下，可以随时对作业进度、质量进行检查。隐蔽工程在隐蔽以前，承包人应当通知发包人检查。发包人没有及时检查的，承包人可以顺延工程日期，并有权要求赔偿停工、窝工等损失。

建设工程竣工后，发包人应当根据施工图纸及说明书、国家颁发的施工验收规范和质量检验标准及时进行验收。验收合格的，发包人应当按照约定支付价款，并接收该建设工程。建设工程竣工经验收合格后，方可交付使用；未经验收或者验收不合格的，不得交付使用。

三、承包人的责任与义务

勘察、设计的质量不符合要求或者未按照期限提交勘察、设计文件拖延工期，造成发包人损失的，勘察人、设计人应当继续完善勘察、设计，减收或者免收勘察、设计费并赔偿损失。因施工人的原因致使建设工程质量不符合约定的，发包人有权要求施工人在合理期限内无偿修理或者返工、改建。经过修理或者返工、改建后，造成逾期交付的，施工人应当承担违约责任。因承包人的原因致使建设工程在合理使用期限内造成人身和财产损害的，承包人应当承担损害赔偿责任。

📋 **小知识**

《最高人民法院关于建设工程价款优先受偿权问题的批复》：一、人民法院在审理房地产纠纷案件和办理执行案件中，应当依照《中华人民共和国合同法》第二百八十六条的规定，认定建筑工程的承包人的优先受偿权优于抵押权和其他债权。二、消费者交付购买商品房的全部或者大部分款项后，承包人就该商品房享有的工程价款优先受偿权不得对抗买受人。三、建筑工程价款包括承包人为建设工程应当支付的工作人员报酬、材料款等实际支出的费用，不包括承包人因发包人违约所造成的损失。四、建设工程承包人行使优先权的期限为六个月，自建设工程竣工之日或者建设工程合同约定的竣工之日起计算。

四、发包人的责任与义务

发包人未按照约定的时间和要求提供原材料、设备、场地、资金、技术资料的，承包人可以顺延工程日期，并有权要求赔偿停工、窝工等损失；因发包人的原因致使工程中途停建、缓建的，发包人应当采取措施弥补或者减少损失，赔偿承包人因此造成的停工、窝工、倒运、机械设备调迁、材料和构件积压等损失和实际费用；因发包人变更计划，提供的资料不准确，或者未按照期限提供必需的勘察、设计工作条件而造成勘察、设计的返工、停工或者修改设计，发包人应当按照勘察人、设计人实际消耗的工作量增付费用；发包人未按照约定支付价款的，承包人可以催告发包人在合理期限内支付价款。发包人逾期不支付的，除按照建设工程的性质不宜折价、拍卖的以外，承包人可以与发包人协议将该工程折价，也可以申请人民法院将该工程依法拍卖。建设工程的价款就该工程折价或者拍卖的价款优先受偿。

五、《关于审理建设工程施工合同纠纷案件适用法律问题的解释》的主要规定

（一）关于建设工程施工合同的无效

建设工程施工合同具有下列情形之一的，应当根据合同法的规定，认定无效：（1）承包人未取得建筑施工企业资质或者超越资质等级的；（2）没有资质的实际施工人借用有资质的建筑施工企业名义的；（3）建设工程必须进行招标而未招标或者中标无效的。

建设工程施工合同无效，但建设工程经竣工验收合格，承包人请求参照合同约定支付工程价款的，应予支持。

建设工程施工合同无效，且建设工程经竣工验收不合格的，按照以下情形分别处理：（1）修复后的建设工程经竣工验收合格，发包人请求承包人承担修复费用的，应予支持；（2）修复后的建设工程经竣工验收不合格，承包人请求支付工程价款的，不予支持。因建设工程不合格造成的损失，发包人有过

错的，也应承担相应的民事责任。

承包人非法转包、违法分包建设工程或者没有资质的实际施工人借用有资质的建筑施工企业名义与他人签订建设工程施工合同的行为无效。人民法院可以根据《民法通则》第一百三十四条规定，收缴当事人已经取得的非法所得。

承包人超越资质等级许可的业务范围签订建设工程施工合同，在建设工程竣工前取得相应资质等级，当事人请求按照无效合同处理的，不予支持。

具有劳务作业法定资质的承包人与总承包人、分包人签订的劳务分包合同，当事人以转包建设工程违反法律规定为由请求确认无效的，不予支持。

（二）关于建设工程施工合同的履行与解除

承包人具有下列情形之一，发包人请求解除建设工程施工合同的，应予支持：

（1）明确表示或者以行为表明不履行合同主要义务的；（2）合同约定的期限内没有完工，且在发包人催告的合理期限内仍未完工的；（3）已经完成的建设工程质量不合格，并拒绝修复的；（4）将承包的建设工程非法转包、违法分包的。

发包人具有下列情形之一，致使承包人无法施工，且在催告的合理期限内仍未履行相应义务，承包人请求解除建设工程施工合同的，应予支持：（1）未按约定支付工程价款的；（2）提供的主要建筑材料、建筑构配件和设备不符合强制性标准的；（3）不履行合同约定的协助义务的。

建设工程施工合同解除后，已经完成的建设工程质量合格的，发包人应当按照约定支付相应的工程价款；已经完成的建设工程质量不合格的，参照本解释第三条规定处理。

因一方违约导致合同解除的，违约方应当赔偿因此而给对方造成的损失。

（三）关于相关争议的处理

1. 垫资和垫资利息

当事人对垫资和垫资利息有约定，承包人请求按照约定返还垫资及其利息的，应予支持，但是约定的利息计算标准高于中国人民银行发布的同期同类贷款利率的部分除外。当事人对垫资没有约定的，按照工程欠款处理。当事人对垫资利息没有约定，承包人请求支付利息的，不予支持。

2. 建设工程质量

因承包人的过错造成建设工程质量不符合约定，承包人拒绝修理、返工或者改建，发包人请求减少支付工程价款的，应予支持。

发包人具有下列情形之一，造成建设工程质量缺陷，应当承担过错责任：（1）提供的设计有缺陷；（2）提供或者指定购买的建筑材料、建筑构配件、设备不符合强制性标准；（3）直接指定分包人分包专业工程。承包人有过错的，也应当承担相应的过错责任。

建设工程未经竣工验收，发包人擅自使用后，又以使用部分质量不符合约定为由主张权利的，不予支持；但是承包人应当在建设工程的合理使用寿命内对地基基础工程和主体结构质量承担民事责任。

3. 建设工程竣工日期

当事人对建设工程实际竣工日期有争议的，按照以下情形分别处理：（1）建设工程经竣工验收合格的，以竣工验收合格之日为竣工日期；（2）承包人已经提交竣工验收报告，发包人拖延验收的，以承包人提交验收报告之日为竣工日期；（3）建设工程未经竣工验收，发包人擅自使用的，以转移占有建设工程之日为竣工日期。

4. 建设工程量与计价标准方法

建设工程竣工前，当事人对工程质量发生争议，工程质量经鉴定合格的，鉴定期间为顺延工期期间。

当事人对建设工程的计价标准或者计价方法有约定的，按照约定结算工程价款。因设计变更导致建设工程的工程量或者质量标准发生变化，当事人对该部分工程价款不能协商一致的，可以参照签订建设工程施工合同时当地建设行政主管部门发布的计价方法或者计价标准结算工程价款。

建设工程施工合同有效，但建设工程经竣工验收不合格的，工程价款结算参照本解释第三条规定处理。

5. 欠付工程价款利息

当事人对欠付工程价款利息计付标准有约定的，按照约定处理；没有约定的，按照中国人民银行发布的同期同类贷款利率计息。

利息从应付工程价款之日计付。当事人对付款时间没有约定或者约定不明的，下列时间视为应付款时间：（1）建设工程已实际交付的，为交付之日；（2）建设工程没有交付的，为提交竣工结算文件之日；（3）建设工程未交付，工程价款也未结算的，为当事人起诉之日。

6. 建设工程量

当事人对工程量有争议的，按照施工过程中形成的签证等书面文件确认。承包人能够证明发包人同意其施工，但未能提供签证文件证明工程量发生的，可以按照当事人提供的其他证据确认实际发生的工程量。

7. 建设工程价款的结算

当事人约定，发包人收到竣工结算文件后，在约定期限内不予答复，视为认可竣工结算文件的，按照约定处理。承包人请求按照竣工结算文件结算工程价款的，应予支持。

当事人就同一建设工程另行订立的建设工程施工合同与经过备案的中标合同实质性内容不一致的，应当以备案的中标合同作为结算工程价款的根据。

当事人约定按照固定价结算工程价款，一方当事人请求对建设工程造价进行鉴定的，不予支持。

8. 纠纷的解决

当事人对部分案件事实有争议的，仅对有争议的事实进行鉴定，但争议事实范围不能确定，或者双方当事人请求对全部事实鉴定的除外。

建设工程施工合同纠纷以施工行为地为合同履行地。

因建设工程质量发生争议的，发包人可以以总承包人、分包人和实际施工人为共同被告提起诉讼。

实际施工人以转包人、违法分包人为被告起诉的，人民法院应当依法受理。

实际施工人以发包人为被告主张权利的，人民法院可以追加转包人或者违法分包人为本案当事人。发包人只在欠付工程价款范围内对实际施工人承担责任。

因保修人未及时履行保修义务，导致建筑物毁损或者造成人身、财产损害的，保修人应当承担赔偿责任。

保修人与建筑物所有人或者发包人对建筑物毁损均有过错的，各自承担相应的责任。

📖 小案例

甲公司与乙公司签订合同，合同约定：甲公司承建乙公司办公楼，4月30日竣工，当日结清工程款总计500万元。4月5日，甲公司提前建成该办公楼。5月10日，乙公司已开始使用该办公楼。5月7日，甲公司请求乙公司给付剩余工程款200万元，乙公司对此未予理睬。5月12日，乙公司通知甲公司于5月13日办理剩余工程款及相关问题，逾期概不负责。甲公司收到乙公司通知后，因忙于他事，5月15日才派员到乙公司办理此事，乙公司拒绝付款。甲公司又多次找乙公司办理此事，乙公司均以各种理由予以推脱。10月1日甲公司起诉至人民法院，请求判令乙公司给付剩余工程款200万元及自4月6日起的滞纳金。人民法院对甲公司的诉讼请求是否予以支持？

我国《合同法》第二百八十六条规定："发包人未按照约定支付价款的，承包人可以催告发包人在合理期限内支付价款……"甲公司与乙公司的工程建设合同有效，乙公司负有向甲公司给付工程款的义务。乙公司限定时间要求甲公司办理结算工程款事项的行为，不能成为免责事由。因此，法院支持甲公司的诉讼请求。法院判令乙公司给付甲公司工程余款200万元，以及乙公司应自5月1日起，即自合同约定的竣工之日次日起负缴付滞纳金的义务，而非自实际竣工之日（4月5日）起。

本 章 小 结

建设工程合同是承包人进行工程建设，发包人支付价款的合同。建设工程合同包括工程勘察、设计、施工合同。建设工程合同本质上属于承揽合同。建设工程合同通常包括工程勘察、设计、施工合同。建设工程合同应当采用书面形式。建设工程的招标投标活动，应当依照有关法律的规定公开、公平、公正进行。勘察人、设计人、承包人和发包人依法承担相应的法律责任。

思 考 题

1. 建设工程合同发包、承包和分包有哪些法律规定？
2. 承包人的责任与义务有哪些？
3. 发包人的责任与义务有哪些？
4. 《建设工程施工合同解释》对合同无效是怎么规定的？
5. 《建设工程施工合同解释》关于建设工程施工合同的履行与解除有怎样的规定？
6. 《建设工程施工合同解释》对工程质量争议处理有怎样的规定？
7. 《建设工程施工合同解释》关于建设工程价款的结算是怎么规定的？

第十五章 运输合同

学习目标

　　了解运输合同的概念和特点；掌握客运合同旅客权利义务的规定；掌握货运合同托运人的权利与义务；掌握多式联运合同的主要规定。

关键名词

　　运输合同　客运合同　货运合同　多式联运合同

第一节　运输合同概述

一、运输合同概念

　　运输合同是承运人将旅客或者货物从起运地点运输到约定地点，旅客、托运人或者收货人支付票款或者运输费用的合同。

二、运输合同的特点

　　一是运输合同的诺成性和实践性。客运合同原则上是实践合同，一般在交付客票成立，检票时生效；货运合同是诺成合同。

　　二是运输合同为双务有偿合同。只有在特约的情况下，运输合同才可能是无偿合同。

　　三是运输合同经常表现为格式合同。如航空客运合同的格式条款就记载在飞机票上。乘客只有订立不订立合同的自由和与谁订立合同的自由，但没有决定合同内容的自由。

　　四是从事公共运输的承运人有强制缔约义务。《合同法》第二百八十九条规定："从事公共运输的承运人不得拒绝旅客、托运人通常、合理的运输要求。"强制缔约义务体现了对社会公共利益的保护。

小知识

公共运输包括班轮、班机和班车运输，还包括其他以对外公布的固定路线、固定时间、固定价格进行商业性运输的运输行为。公共运输一般具有以下特征：①在运输中，对公共运输的承运人要比一般承运人的要求高些。在国外对公共运输行为一般都有专门的行政性文件进行规范，这些行政性文件对旅客或者托运人的利益都作了较为有利的保护。②公共运输的承运人的运输行为除了具有商业性的一面外，还由于其是面向社会大众（包括广大旅客和托运人）的运输，具有公益性的一面，例如从事铁路旅客运输的承运人就是属于公用事业单位。③从事公共运输的承运人一般都对自己的运输制定了固定的路线、固定的时间、固定的价格，这是公共运输最为显著的特征。

三、运输合同的一般规定

从事公共运输的承运人不得拒绝旅客、托运人通常、合理的运输要求。承运人应当在约定期间或者合理期间内将旅客、货物安全运输到约定地点。承运人应当按照约定的或者通常的运输路线将旅客、货物运输到约定地点。旅客、托运人或者收货人应当支付票款或者运输费用。承运人未按照约定路线或者通常路线运输增加票款或者运输费用的，旅客、托运人或者收货人可以拒绝支付增加部分的票款或者运输费用。

第二节 客运合同

一、旅客运输合同的成立时间

客运合同自承运人向旅客交付客票时成立，但当事人另有约定或者另有交易习惯的除外。

二、旅客的义务

1. 旅客应当持有效客票乘运的义务

旅客应当持有效客票乘运，无票乘运、超程乘运、越级乘运或者持失效客票乘运的，应当补交票款，承运人可以按照规定加收票款。旅客不交付票款的，承运人可以拒绝运输。

2. 旅客依法办理退票或者变更乘运手续的义务

旅客因自己的原因不能按照客票记载的时间乘坐的，应当在约定的时间内办理退票或者变更手续。逾期办理的，承运人可以不退票款，并不再承担运输义务。

3. 旅客应当按照约定的限量携带行李的义务

旅客在运输中应当按照约定的限量携带行李。超过限量携带行李的，应当办理托运手续。

4. 旅客不得携带违禁物品或者危险物品

旅客不得随身携带或者在行李中夹带易燃、易爆、有毒、有腐蚀性、有放射性以及有可能危及运输工具上人身和财产安全的危险物品或者其他违禁物品。旅客违反前述规定的，承运人可以将违禁物品卸下、销毁或者送交有关部门。旅客坚持携带或者夹带违禁物品的，承运人应当拒绝运输。

三、承运人的义务

1. 承运人应当履行向旅客告知重要事项的义务

承运人应当向旅客及时告知有关不能正常运输的重要事由和安全运输应当注意的事项。

2. 承运人应当按照客票载明的时间和班次运输旅客

承运人应当按照客票载明的时间和班次运输旅客。承运人迟延运输的，应当根据旅客的要求安排改乘其他班次或者退票。承运人擅自变更运输工具而降低服务标准的，应当根据旅客的要求退票或者减收票款；提高服务标准的，不应当加收票款。

3. 承运人对旅客应当尽救助的义务

承运人在运输过程中，应当尽力救助患有急病、分娩、遇险的旅客。

4. 承运人对旅客人身财产的责任

旅客运输中承运人对旅客人身伤亡应负的责任。承运人应当对运输过程中旅客的伤亡承担损害赔偿责任，但伤亡是旅客自身健康原因造成的或者承运人证明伤亡是旅客故意、重大过失造成的除外。前款规定适用于按照规定免票、持优待票或者经承运人许可搭乘的无票旅客。

承运人对旅客自带物品毁损、灭失应负赔偿的责任。在运输过程中旅客自带物品毁损、灭失，承运人有过错的，应当承担损害赔偿责任。旅客托运的行李毁损、灭失的，适用货物运输的有关规定。

 小知识

最高人民法院《关于审理旅游纠纷案件适用法律若干问题的规定》：旅游行程开始前或者进行中，因旅游者单方解除合同，旅游者请求旅游经营者退还尚未实际发生的费用，或者旅游经营者请求旅游者支付合理费用的，人民法院应予支持。

因不可抗力等不可归责于旅游经营者、旅游辅助服务者的客观原因导致旅游合同无法履行，旅游经营者、旅游者请求解除旅游合同的，人民法院应予支持。旅游经营者、旅游者请求对方承担违约责任的，人民法院不予支持。旅游者请求旅游经营者退还尚未实际发生的费用的，人民法院应予支持。

因不可抗力等不可归责于旅游经营者、旅游辅助服务者的客观原因变更旅游行程，在征得旅游者同意后，旅游经营者请求旅游者分担因此增加的旅游费用或旅游者请求旅游经营者退还因此减少的旅游费用的，人民法院应予支持。

第三节　货运合同

一、托运人的权利与义务

1. 托运人变更或者解除运输合同的权利

在承运人将货物交付收货人之前，托运人可以要求承运人中止运输、返还货物、变更到达地或者将货物交给其他收货人，但应当赔偿承运人因此受到的损失。

2. 托运人如实申报情况的义务

托运人办理货物运输，应当向承运人准确表明收货人的名称或者姓名或者凭指示的收货人，货物的名称、性质、重量、数量，收货地点等有关货物运输的必要情况。因托运人申报不实或者遗漏重要情况，造成承运人损失的，托运人应当承担损害赔偿责任。

3. 托运人托运货物必须办理某些手续的义务

货物运输需要办理审批、检验等手续的，托运人应当将办理完有关手续的文件提交承运人。

4. 托运人应当对货物履行包装的义务

托运人应当按照约定的方式包装货物。对包装方式没有约定或者约定不明确的，适用合同法的规定。托运人违反前述规定的，承运人可以拒绝运输。托运人托运易燃、易爆、有毒、有腐蚀性、有放射性等危险物品的，应当按照国家有关危险物品运输的规定对危险物品妥善包装，做出危险物标志和标签，并将有关危险物品的名称、性质和防范措施的书面材料提交承运人。

二、承运人的权利与义务

1. 承运人的权利

（1）承运人拒绝运输的权利。托运人违反有关危险物品运输的规定的，承运人可以拒绝运输，也可以采取相应措施以避免损失的发生，因此产生的费用由托运人承担。

（2）依法留置货物的权利。托运人或者收货人不支付运费、保管费以及其他运输费用的，承运人对相应的运输货物享有留置权，但当事人另有约定的除外。

2. 承运人的义务

（1）承运人通知提货人提货的义务。货物运输到达后，承运人知道收货人的，应当及时通知收货人，收货人应当及时提货。收货人逾期提货的，应当向承运人支付保管费等费用。

（2）承运人对于货损的责任及货物赔偿额的确定。承运人对运输过程中货物的毁损、灭失承担损害赔偿责任，但承运人证明货物的毁损、灭失是因不可抗力、货物本身的自然性质或者合理损耗以及托运人、收货人的过错造成的，不承担损害赔偿责任。

货物的毁损、灭失的赔偿额，当事人有约定的，按照其约定；没有约定或者约定不明确，依照合同法的规定仍不能确定的，按照交付或者应当交付时货物到达地的市场价格计算。法律、行政法规对赔偿额的计算方法和赔偿限额另有规定的，依照其规定。

（3）合理分担风险的义务。货物在运输过程中因不可抗力灭失，未收取运费的，承运人不得要求支付运费；已收取运费的，托运人可以要求返还。

（4）承运人相继运输的责任。两个以上承运人以同一运输方式联运的，与托运人订立合同的承运人应当对全程运输承担责任。损失发生在某一运输区段的，与托运人订立合同的承运人和该区段的承运人承担连带责任。

 小案例

　　某年8月16日北京某贸易中心从广州订购了22元到280元价格不等的月饼500盒。8月28日，贸易中心在广州火车站办理托运事宜，运费为1500元，广州火车站承运，运期为6天，预计9月3日到北京火车站。因中途耽搁，货物延期 10 天，于 9 月 13 日才到达北京火车站。这时中秋节已过，月饼需求量骤减，贸易中心不得不大幅度削价出售，直至每块 0.5 元，即使如此，尚有部分月饼销售不出去。按贸易中心买入价算，损失 58000 元，贸易中心要求承运人赔偿经济损失。承运人对贸易中心所遭受的损失是否有责任？

　　本案中运输合同中明确规定了合同的履行期限，预计 9 月 3 日，结果货物延期 10 天，在中秋节之后的 9 月 13 日才运到。承运人履行迟延，应承担违约责任。《合同法》第二百九十条规定，承运人应当在约定期间或者合理期间内将旅客、货物安全运输到约定地点。在货物运输合同中，承运人应当严格按照合同规定的日期将承运货物运至指定地点，这是承运人的主要合同义务，违反该义务则违约，应承担违约责任。

三、收货人的义务

1. 收货人检验货物的义务

收货人提货时应当按照约定的期限检验货物。对检验货物的期限没有约定或者约定不明确，依照合同法规定仍不能确定的，应当在合理期限内检验货物。收货人在约定的期限或者合理期限内对货物的数量、毁损等未提出异议的，视为承运人已经按照运输单证的记载交付的初步证据。

2. 接受提存的义务

收货人不明或者收货人无正当理由拒绝受领货物的，依照合同法的规定，承运人可以提存货物。

第四节　多式联运合同

一、多式联运的经营人

多式联运经营人负责履行或者组织履行多式联运合同，对全程运输享有承运人的权利，承担承运人的义务。

二、多式联运合同中的责任

多式联运经营人可以与参加多式联运的各区段承运人就多式联运合同的各区段运输约定相互之间的责任，但该约定不影响多式联运经营人对全程运输承担的义务。

因托运人托运货物时的过错造成多式联运经营人损失的，即使托运人已经转让多式联运单据，托运人仍然应当承担损害赔偿责任。本条是对托运人应当向承运人承担过错责任的规定。

三、多式联运的单据

多式联运经营人收到托运人交付的货物时，应当签发多式联运单据。按照托运人的要求，多式联运单据可以是可转让单据，也可以是不可转让单据。

四、多式联运经营人承担赔偿责任的适用法律

货物的毁损、灭失发生于多式联运的某一运输区段的，多式联运经营人的赔偿责任和责任限额，适用调整该区段运输方式的有关法律规定。货物毁损、灭失发生的运输区段不能确定的，依照本节规定承担损害赔偿责任。

本 章 小 结

运输合同是承运人将旅客或者货物从起运地点运输到约定地点，旅客、托运人或者收货人支付票款或者运输费用的合同。承运人应当在约定期间或者合理期间内将旅客、货物安全运输到约定地点。承运人应当按照约定的或者通常的运输路线将旅客、货物运输到约定地点。旅客、托运人或者收货人应当支付票款或者运输费用。

思 考 题

1. 什么是运输合同？其特点有哪些？
2. 客运合同旅客的权利有哪些？
3. 客运合同旅客的义务有哪些？
4. 货运合同托运人的权利有哪些？
5. 货运合同托运人的义务有哪些？
6. 多式联运合同的主要规定有哪些？

第十六章　技术合同

学习目标

　　了解技术合同概念和特点；掌握职务技术成果与非职务技术成果的相关规定；掌握技术开发合同的种类及当事人的权利义务；掌握技术开发合同技术成果的权利归属；掌握技术转让合同种类及当事人的权利义务；掌握技术咨询合同及技术服务合同当事人的权利义务。

关键名词

　　技术合同　技术开发合同　技术转让合同　专利权转让合同　专利申请权转让合同　技术秘密转让合同　专利实施许可合同　职务技术成果　非职务技术成果　技术咨询　技术服务合同

第一节　技术合同概述

一、技术合同概念

　　技术合同是当事人就技术开发、转让、咨询或者服务订立的确立相互之间权利和义务的合同。技术合同包括技术开发、技术转让、技术咨询和技术服务合同。

二、技术合同的特点

　　尽管这些合同都具有自己的特点，但一般说来，技术合同具有以下特征。

1. 技术合同的标的是技术成果

　　技术开发合同和技术转让合同的标的为技术成果，技术服务合同和技术咨询合同的标的也为技术成果。尽管技术服务合同和技术咨询合同是当事人一方为另一方解决特定的技术问题和答询特定的技术项目，但其最终结果都要体现在一定的工作成果上，即技术成果。

2. 技术合同是双务有偿诺成合同

技术合同因当事人双方意思表示一致而成立，不以交付标的物为成立条件；技术合同成立后，当事人双方都负有一定的义务，双方的权利与义务是相对应的；当事人取得权利，必须要付出一定的对价。因此，技术合同是双务有偿诺成合同。

3. 技术合同受多重法律调整

由于技术合同的标的是技术成果，技术合同还受其他与保护技术成果的法律规范的调整。例如，在技术成果的权属方面，要受专利法和技术秘密保护法的调整；在使用技术成果方面，要受反不正当竞争法的调整。

4. 技术合同的主体具有限定性

自然人、法人或其他组织可以作为技术合同的主体。但是，由于技术合同的标的与技术有关，因此，技术合同的主体有特定的要求，即当事人通常至少一方是能够利用自己的技术力量从事技术开发、技术转让、技术服务或技术咨询的组织或自然人。

三、技术合同内容

技术合同的内容由当事人约定，一般包括以下条款：（1）项目名称；（2）标的的内容、范围和要求；（3）履行的计划、进度、期限、地点、地域和方式；（4）技术情报和资料的保密；（5）风险责任的承担；（6）技术成果的归属和收益的分成办法；（7）验收标准和方法；（8）价款、报酬或者使用费及其支付方式；（9）违约金或者损失赔偿的计算方法；（10）解决争议的方法；（11）名词和术语的解释。

四、职务技术成果与非职务技术成果

1. 职务技术成果

职务技术成果是执行法人或者其他组织的工作任务，或者主要是利用法人或者其他组织的物质技术条件所完成的技术成果。职务技术成果的使用权、转让权属于法人或者其他组织的，法人或者其他组织可以就该项职务技术成果订立技术合同。法人或者其他组织应当从使用和转让该项职务技术成果所取得的收益中提取一定比例，对完成该项职务技术成果的个人给予奖励或者报酬。法人或者其他组织订立技术合同转让职务技术成果时，职务技术成果的完成人享有以同等条件优先受让的权利。

2. 非职务技术成果

非职务技术成果的使用权、转让权属于完成技术成果的个人，完成技术成果的个人可以就该项非职务技术成果订立技术合同。完成技术成果的个人有在有关技术成果文件上写明自己是技术成果完成者的权利和取得荣誉证书、奖励的权利。

📋 小知识

我国专利法把发明创造的权利归属分为职务发明创造和非职务发明创造两类。属于职务发明创造的情况有两种：一是执行本单位任务完成的发明创造；二是主要是利用本单位的物质条件所完成的发明创造。利用本单位的物质条件所完成的发明创造，单位与发明人或设计人订有合同的，从其约定。执行本单位任务是指：①在本职工作中；②履行本单位交付的本职工作之外的任务；③退职、退休或者调动工作后一年内做出的，与其在原单位承担的本职工作或者分配的任务有关的发明创造。非职务发明创造是指申请专利的权利属于发明人或者设计人。

第二节 技术开发合同

一、技术开发合同概述

技术开发合同是指当事人之间就新技术、新产品、新工艺或者新材料及其系统的研究开发所订立的合同。技术开发合同包括委托开发合同和合作开发合同。技术开发合同应当采用书面形式。当事人之间就具有产业应用价值的科技成果实施转化订立的合同，参照技术开发合同的规定。

二、委托开发合同当事人的主要权利义务

1. 委托开发合同概念

委托开发合同，是指当事人一方委托另一方进行研究开发所订立的合同。即委托人向研究开发人提供研究开发经费和报酬，研究开发人完成研究开发工作并向委托人交付研究成果。委托开发合同的特征是研究开发人以自己的名义、技术和劳务独立完成研究开发工作，委托人不得非法干涉。

2. 委托人的主要权利义务

（1）委托开发合同的委托人应当按照约定支付研究开发经费和报酬。

（2）提供技术资料、原始数据；完成协作事项。

（3）接受研究开发成果。委托人违反约定造成研究开发工作停滞、延误或

者失败的，应当承担违约责任。

3. 研究开发人的主要权利义务

（1）委托开发合同的研究开发人应当按照约定制订和实施研究开发计划。

（2）合理使用研究开发经费。

（3）按期完成研究开发工作，交付研究开发成果，提供有关的技术资料和必要的技术指导，帮助委托人掌握研究开发成果。

（4）研究开发人违反约定造成研究开发工作停滞、延误或者失败的，应当承担违约责任。

三、合作开发合同当事人的主要权利义务

合作开发合同，是指当事人各方就共同进行研究开发所订立的合同。即当事人各方共同投资、共同参与研究开发活动、共同承担研究开发风险、共享研究开发成果。合作开发合同的各方以共同参加研究开发中的工作为前提，可以共同进行全部研究开发工作，也可以约定分工，分别承担相应的部分。

合作开发合同的当事人应当按照约定进行投资，包括以技术进行投资；分工参与研究开发工作；协作配合研究开发工作。合作开发合同的当事人违反约定造成研究开发工作停滞、延误或者失败的，应当承担违约责任。

四、技术开发合同的解除与风险承担

1. 技术开发合同的解除

因作为技术开发合同标的的技术已经由他人公开，致使技术开发合同的履行没有意义的，当事人可以解除合同。

2. 技术开发合同的风险承担

在技术开发合同履行过程中，因出现无法克服的技术困难，致使研究开发失败或者部分失败的，该风险责任由当事人约定。没有约定或者约定不明确，依照合同法的规定仍不能确定的，风险责任由当事人合理分担。当事人一方发现上述规定可能致使研究开发失败或者部分失败的情形时，应当及时通知另一方并采取适当措施减少损失。没有及时通知并采取适当措施，致使损失扩大的，应当就扩大的损失承担责任。

五、技术成果的权利归属

1. 委托开发发明创造的权利归属

委托开发完成的发明创造，除当事人另有约定的以外，申请专利的权利属于研究开发人。研究开发人取得专利权的，委托人可以免费实施该专利。研究开发

人转让专利申请权的，委托人享有以同等条件优先受让的权利。

2. 合作开发发明创造的权利归属

合作开发完成的发明创造，除当事人另有约定的以外，申请专利的权利属于合作开发的当事人共有。当事人一方转让其共有的专利申请权的，其他各方享有以同等条件优先受让的权利。合作开发的当事人一方声明放弃其共有的专利申请权的，可以由另一方单独申请或者由其他各方共同申请。申请人取得专利权的，放弃专利申请权的一方可以免费实施该专利。合作开发的当事人一方不同意申请专利的，另一方或者其他各方不得申请专利。

3. 技术秘密成果的权利归属

委托开发或者合作开发完成的技术秘密成果的使用权、转让权以及利益的分配办法，由当事人约定。没有约定或者约定不明确，依照合同法的规定仍不能确定的，当事人均有使用和转让的权利，但委托开发的研究开发人不得在向委托人交付研究开发成果之前，将研究开发成果转让给第三人。

第三节　技术转让合同

一、技术转让合同种类

技术转让合同包括专利权转让、专利申请权转让、技术秘密转让、专利实施许可合同。

1. 专利权转让合同

专利权是依法批准的发明人或其权利受让人对其发明成果在一定年限内享有的独占权或专用权。专利权转让合同，是指专利权人作为让与人将其发明创造专利的所有权或者持有权移交受让人，受让人支付约定价款所订立的合同。

2. 专利申请权转让合同

专利申请权是发明人或者设计人对其专利技术享有的一定专属权利，这种专属权利像专利权一样，可以转让。发明人或设计人在就其发明创造成果申请专利前，可以通过订立专利申请权转让合同，将其申请专利的权利转让给受让人并收取一定的价金。专利申请权转让合同，是指让与人将其就特定的发明创造申请专利的权利移交给受让人，受让人支付约定价款所订立的合同。

3. 技术秘密转让合同

技术秘密，是指不为公众所知悉的技术，即专利技术以外的技术，包括未申请专利的技术、未授予专利权的技术以及不受专利法保护的技术。技术秘密转让合同，是指让与人将拥有的技术秘密成果提供给受让人，明确相互之间技术秘密成果使用权、转让权，受让人支付约定使用费所订立的合同。技术秘密的使用权是指以生产经营为目的使用技术秘密的权利。转让权是指通过合同向他人提供和转让技术秘密的权利。

4. 专利实施许可合同

专利实施许可合同，是指专利权人或者其授权的人作为让与人许可受让人在约定的范围内实施专利，受让人支付约定使用费所订立的合同。

技术转让合同应当采用书面形式。技术转让合同可以约定让与人和受让人实施专利或者使用技术秘密的范围，但不得限制技术竞争和技术发展。

专利实施许可合同只在该专利权的存续期间内有效。专利权有效期限届满或者专利权被宣布无效的，专利权人不得就该专利与他人订立专利实施许可合同。专利实施许可合同的让与人应当按照约定许可受让人实施专利，交付实施专利有关的技术资料，提供必要的技术指导。专利实施许可合同的受让人应当按照约定实施专利，不得许可约定以外的第三人实施该专利；并按照约定支付使用费。

 小知识

　　我国《专利法》规定，发明专利权的期限为 20 年，实用新型专利权和外观设计专利权的期限为 10 年，均自申请日起计算。

技术秘密转让合同的让与人应当按照约定提供技术资料，进行技术指导，保证技术的实用性、可靠性，承担保密义务。技术秘密转让合同的受让人应当按照约定使用技术，支付使用费，承担保密义务。

二、技术转让合同当事人的义务

1. 技术转让合同让与人的义务

技术转让合同的让与人应当保证自己是所提供的技术的合法拥有者，并保证所提供的技术完整、无误、有效，能够达到约定的目标。

2. 技术转让合同受让人的义务

技术转让合同的受让人应当按照约定的范围和期限，对让与人提供的技术中尚未公开的秘密部分，承担保密义务。受让人未按照约定支付使用费的，应当补交使用费并按照约定支付违约金；不补交使用费或者支付违约金的，应当停止实施专利或者使用技术秘密，交还技术资料，承担违约责任；实施专利或者使用技术秘密超越约定的范围的，未经让与人同意擅自许可第三人实施该专利或者使用该技术秘密的，应当停止违约行为，承担违约责任；违反约定的保密义务的，应当承担违约责任。受让人按照约定实施专利、使用技术秘密侵害他人合法权益的，由让与人承担责任，但当事人另有约定的除外。

让与人未按照约定转让技术的，应当返还部分或者全部使用费，并应当承担违约责任；实施专利或者使用技术秘密超越约定的范围的，违反约定擅自许可第三人实施该项专利或者使用该项技术秘密的，应当停止违约行为，承担违约责任；违反约定的保密义务的，应当承担违约责任。

3. 后续改进的技术成果的分享

当事人可以按照互利的原则，在技术转让合同中约定实施专利、使用技术秘密后续改进的技术成果的分享办法。没有约定或者约定不明确，依照合同法规定仍不能确定的，一方后续改进的技术成果，其他各方无权分享。法律、行政法规对技术进出口合同或者专利、专利申请合同另有规定的，依照其规定。

📖 小案例

新药研制中心向某制药厂转让一种中成药提炼设备技术秘密。在新药研制中心的一再要求下，双方在技术转让合同中规定了在某制药厂使用该项技术秘密时，不得对该项技术秘密做任何技术改进。后某制药厂在使用该项技术秘密中为了适应生产条件进一步提高产品质量，对该项技术作了改进。新药研制中心听到后以某制药厂违约向法院提起诉讼，要求赔偿。法院会支持新药研制中心的诉讼请求吗？

法院应依照《合同法》第三百四十三条的规定驳回新药研制中心的诉讼请求。《合同法》第三百四十三条规定："技术转让合同可以约定让与人和受让人实施专利或者使用技术秘密的范围，但不得限制技术竞争和技术发展。"新药研制中心与某制药厂在所订立的中成药提炼设备技术秘密转让技术合同中，约定了受让人不得对技术作任何改进的条款。该条款实质上是对技术进步的一种限制，不利于技术竞争和技术进步，属于违反法定义务的无效条款。新药研制中心的起诉理由既无有效合同依据，又无任何法律依据，法院应驳回新药研制中心的诉讼请求。

第四节　技术咨询合同和技术服务合同

一、技术咨询合同

1. 技术咨询合同概念

技术咨询合同是指当事人一方为另一方就特定技术项目提供可行性论证、

技术预测、专题技术调查、分析评价报告等所订立的合同。

当事人可以就下列技术项目的预测、分析、论证、预测和调查订立技术咨询合同：①有关科学技术与经济、社会协调发展的软科学研究项目。②促进科技进步和管理现代化，提高经济效益和社会效益的技术项目。③其他专业性技术项目。

2. 技术咨询合同当事人的权利义务

技术咨询合同的委托人应当按照约定阐明咨询的问题，提供技术背景材料及有关技术资料、数据；接受受托人的工作成果，支付报酬。委托人未按照约定提供必要的资料和数据，影响工作进度和质量，不接受或者逾期接受工作成果的，支付的报酬不得追回，未支付的报酬应当支付。委托人按照受托人符合约定要求的咨询报告和意见做出决策所造成的损失，由委托人承担，但当事人另有约定的除外。技术服务合同是指当事人一方以技术知识为另一方解决特定技术问题所订立的合同，不包括建设工程合同和承揽合同。

技术咨询合同的受托人应当按照约定的期限完成咨询报告或者解答问题；提出的咨询报告应当达到约定的要求。受托人未按期提出咨询报告或者提出的咨询报告不符合约定的，应当承担减收或者免收报酬等违约责任。

二、技术服务合同

1. 技术服务合同概念

技术服务合同是指当事人一方以技术知识为另一方解决特定技术问题所订立的合同，不包括建设工程合同和承揽合同。

符合下列条件的，可以认定是技术服务合同：（1）合同的标的是运用专业技术知识、经济和信息解决特定技术问题的项目；（2）服务内容是改进产品结构、改良工艺流程、提高产品质量、降低产品成本、节约资源能耗、保护资源环境、实现安全操作、提高经济效益和社会效益等专业技术工作；（3）工作成果有具体质量和数量指标；（4）技术知识的传递不涉及专利和技术秘密成果的权属。

2. 技术服务合同当事人的权利义务

技术服务合同的委托人应当按照约定提供工作条件，完成配合事项；接受工作成果并支付报酬。技术服务合同的委托人不履行合同义务或者履行合同义务不符合约定，影响工作进度和质量，不接受或者逾期接受工作成果的，支付的报酬不得追回，未支付的报酬应当支付。技术服务合同的受托人应当按照约定完成服务项目，解决技术问题，保证工作质量，并传授解决技术问题的知识。技术服务合同的受托人未按照合同约定完成服务工作的，应当承担免收报酬等违约责任。

3. 技术成果的归属

在技术咨询合同、技术服务合同履行过程中，受托人利用委托人提供的技术资料和工作条件完成的新的技术成果，属于受托人。委托人利用受托人的工作成果完成的新的技术成果，属于委托人。当事人另有约定的，按照其约定。

本 章 小 结

技术合同是当事人就技术开发、转让、咨询或者服务订立的确立相互之间权利和义务的合同。技术合同包括技术开发、技术转让、技术咨询和技术服务合同。技术开发合同是指当事人之间就新技术、新产品、新工艺或者新材料及其系统的研究开发所订立的合同。技术开发合同包括委托开发合同和合作开发合同。技术转让合同包括专利权转让、专利申请权转让、技术秘密转让、专利实施许可合同。技术转让合同应当采用书面形式。技术转让合同可以约定让与人和受让人实施专利或者使用技术秘密的范围，但不得限制技术竞争和技术发展。技术咨询合同是指当事人一方为另一方就特定技术项目提供可行性论证、技术预测、专题技术调查、分析评价报告等所订立的合同。技术服务合同是指当事人一方以技术知识为另一方解决特定技术问题所订立的合同，不包括建设工程合同和承揽合同。

思 考 题

1. 什么是技术合同？其特点有哪些？
2. 技术合同法关于职务技术成果与非职务技术成果有哪些规定？
3. 委托开发合同当事人的主要权利义务有哪些？
4. 如何确定委托开发发明创造的权利归属？
5. 如何确定合作开发发明创造的权利归属？
6. 如何确定技术秘密成果的权利归属？
7. 技术开发合同的风险如何承担？
8. 技术转让合同后续改进的技术成果如何分享？
9. 技术咨询合同当事人的权利义务有哪些？
10. 技术服务合同当事人的权利义务有哪些？

第十七章 保管合同和仓储合同

学习目标

　　了解保管合同概念与特点；掌握保管合同当事人的义务；了解仓储合同概念与特点；掌握仓储合同相关规定。

关键名词

　　保管合同　仓储合同　仓单

第一节　保管合同

一、保管合同概念与特点

1. 保管合同概念

　　保管合同是保管人保管寄存人交付的保管物，并返还该物的合同。保管物品的一方称为保管人，或者称为受寄人，其所保管的物品称为保管物，或者称为寄托物，交付物品保管的一方称为寄存人，或者称为寄托人。

2. 保管合同特点

　　保管合同具有以下法律特征：

　　（1）保管合同为实践合同。保管合同自保管物交付时成立，但当事人另有约定的除外。保管合同的成立不仅须双方当事人协商一致，而且寄托人还必须将保管物交付保管人。

　　（2）保管合同的标的是保管行为。保管合同的目的是保管物品，虽然以保管物交付保管人为成立要件，但并不发生保管物所有权和使用权的转移。因此，保管合同的标的是保管行为。

二、保管合同当事人的义务

1. 保管人的义务

　　（1）给付保管凭证的义务。寄存人应当按照约定向保管人支付保管费。

寄存人向保管人交付保管物的，保管人应当给付保管凭证，但另有交易习惯的除外。

（2）妥善保管义务。保管人应当妥善保管保管物。当事人可以约定保管场所或者方法。除紧急情况或者为了维护寄存人利益的以外，不得擅自改变保管场所或者方法。保管期间，因保管人保管不善造成保管物毁损、灭失的，保管人应当承担损害赔偿责任，但保管是无偿的，保管人证明自己没有重大过失的，不承担损害赔偿责任。

（3）专属保管和不得使用的义务。保管人不得将保管物转交第三人保管，但当事人另有约定的除外。保管人违反该规定，将保管物转交第三人保管，对保管物造成损失的，应当承担损害赔偿责任。保管人不得使用或者许可第三人使用保管物，但当事人另有约定的除外。

（4）通知义务。第三人对保管物主张权利的，除依法对保管物采取保全或者执行的以外，保管人应当履行向寄存人返还保管物的义务。第三人对保管人提起诉讼或者对保管物申请扣押的，保管人应当及时通知寄存人。

（5）返还保管物的义务。保管期间届满或者寄存人提前领取保管物的，保管人应当将原物及其孳息归还寄存人。保管人保管货币的，可以返还相同种类、数量的货币。保管其他可替代物的，可以按照约定返还相同种类、品质、数量的物品。寄存人可以随时领取保管物。当事人对保管期间没有约定或者约定不明确的，保管人可以随时要求寄存人领取保管物；约定保管期间的，保管人无特别事由，不得要求寄存人提前领取保管物。

📋 **小知识**

消费保管与一般保管合同、储蓄合同、民间借贷的区别

消费保管也称为不规则保管，是指保管物为可替代物时，如约定将保管物的所有权移转于保管人，保管期间届满由保管人以同种类、品质、数量的物返还的保管而言。消费保管合同与一般保管合同有以下几点不同：①消费保管合同的保管物必须为可替代物，即种类物。消费保管合同的保管物只能是种类物，而不能是特定物。②消费保管合同必须是当事人约定将保管物的所有权移转于保管人，保管人在接受保管物后享有占有、使用、收益和处分的权利。而一般的保管合同，保管人只是在保管期间占有保管物，原则上不能使用保管物，这是消费保管与一般保管的重要区别之一。③既然保管物的所有权移转保管人，因此从寄存人交付时起，保管人就享有该物的利益，并承担该物的风险。

④保管人仅须以同种类、品质、数量的物返还即可。⑤消费保管合同都需要明确约定保管期间。而一般保管合同，有的约定保管期间，有的则未约定保管期间。在消费保管合同中约定保管期间，可以明确保管人过多长时间须承担以同种类、品质、数量的物返还的义务。⑥寄存人在保管期间届满前，不得要求保管人以同种类、品质、数量的物返还。而一般的保管合同，寄存人可以随时领取保管物。

寄存货币的消费保管合同与储蓄合同非常相似，但二者是不同的。寄存货币的消费保管合同的目的侧重于为寄存人保管货币，不向寄存人支付利益。而储蓄合同中的存款人的目的除有保管货币的目的外，还有获取利息的目的。

寄存货币的消费保管合同与民间借贷有着本质上的区别。民间借贷合同是从借款人借款的角度来规定双方的权利义务关系，而寄存人货币的消费保管主要是从寄存人寄存货币的角度来规定双方的权利义务关系。所以，二者不能用同一种法律规范来调整。

2. 寄存人的义务

（1）告知义务。寄存人交付的保管物有瑕疵或者按照保管物的性质需要采取特殊保管措施的，寄存人应当将有关情况告知保管人。寄存人未告知，致使保管物受损失的，保管人不承担损害赔偿责任；保管人因此受损失的，除保管人知道或者应当知道并且未采取补救措施的以外，寄存人应当承担损害赔偿责任。

（2）支付保管费的义务。有偿的保管合同，寄存人应当按照约定的期限向保管人支付保管费。当事人对保管费没有约定或者约定不明确，依照合同法的规定仍不能确定的，保管是无偿的。寄存人未按照约定支付保管费以及其他费用的，保管人对保管物享有留置权，但当事人另有约定的除外。

📖 小案例

旅客李某投宿于蓝天饭店，办好住宿手续后，将一只装有 8 万元现金和其他物品的密码箱寄存在饭店的总服务台，并告诉服务员密码箱内有贵重物品，当班服务员当时就清点了物品。第二天下午，旅客李某去取密码箱，发现已被他人领走，李某很生气，要求饭店赔偿其全部损失，饭店拒绝，遂起纠纷。请问本案该如何处理，饭店对李某的损失是否有赔偿义务？

由于旅客李某与蓝天饭店存在保管合同关系。李某投宿蓝天饭店，办好住宿手续后，将一只装有8万元现金和其他物品的密码箱寄存在饭店的总服务台，并告诉服务员密码箱内有贵重物品，当班服务员当时就清点了物品，双方对保管物无异议，保管合同成立且生效。密码箱被他人冒领，说明饭店未尽到保管人义务，属违约行为。因此，饭店应承担因自己过失而丢失保管物的赔偿责任。《合同法》第三百七十四条规定：保管期间，因保管人保管不善造成保管物毁损、灭失的，保管人应当承担损害赔偿责任，但保管是无偿的，保管人证明自己没有重大过失的，不承担损害赔偿责任。本案被告保管人存在重大过失"被他人领走"，是显而易见的，且该保管合同应视为饭店提供的有偿服务的一部分，服务费包括在住宿费中，应为有偿合同，故被告保管人蓝天饭店应当赔偿旅客李某的损失。

　　（3）声明义务。寄存人寄存货币、有价证券或者其他贵重物品的，应当向保管人声明，由保管人验收或者封存。寄存人未声明的，该物品毁损、灭失后，保管人可以按照一般物品予以赔偿。

第二节　仓储合同

一、仓储合同概念与特点

1. 仓储合同概念

　　仓储合同是保管人储存存货人交付的仓储物，存货人支付仓储费的合同。

　　仓储业是随着商品经济的发展，从保管业中发展、壮大起来的特殊营业。近代来，仓储业日渐发达，原因就是随着国际及地区贸易的扩大，仓储业能为大批量货物提供便利、安全、价格合理的保管服务。因此仓储合同不再作为一般的保管合同来对待，而是作为一种独立的有名合同在合同法中加以规定。

2. 仓储合同特点

　　仓储合同主要有以下法律特征：

　　（1）以保管人向他人提供仓储保管服务为合同标的。

　　（2）保管人以仓库为堆藏保管仓储物的设备。

　　（3）仓储物必须是动产。

　　（4）仓储合同的保管人，须是经工商行政管理机关批准的，依法能从事仓储保管业务的法人或经济组织。

（5）仓储合同是双务有偿合同。双方当事人互负给付义务；一方提供仓储服务，另一方给付报酬和其他费用。

（6）仓储合同是诺成合同、不要式合同。

二、仓储合同的生效

仓储合同自成立时生效。没有规定的，适用保管合同的有关规定。

三、仓单

仓单是提取仓储物的凭证。存货人或者仓单持有人在仓单上背书并经保管人签字或者盖章的，可以转让提取仓储物的权利。存货人交付仓储物的，保管人应当给付仓单。保管人应当在仓单上签字或者盖章。

仓单包括的事项：（1）存货人的名称或者姓名和住所；（2）仓储物的品种、数量、质量、包装、件数和标记；（3）仓储物的损耗标准；（4）储存场所；（5）储存期间；（6）仓储费；（7）仓储物已经办理保险的，其保险金额、期间以及保险人的名称；（8）填发人、填发地和填发日期。

四、关于储存危险物品和易变质物品的规定

储存易燃、易爆、有毒、有腐蚀性、有放射性等危险物品或者易变质物品，存货人应当说明该物品的性质，提供有关资料。存货人违反规定的，保管人可以拒收仓储物，也可以采取相应措施以避免损失的发生，因此产生的费用由存货人承担。

保管人储存易燃、易爆、有毒、有腐蚀性、有放射性等危险物品的，应当具备相应的保管条件。保管人应当按照约定对入库仓储物进行验收。保管人验收时发现入库仓储物与约定不符合的，应当及时通知存货人。

五、关于仓储物验收的规定

保管人验收后，发生仓储物的品种、数量、质量不符合约定的，保管人应当承担损害赔偿责任。保管人根据存货人或者仓单持有人的要求，应当同意其检查仓储物或者提取样品。保管人对入库仓储物发现有变质或者其他损坏的，应当及时通知存货人或者仓单持有人。保管人对入库仓储物发现有变质或者其他损坏，危及其他仓储物的安全和正常保管的，应当催告存货人或者仓单持有人做出必要的处置。因情况紧急，保管人可以做出必要的处置，但事后应当将该情况及时通知存货人或者仓单持有人。

六、关于储存期间不明确时如何提取仓储物的规定

当事人对储存期间没有约定或者约定不明确的，存货人或者仓单持有人可以随时提取仓储物，保管人也可以随时要求存货人或者仓单持有人提取仓储物，但应当给予必要的准备时间。储存期间届满，存货人或者仓单持有人应当凭仓单提取仓储物。

七、关于仓储费的规定

存货人或者仓单持有人逾期提取的，应当加收仓储费；提前提取的，不减收仓储费。储存期间届满，存货人或者仓单持有人不提取仓储物的，保管人可以催告其在合理期限内提取，逾期不提取的，保管人可以提存仓储物。

八、关于保管人因保管不善造成保管物毁损、灭失时责任的规定

储存期间，因保管人保管不善造成仓储物毁损、灭失的，保管人应当承担损害赔偿责任。因仓储物的性质、包装不符合约定或者超过有效储存期造成仓储物变质、损坏的，保管人不承担损害赔偿责任。

📖 小案例

甲公司在乙公司存储160吨布袋装面粉，甲公司提取面粉时，发现面粉已经受潮，遂要求乙公司赔偿。乙公司引用《合同法》第三百七十条进行抗辩：按照保管物的性质需要采取特殊保管措施的，寄存人应当将有关情况报告保管人，寄存人未告知，致使保管物受损失的，保管人不承担损害赔偿责任。乙公司的抗辩理由是否能成立吗？

本案中甲、乙之间成立的是仓储合同，依据《合同法》第三百九十五条的规定，可以适用保管合同的有关规定。乙公司引用了《合同法》第三百七十条关于保管合同的规定，但按照该条，乙公司仍应承担责任。因为布袋装面粉不能受潮，乃是保管人应当具备的常识，无须寄存人特别告知。

本 章 小 结

保管合同是保管人保管寄存人交付的保管物，并返还该物的合同。保管人负有给付保管凭证、妥善保管、专属保管和不得使用、通知和返还保管物的义

务；寄存人负有告知、支付保管费和声明的义务。仓储合同是保管人储存存货人交付的仓储物，存货人支付仓储费的合同。保管人和存货人都应当遵守相关的规定。

思 考 题

1. 保管合同的法律特征有哪些？
2. 保管人的义务有哪些？
3. 寄存人的义务有哪些？
4. 仓储合同有哪些特点？
5. 关于仓单的规定有哪些？

第十八章 委托合同、行纪
合同、居间合同

学习目标

　　了解委托合同概念与特点；掌握委托合同的主要规定；了解行纪合同概念与特点；掌握行纪合同行纪人的权利与义务；了解居间合同概念和特点；掌握居间合同当事人的义务。

关键名词

　　委托合同　行纪合同　居间合同

第一节　委托合同

一、委托合同概念与特点

1. 委托合同概念

　　委托合同是委托人和受托人约定，由受托人处理委托人事务的合同。委托人可以特别委托受托人处理一项或者数项事务，也可以概括委托受托人处理一切事务。

2. 委托合同的特点

　　（1）委托合同的标的是劳务。委托人和受托人订立委托合同的目的，在于通过受托人办理委托事务来实现委托人追求的结果，因此，该合同的客体是受托人处理委托事务的行为。

　　（2）委托合同是诺成合同。委托人与受托人在订立委托合同时不仅要有委托人的委托意思表示，而且还要有受托人接受委托的承诺，即承诺与否决定着委托合同是否成立。委托合同自承诺之时起生效，无须以履行合同的行为或者物的交付作为委托合同成立的条件。

　　（3）委托合同是非要式合同。委托合同成立不需履行一定的形式，口头、书面等方式都可以。

（4）委托合同是双务合同。委托合同经要约承诺后合同成立，无论合同是否有偿，委托人与受托人都要承担相应的义务。对委托人来说，委托人有向受托人预付处理委托事务费用的义务，当委托合同为有偿合同时还有支付受托人报酬等义务。对受托人来说，受托人有向委托人报告委托事务、亲自处理委托事务、转交委托事务所取得财产等义务。

（5）委托合同可以是有偿的，也可以是无偿的。委托合同是建立在双方当事人彼此信任的基础上。委托合同是否有偿，应以当事人双方根据委托事务的性质与难易程度协商决定，法律不作强制规定。

二、委托事务的处理

1. 受托人应当按照委托人的指示处理委托事务

受托人应当按照委托人的指示处理委托事务。需要变更委托人指示的，应当经委托人同意；因情况紧急，难以和委托人取得联系的，受托人应当妥善处理委托事务，但事后应当将该情况及时报告委托人。

2. 受托人应当亲自处理委托事务

受托人应当亲自处理委托事务。经委托人同意，受托人可以转委托。转委托经同意的，委托人可以就委托事务直接指示转委托的第三人，受托人仅就第三人的选任及其对第三人的指示承担责任。转委托未经同意的，受托人应当对转委托的第三人的行为承担责任，但在紧急情况下受托人为维护委托人的利益需要转委托的除外。受托人应当按照委托人的要求，报告委托事务的处理情况。委托合同终止时，受托人应当报告委托事务的结果。

三、受托人以自己的名义和第三人订立合同的处理

（1）受托人以自己的名义，在委托人的授权范围内与第三人订立的合同，第三人在订立合同时知道受托人与委托人之间的代理关系的，该合同直接约束委托人和第三人，但有确切证据证明该合同只约束受托人和第三人的除外。

（2）受托人以自己的名义与第三人订立合同时，第三人不知道受托人与委托人之间的代理关系的，受托人因第三人的原因对委托人不履行义务，受托人应当向委托人披露第三人，委托人因此可以行使受托人对第三人的权利，但第三人与受托人订立合同时如果知道该委托人就不会订立合同的除外；受托人因委托人的原因对第三人不履行义务，受托人应当向第三人披露委托人，第三人因此可以选择受托人或者委托人作为相对人主张其权利，但第三人不得变更

选定的相对人；委托人行使受托人对第三人的权利的，第三人可以向委托人主张其对受托人的抗辩。第三人选定委托人作为其相对人的，委托人可以向第三人主张其对受托人的抗辩以及受托人对第三人的抗辩。受托人处理委托事务取得的财产，应当转交给委托人。

四、处理委托事务的费用与报酬

1. 处理委托事务的费用

委托人应当预付处理委托事务的费用。受托人为处理委托事务垫付的必要费用，委托人应当偿还该费用及其利息。

2. 处理委托事务的报酬

受托人完成委托事务的，委托人应当向其支付报酬。因不可归责于受托人的事由，委托合同解除或者委托事务不能完成的，委托人应当向受托人支付相应的报酬。当事人另有约定的，按照其约定。

五、损失赔偿责任

1. 受托人的损失赔偿责任

有偿的委托合同，因受托人的过错给委托人造成损失的，委托人可以要求赔偿损失。无偿的委托合同，因受托人的故意或者重大过失给委托人造成损失的，委托人可以要求赔偿损失。

受托人超越权限给委托人造成损失的，应当赔偿损失。受托人处理委托事务时，因不可归责于自己的事由受到损失的，可以向委托人要求赔偿损失。两个以上的受托人共同处理委托事务的，对委托人承担连带责任。

2. 委托人的损失赔偿责任

委托人经受托人同意，可以在受托人之外委托第三人处理委托事务。因此给受托人造成损失的，受托人可以向委托人要求赔偿损失。

六、委托合同的终止

委托人或者受托人可以随时解除委托合同。因解除合同给对方造成损失的，除不可归责于该当事人的事由以外，应当赔偿损失。

委托人或者受托人死亡、丧失民事行为能力或者破产的，委托合同终止，但当事人另有约定或者根据委托事务的性质不宜终止的除外。因委托人死亡、丧失民事行为能力或者破产，致使委托合同终止将损害委托人利益的，在委托人的继承人、法定代理人或者清算组织承受委托事务之前，受托人应当继续处理委托事务。

因受托人死亡、丧失民事行为能力或者破产，致使委托合同终止的，受托人的继承人、法定代理人或者清算组织应当及时通知委托人。因委托合同终止将损害委托人利益的，在委托人做出善后处理之前，受托人的继承人、法定代理人或者清算组织应当采取必要措施。

📋 **小知识**

　　行纪合同和委托合同有相同之处，也有区别。但与其他各种合同相比较，行纪合同在性质上与委托合同最为接近。它们都是为他人处理委托事务，即为他人提供服务的合同。行纪人和受托人的权利和义务都是基于委托人的委托而产生，都以委托人的信任为前提。行纪合同与委托合同的区别在于：第一，适用范围不同。行纪合同适用范围窄，仅限于代销等贸易行为；而委托合同的适用范围宽。第二，行纪合同的受托人只能以自己的名义处理委托事务；委托合同的受托人处理事务既可以用委托人名义，也可以用自己的名义。第三，行纪人一般是专门从事贸易活动，其开业和经营需要经过国家有关部门的审查、登记；而委托合同的当事人不必是专门从事贸易活动的，可以是公民，也可以是法人。第四，行纪合同是有偿合同；而委托合同既可以有偿也可以无偿。

第二节　行纪合同

一、行纪合同概念与特点

1. 行纪合同概念

行纪合同是行纪人以自己的名义为委托人从事贸易活动，委托人支付报酬的合同。

2. 行纪合同的特点

（1）行纪人以自己的名义为委托人办理所受委托的事务。行纪合同履行时，行纪人以自己的名义办理行纪事务，如代购、代销、寄售等。行纪人与第三人之间的权利义务由行纪人自己享有或承担。这是行纪合同和委托合同的主要区别。

（2）行纪人在与第三人实施行为时应考虑委托人的利益，并将其结果归属于委托人。

（3）行纪合同标的是行为。行纪合同是行纪人为委托人提供的与第三人实施的法律行为的服务。行纪人与第三人进行的法律行为才是订立行纪合同的目的，是行纪合同的标的，所以行纪合同的标的是行为。

（4）行纪合同是有偿合同、诺成合同和不要式合同。行纪人负有为委托人办理买卖或其他商事交易的义务，而委托人负有给付报酬的义务。双方的权利和义务是对应的；同时，行纪人完成事务须收取报酬，即为有偿服务，所以行纪合同是双务有偿合同。行纪合同是需双方当事人之间的意思表示一致即告成立，合同无须采用特定的形式，所以行纪合同是诺成合同、不要式合同。

二、行纪人的义务

1. 行纪人的费用负担的义务

行纪人处理委托事务支出的费用，由行纪人负担，但当事人另有约定的除外。

2. 行纪人保管义务

行纪人占有委托物的，应当妥善保管委托物。

3. 行纪人处置委托物义务

委托物交付给行纪人时有瑕疵或者容易腐烂、变质的，经委托人同意，行纪人可以处分该物；和委托人不能及时取得联系的，行纪人可以合理处分。

4. 行纪人按照委托人指定价格买卖

行纪人低于委托人指定的价格卖出或者高于委托人指定的价格买入的，应当经委托人同意。未经委托人同意，行纪人补偿其差额的，该买卖对委托人发生效力。行纪人高于委托人指定的价格卖出或者低于委托人指定的价格买入的，可以按照约定增加报酬。没有约定或者约定不明确，依照合同法规定仍不能确定的，该利益属于委托人。委托人对价格有特别指示的，行纪人不得违背该指示卖出或者买入。

5. 行纪人的直接履行义务

行纪人与第三人订立合同的，行纪人对该合同直接享有权利、承担义务。第三人不履行义务致使委托人受到损害的，行纪人应当承担损害赔偿责任，但行纪人与委托人另有约定的除外。

三、行纪人的权利

1. 行纪人介入权

行纪人卖出或者买入具有市场定价的商品，除委托人有相反的意思表示的以外，行纪人自己可以作为买受人或者出卖人。

2. 行纪人提存权

行纪人有上述规定情形的，仍然可以要求委托人支付报酬。行纪人按照约定买入委托物，委托人应当及时受领。经行纪人催告，委托人无正当理由拒绝受领的，行纪人依照合同法的规定可以提存委托物。

委托物不能卖出或者委托人撤回出卖，经行纪人催告，委托人不取回或者不处分该物的，行纪人依照合同法规定可以提存委托物。

3. 要求支付报酬的权利

行纪人完成或者部分完成委托事务的，委托人应当向其支付相应的报酬。委托人逾期不支付报酬的，行纪人对委托物享有留置权，但当事人另有约定的除外。

第三节 居间合同

一、居间合同概念和特点

1. 居间合同概念

居间合同是居间人向委托人报告订立合同的机会或者提供订立合同的媒介服务，委托人支付报酬的合同。

2. 居间合同的特点

居间合同具有以下法律特征：

（1）居间合同以促成委托人与第三人订立合同为目的。在居间合同中，居间人是为委托人提供服务的，这种服务表现为报告订约的机会或为订约的媒介，其目的在于通过居间活动获取报酬。

（2）居间人在合同关系中处于介绍人的地位。在居间合同中居间人并不参加委托人与第三人之间具体的订立合同的过程，只是在交易双方当事人之间起介绍、协助作用。

（3）居间合同具有诺成性、双务性和不要式性。只要委托人与居间人意思表示一致，合同即成立。同时居间合同一经成立，当事人双方均需承担一定的义务。

（4）居间合同具有有偿性。居间人以收取报酬为业，居间人促成合同成立后，委托人当然要向居间人支付报酬。

📝 **小知识**

委托合同与居间合同十分近似，它们均是一方当事人接受另一方当事人的委托，实施相应的民事行为，处理受托事务。这两类合同是存在着本质的区别的：①受托一方的法律地位不同。委托合同中的委托一方为受托人，他在与第三人从事民事法律活动的过程中，实际上处于类似委托代理人的地位。而居间合同中的受托一方为居间人，他不介入委托人与第三人所签订的合同关系之中，在居间过程中他只处于一个中介服务人的地位。②受托一方的委托内容不同。委托合同中的受托人接受委托的内容是办理委托事务。在居间合同中，居间人接受委托的内容则只限于为委托人报告订约机会或介绍委托人与第三人订约。③委托合同中的受托人在处理委托事务时，有权在委托权限范围内独立进行意思表示。而居间合同中的居间人在居间活动过程中，居间人也只能是如实传达合同双方当事人的原有意思表示。④合同的有偿性不同。委托合同根据双方当事人的约定，可以有偿也可以为无偿。居间合同居间人的居间行为没有取得成功的结果，则居间人不能取得约定或规定的报酬。同时，居间人在其居间活动中所支付的必要费用，非经双方事先约定，不得请求委托人予以承担。

二、居间合同当事人的义务

1. 居间人的报告义务

居间人应当就有关订立合同的事项向委托人如实报告。居间人故意隐瞒与订立合同有关的重要事实或者提供虚假情况，损害委托人利益的，不得要求支付报酬并应当承担损害赔偿责任。

2. 委托人支付报酬与费用的义务

居间人促成合同成立的，委托人应当按照约定支付报酬。对居间人的报酬没有约定或者约定不明确，依照合同法规定仍不能确定的，根据居间人的劳务合理确定。因居间人提供订立合同的媒介服务而促成合同成立的，由该合同的当事人平均负担居间人的报酬。居间人促成合同成立的，居间活动的费用，由居间人负担。居间人未促成合同成立的，不得要求支付报酬，但可以要求委托人支付从事居间活动支出的必要费用。

本 章 小 结

委托合同是委托人和受托人约定，由受托人处理委托人事务的合同。行纪合同是行纪人以自己的名义为委托人从事贸易活动，委托人支付报酬的合同。居间合同是居间人向委托人报告订立合同的机会或者提供订立合同的媒介服务，委托人支付报酬的合同。

思 考 题

1. 委托合同的特点有哪些？
2. 受托人以自己的名义和第三人订立合同如何处理？
3. 委托合同的终止情形有哪些？
4. 行纪合同行纪人的权利与义务有哪些？
5. 居间合同当事人的义务有哪些？

附录

中华人民共和国合同法

（1999 年 3 月 15 日第九届全国人民代表大会第二次会议通过
1999 年 3 月 15 日中华人民共和国主席令第十五号公布
自 1999 年 10 月 1 日起施行）

总　　则

第一章　一般规定

第一条　为了保护合同当事人的合法权益，维护社会经济秩序，促进社会主义现代化建设，制定本法。

第二条　本法所称合同是平等主体的自然人、法人、其他组织之间设立、变更、终止民事权利义务关系的协议。

婚姻、收养、监护等有关身份关系的协议，适用其他法律的规定。

第三条　合同当事人的法律地位平等，一方不得将自己的意志强加给另一方。

第四条　当事人依法享有自愿订立合同的权利，任何单位和个人不得非法干预。

第五条　当事人应当遵循公平原则确定各方的权利和义务。

第六条　当事人行使权利、履行义务应当遵循诚实信用原则。

第七条　当事人订立、履行合同，应当遵守法律、行政法规，尊重社会公德，不得扰乱社会经济秩序，损害社会公共利益。

第八条　依法成立的合同，对当事人具有法律约束力。当事人应当按照约定履行自己的义务，不得擅自变更或者解除合同。

依法成立的合同，受法律保护。

第二章　合同的订立

第九条　当事人订立合同，应当具有相应的民事权利能力和民事行为能力。当事人依法可以委托代理人订立合同。

第十条　当事人订立合同，有书面形式、口头形式和其他形式。

法律、行政法规规定采用书面形式的，应当采用书面形式。当事人约定采用书面形式的，应当采用书面形式。

第十一条　书面形式是指合同书、信件和数据电文（包括电报、电传、传真、电子数据交换和电子邮件）等可以有形地表现所载内容的形式。

第十二条　合同的内容由当事人约定，一般包括以下条款：

（一）当事人的名称或者姓名和住所；

（二）标的；

（三）数量；

（四）质量；

（五）价款或者报酬；

（六）履行期限、地点和方式；

（七）违约责任；

（八）解决争议的方法。

当事人可以参照各类合同的示范文本订立合同。

第十三条　当事人订立合同，采取要约、承诺方式。

第十四条　要约是希望和他人订立合同的意思表示，该意思表示应当符合下列规定：

（一）内容具体确定；

（二）表明经受要约人承诺，要约人即受该意思表示约束。

第十五条　要约邀请是希望他人向自己发出要约的意思表示。寄送的价目表、拍卖公告、招标公告、招股说明书、商业广告等为要约邀请。

商业广告的内容符合要约规定的，视为要约。

第十六条　要约到达受要约人时生效。

采用数据电文形式订立合同，收件人指定特定系统接收数据电文的，该数据电文进入该特定系统的时间，视为到达时间；未指定特定系统的，该数据电文进入收件人的任何系统的首次时间，视为到达时间。

第十七条　要约可以撤回。撤回要约的通知应当在要约到达受要约人之前或者与要约同时到达受要约人。

第十八条　要约可以撤销。撤销要约的通知应当在受要约人发出承诺通知之前到达受要约人。

第十九条　有下列情形之一的，要约不得撤销：

（一）要约人确定了承诺期限或者以其他形式明示要约不可撤销；

（二）受要约人有理由认为要约是不可撤销的，并已经为履行合同作了准备工作。

第二十条　有下列情形之一的，要约失效：

（一）拒绝要约的通知到达要约人；

（二）要约人依法撤销要约；

（三）承诺期限届满，受要约人未做出承诺；

（四）受要约人对要约的内容做出实质性变更。

第二十一条　承诺是受要约人同意要约的意思表示。

第二十二条　承诺应当以通知的方式做出，但根据交易习惯或者要约表明可以通过行为做出承诺的除外。

第二十三条　承诺应当在要约确定的期限内到达要约人。

要约没有确定承诺期限的，承诺应当依照下列规定到达：

（一）要约以对话方式做出的，应当即时做出承诺，但当事人另有约定的除外；

（二）要约以非对话方式做出的，承诺应当在合理期限内到达。

第二十四条　要约以信件或者电报做出的，承诺期限自信件载明的日期或者电报交发之日开始计算。信件未载明日期的，自投寄该信件的邮戳日期开始计算。要约以电话、传真等快速通讯方式做出的，承诺期限自要约到达受要约人时开始计算。

第二十五条　承诺生效时合同成立。

第二十六条　承诺通知到达要约人时生效。承诺不需要通知的，根据交易习惯或者要约的要求做出承诺的行为时生效。

采用数据电文形式订立合同的，承诺到达的时间适用本法第十六条第二款的规定。

第二十七条　承诺可以撤回。撤回承诺的通知应当在承诺通知到达要约人之前或者与承诺通知同时到达要约人。

第二十八条　受要约人超过承诺期限发出承诺的，除要约人及时通知受要约人该承诺有效的以外，为新要约。

第二十九条　受要约人在承诺期限内发出承诺，按照通常情形能够及时到达要约人，但因其他原因承诺到达要约人时超过承诺期限的，除要约人及时通知受要约人因承诺超过期限不接受该承诺的以外，该承诺有效。

第三十条　承诺的内容应当与要约的内容一致。受要约人对要约的内容做出实质性变更的，为新要约。有关合同标的、数量、质量、价款或者报酬、履行期限、履行地点和方式、违约责任和解决争议方法等的变更，是对要约内容的实质性变更。

第三十一条　承诺对要约的内容做出非实质性变更的，除要约人及时表示反对或者要约表明承诺不得对要约的内容做出任何变更的以外，该承诺有效，合同的内容以承诺的内容为准。

第三十二条　当事人采用合同书形式订立合同的，自双方当事人签字或者盖章时合同成立。

第三十三条　当事人采用信件、数据电文等形式订立合同的，可以在合同成立之前要求签订确认书。签订确认书时合同成立。

第三十四条　承诺生效的地点为合同成立的地点。

采用数据电文形式订立合同的，收件人的主营业地为合同成立的地点；没有主营业地的，其经常居住地为合同成立的地点。当事人另有约定的，按照其约定。

第三十五条　当事人采用合同书形式订立合同的，双方当事人签字或者盖章的地点为合同成立的地点。

第三十六条　法律、行政法规规定或者当事人约定采用书面形式订立合同，当事人未采用书面形式但一方已经履行主要义务，对方接受的，该合同成立。

第三十七条　采用合同书形式订立合同，在签字或者盖章之前，当事人一方已经履行主要义务，对方接受的，该合同成立。

第三十八条　国家根据需要下达指令性任务或者国家订货任务的，有关法人、其他组织之间应当依照有关法律、行政法规规定的权利和义务订立合同。

第三十九条　采用格式条款订立合同的，提供格式条款的一方应当遵循公平原则确定当事人之间的权利和义务，并采取合理的方式提请对方注意免除或者限制其责任的条款，按照对方的要求，对该条款予以说明。

格式条款是当事人为了重复使用而预先拟定，并在订立合同时未与对方协商的条款。

第四十条　格式条款具有本法第五十二条和第五十三条规定情形的，或者提供格式条款一方免除其责任、加重对方责任、排除对方主要权利的，该条款无效。

第四十一条　对格式条款的理解发生争议的，应当按照通常理解予以解释。对格式条款有两种以上解释的，应当做出不利于提供格式条款一方的解释。格式条款和非格式条款不一致的，应当采用非格式条款。

第四十二条　当事人在订立合同过程中有下列情形之一，给对方造成损失的，应当承担损害赔偿责任：

（一）假借订立合同，恶意进行磋商；

（二）故意隐瞒与订立合同有关的重要事实或者提供虚假情况；

（三）有其他违背诚实信用原则的行为。

第四十三条　当事人在订立合同过程中知悉的商业秘密，无论合同是否成立，不得泄露或者不正当地使用。泄露或者不正当地使用该商业秘密给对方造成损失的，应当承担损害赔偿责任。

第三章　合同的效力

第四十四条　依法成立的合同，自成立时生效。

法律、行政法规规定应当办理批准、登记等手续生效的，依照其规定。

第四十五条　当事人对合同的效力可以约定附条件。附生效条件的合同，自条件成就时生效。附解除条件的合同，自条件成就时失效。

当事人为自己的利益不正当地阻止条件成就的，视为条件已成就；不正当地促成条件成就的，视为条件不成就。

第四十六条　当事人对合同的效力可以约定附期限。附生效期限的合同，自期限至届时生效。附终止期限的合同，自期限届满时失效。

第四十七条　限制民事行为能力人订立的合同，经法定代理人追认后，该合同有效，但纯获利益的合同或者与其年龄、智力、精神健康状况相适应而订立的合同，不必经法定代理人追认。

相对人可以催告法定代理人在一个月内予以追认。法定代理人未作表示的，视为拒绝追认。合同被追认之前，善意相对人有撤销的权利。撤销应当以通知的方式做出。

第四十八条　行为人没有代理权、超越代理权或者代理权终止后以被代理人名义订立的合同，未经被代理人追认，对被代理人不发生效力，由行为人承担责任。

相对人可以催告被代理人在一个月内予以追认。被代理人未作表示的，视为拒绝追认。合同被追认之前，善意相对人有撤销的权利。撤销应当以通知的方式做出。

第四十九条　行为人没有代理权、超越代理权或者代理权终止后以被代理人名义订立合同，相对人有理由相信行为人有代理权的，该代理行为有效。

第五十条　法人或者其他组织的法定代表人、负责人超越权限订立的合同，除相对人知道或者应当知道其超越权限的以外，该代表行为有效。

第五十一条　无处分权的人处分他人财产，经权利人追认或者无处分权的人订立合同后取得处分权的，该合同有效。

第五十二条　有下列情形之一的，合同无效：

（一）一方以欺诈、胁迫的手段订立合同，损害国家利益；

（二）恶意串通，损害国家、集体或者第三人利益；

（三）以合法形式掩盖非法目的；

（四）损害社会公共利益；

（五）违反法律、行政法规的强制性规定。

第五十三条 合同中的下列免责条款无效：

（一）造成对方人身伤害的；

（二）因故意或者重大过失造成对方财产损失的。

第五十四条 下列合同，当事人一方有权请求人民法院或者仲裁机构变更或者撤销：

（一）因重大误解订立的；

（二）在订立合同时显失公平的。

一方以欺诈、胁迫的手段或者乘人之危，使对方在违背真实意思的情况下订立的合同，受损害方有权请求人民法院或者仲裁机构变更或者撤销。

当事人请求变更的，人民法院或者仲裁机构不得撤销。

第五十五条 有下列情形之一的，撤销权消灭：

（一）具有撤销权的当事人自知道或者应当知道撤销事由之日起一年内没有行使撤销权；

（二）具有撤销权的当事人知道撤销事由后明确表示或者以自己的行为放弃撤销权。

第五十六条 无效的合同或者被撤销的合同自始没有法律约束力。合同部分无效，不影响其他部分效力的，其他部分仍然有效。

第五十七条 合同无效、被撤销或者终止的，不影响合同中独立存在的有关解决争议方法的条款的效力。

第五十八条 合同无效或者被撤销后，因该合同取得的财产，应当予以返还；不能返还或者没有必要返还的，应当折价补偿。有过错的一方应当赔偿对方因此所受到的损失，双方都有过错的，应当各自承担相应的责任。

第五十九条 当事人恶意串通，损害国家、集体或者第三人利益的，因此取得的财产收归国家所有或者返还集体、第三人。

第四章 合同的履行

第六十条 当事人应当按照约定全面履行自己的义务。

当事人应当遵循诚实信用原则，根据合同的性质、目的和交易习惯履行通知、协助、保密等义务。

第六十一条 合同生效后，当事人就质量、价款或者报酬、履行地点等内容没有约定或者约定不明确的，可以协议补充；不能达成补充协议的，按照合同有关条款或者交易习惯确定。

第六十二条 当事人就有关合同内容约定不明确，依照本法第六十一条的规定仍不能确定的，适用下列规定：

（一）质量要求不明确的，按照国家标准、行业标准履行；没有国家标准、行业标准的，按照通常标准或者符合合同目的的特定标准履行。

（二）价款或者报酬不明确的，按照订立合同时履行地的市场价格履行；依法应当执行政府定价或者政府指导价的，按照规定履行。

（三）履行地点不明确，给付货币的，在接受货币一方所在地履行；交付不动产的，在不动产所在地履行；其他标的，在履行义务一方所在地履行。

（四）履行期限不明确的，债务人可以随时履行，债权人也可以随时要求履行，但应当给对方必要的准备时间。

（五）履行方式不明确的，按照有利于实现合同目的的方式履行。

（六）履行费用的负担不明确的，由履行义务一方负担。

第六十三条 执行政府定价或者政府指导价的，在合同约定的交付期限内政府价格调整时，按照交付时的价格计价。逾期交付标的物的，遇价格上涨时，按照原价格执行；价格下降时，按照新价格执行。逾期提取标的物或者逾期付款的，遇价格上涨时，按照新价格执行；价格下降时，按照原价格执行。

第六十四条 当事人约定由债务人向第三人履行债务的，债务人未向第三人履行债务或者履行债务不符合约定，应当向债权人承担违约责任。

第六十五条 当事人约定由第三人向债权人履行债务的，第三人不履行债务或者履行债务不符合约定，债务人应当向债权人承担违约责任。

第六十六条 当事人互负债务，没有先后履行顺序的，应当同时履行。一方在对方履行之前有权拒绝其履行要求。一方在对方履行债务不符合约定时，有权拒绝其相应的履行要求。

第六十七条 当事人互负债务，有先后履行顺序，先履行一方未履行的，后履行一方有权拒绝其履行要求。先履行一方履行债务不符合约定的，后履行一方有权拒绝其相应的履行要求。

第六十八条 应当先履行债务的当事人，有确切证据证明对方有下列情形之一的，可以中止履行：

（一）经营状况严重恶化；

（二）转移财产、抽逃资金，以逃避债务；

（三）丧失商业信誉；

（四）有丧失或者可能丧失履行债务能力的其他情形。当事人没有确切证据中止履行的，应当承担违约责任。

第六十九条 当事人依照本法第六十八条的规定中止履行的，应当及时通知对方。对方提供适当担保时，应当恢复履行。中止履行后，对方在合理期限内未恢复履行能力并且未提供适当担保的，中止履行的一方可以解除合同。

第七十条 债权人分立、合并或者变更住所没有通知债务人，致使履行债务发生困难的，债务人可以中止履行或者将标的物提存。

第七十一条 债权人可以拒绝债务人提前履行债务，但提前履行不损害债权人利益的除外。

债务人提前履行债务给债权人增加的费用，由债务人负担。

第七十二条 债权人可以拒绝债务人部分履行债务，但部分履行不损害债权人利益的除外。

债务人部分履行债务给债权人增加的费用，由债务人负担。

第七十三条 因债务人怠于行使其到期债权，对债权人造成损害的，债权人可以向人民法院请求以自己的名义代位行使债务人的债权，但该债权专属于债务人自身的除外。

代位权的行使范围以债权人的债权为限。债权人行使代位权的必要费用，由债务人负担。

第七十四条 因债务人放弃其到期债权或者无偿转让财产，对债权人造成损害的，债权人可以请求人民法院撤销债务人的行为。债务人以明显不合理的低价转让财产，对债权人造成损害，并且受让人知道该情形的，债权人也可以请求人民法院撤销债务人的行为。

撤销权的行使范围以债权人的债权为限。债权人行使撤销权的必要费用，由债务人负担。

第七十五条 撤销权自债权人知道或者应当知道撤销事由之日起一年内行使。自债务人的行为发生之日起五年内没有行使撤销权的，该撤销权消灭。

第七十六条 合同生效后，当事人不得因姓名、名称的变更或者法定代表人、负责人、承办人的变动而不履行合同义务。

第五章　合同的变更和转让

第七十七条 当事人协商一致，可以变更合同。

法律、行政法规规定变更合同应当办理批准、登记等手续的，依照其规定。

第七十八条 当事人对合同变更的内容约定不明确的，推定为未变更。

第七十九条　债权人可以将合同的权利全部或者部分转让给第三人，但有下列情形之一的除外：

（一）根据合同性质不得转让；

（二）按照当事人约定不得转让；

（三）依照法律规定不得转让。

第八十条　债权人转让权利的，应当通知债务人。未经通知，该转让对债务人不发生效力。

债权人转让权利的通知不得撤销，但经受让人同意的除外。

第八十一条　债权人转让权利的，受让人取得与债权有关的从权利，但该从权利专属于债权人自身的除外。

第八十二条　债务人接到债权转让通知后，债务人对让与人的抗辩，可以向受让人主张。

第八十三条　债务人接到债权转让通知时，债务人对让与人享有债权，并且债务人的债权先于转让的债权到期或者同时到期的，债务人可以向受让人主张抵销。

第八十四条　债务人将合同的义务全部或者部分转移给第三人的，应当经债权人同意。

第八十五条　债务人转移义务的，新债务人可以主张原债务人对债权人的抗辩。

第八十六条　债务人转移义务的，新债务人应当承担与主债务有关的从债务，但该从债务专属于原债务人自身的除外。

第八十七条　法律、行政法规规定转让权利或者转移义务应当办理批准、登记等手续的，依照其规定。

第八十八条　当事人一方经对方同意，可以将自己在合同中的权利和义务一并转让给第三人。

第八十九条　权利和义务一并转让的，适用本法第七十九条、第八十一条至第八十三条、第八十五条至第八十七条的规定。

第九十条　当事人订立合同后合并的，由合并后的法人或者其他组织行使合同权利，履行合同义务。当事人订立合同后分立的，除债权人和债务人另有约定的以外，由分立的法人或者其他组织对合同的权利和义务享有连带债权，承担连带债务。

第六章　合同的权利义务终止

第九十一条　有下列情形之一的，合同的权利义务终止：

（一）债务已经按照约定履行；

（二）合同解除；

（三）债务相互抵销；

（四）债务人依法将标的物提存；

（五）债权人免除债务；

（六）债权债务同归于一人；

（七）法律规定或者当事人约定终止的其他情形。

第九十二条 合同的权利义务终止后，当事人应当遵循诚实信用原则，根据交易习惯履行通知、协助、保密等义务。

第九十三条 当事人协商一致，可以解除合同。

当事人可以约定一方解除合同的条件。解除合同的条件成立时，解除权人可以解除合同。

第九十四条 有下列情形之一的，当事人可以解除合同：

（一）因不可抗力致使不能实现合同目的；

（二）在履行期限届满之前，当事人一方明确表示或者以自己的行为表明不履行主要债务；

（三）当事人一方迟延履行主要债务，经催告后在合理期限内仍未履行；

（四）当事人一方迟延履行债务或者有其他违约行为致使不能实现合同目的；

（五）法律规定的其他情形。

第九十五条 法律规定或者当事人约定解除权行使期限，期限届满当事人不行使的，该权利消灭。

法律没有规定或者当事人没有约定解除权行使期限，经对方催告后在合理期限内不行使的，该权利消灭。

第九十六条 当事人一方依照本法第九十三条第二款、第九十四条的规定主张解除合同的，应当通知对方。合同自通知到达对方时解除。对方有异议的，可以请求人民法院或者仲裁机构确认解除合同的效力。

法律、行政法规规定解除合同应当办理批准、登记等手续的，依照其规定。

第九十七条 合同解除后，尚未履行的，终止履行；已经履行的，根据履行情况和合同性质，当事人可以要求恢复原状、采取其他补救措施，并有权要求赔偿损失。

第九十八条 合同的权利义务终止，不影响合同中结算和清理条款的效力。

第九十九条　当事人互负到期债务，该债务的标的物种类、品质相同的，任何一方可以将自己的债务与对方的债务抵销，但依照法律规定或者按照合同性质不得抵销的除外。

当事人主张抵销的，应当通知对方。通知自到达对方时生效。抵销不得附条件或者附期限。

第一百条　当事人互负债务，标的物种类、品质不相同的，经双方协商一致，也可以抵销。

第一百零一条　有下列情形之一，难以履行债务的，债务人可以将标的物提存：

（一）债权人无正当理由拒绝受领；

（二）债权人下落不明；

（三）债权人死亡未确定继承人或者丧失民事行为能力未确定监护人；

（四）法律规定的其他情形。

标的物不适于提存或者提存费用过高的，债务人依法可以拍卖或者变卖标的物，提存所得的价款。

第一百零二条　标的物提存后，除债权人下落不明的以外，债务人应当及时通知债权人或者债权人的继承人、监护人。

第一百零三条　标的物提存后，毁损、灭失的风险由债权人承担。提存期间，标的物的孳息归债权人所有。提存费用由债权人负担。

第一百零四条　债权人可以随时领取提存物，但债权人对债务人负有到期债务的，在债权人未履行债务或者提供担保之前，提存部门根据债务人的要求应当拒绝其领取提存物。

债权人领取提存物的权利，自提存之日起五年内不行使而消灭，提存物扣除提存费用后归国家所有。

第一百零五条　债权人免除债务人部分或者全部债务的，合同的权利义务部分或者全部终止。

第一百零六条　债权和债务同归于一人的，合同的权利义务终止，但涉及第三人利益的除外。

第七章　违约责任

第一百零七条　当事人一方不履行合同义务或者履行合同义务不符合约定的，应当承担继续履行、采取补救措施或者赔偿损失等违约责任。

第一百零八条　当事人一方明确表示或者以自己的行为表明不履行合同义务的，对方可以在履行期限届满之前要求其承担违约责任。

第一百零九条　当事人一方未支付价款或者报酬的，对方可以要求其支付价款或者报酬。

第一百一十条　当事人一方不履行非金钱债务或者履行非金钱债务不符合约定的，对方可以要求履行，但有下列情形之一的除外：

（一）法律上或者事实上不能履行；

（二）债务的标的不适于强制履行或者履行费用过高；

（三）债权人在合理期限内未要求履行。

第一百一十一条　质量不符合约定的，应当按照当事人的约定承担违约责任。对违约责任没有约定或者约定不明确，依照本法第六十一条的规定仍不能确定的，受损害方根据标的的性质以及损失的大小，可以合理选择要求对方承担修理、更换、重作、退货、减少价款或者报酬等违约责任。

第一百一十二条　当事人一方不履行合同义务或者履行合同义务不符合约定的，在履行义务或者采取补救措施后，对方还有其他损失的，应当赔偿损失。

第一百一十三条　当事人一方不履行合同义务或者履行合同义务不符合约定，给对方造成损失的，损失赔偿额应当相当于因违约所造成的损失，包括合同履行后可以获得的利益，但不得超过违反合同一方订立合同时预见到或者应当预见到的因违反合同可能造成的损失。

经营者对消费者提供商品或者服务有欺诈行为的，依照《中华人民共和国消费者权益保护法》的规定承担损害赔偿责任。

第一百一十四条　当事人可以约定一方违约时应当根据违约情况向对方支付一定数额的违约金，也可以约定因违约产生的损失赔偿额的计算方法。

约定的违约金低于造成的损失的，当事人可以请求人民法院或者仲裁机构予以增加；约定的违约金过分高于造成的损失的，当事人可以请求人民法院或者仲裁机构予以适当减少。

当事人就迟延履行约定违约金的，违约方支付违约金后，还应当履行债务。

第一百一十五条　当事人可以依照《中华人民共和国担保法》约定一方向对方给付定金作为债权的担保。债务人履行债务后，定金应当抵作价款或者收回。给付定金的一方不履行约定的债务的，无权要求返还定金；收受定金的一方不履行约定的债务的，应当双倍返还定金。

第一百一十六条　当事人既约定违约金，又约定定金，一方违约时，对方可以选择适用违约金或者定金条款。

第一百一十七条　因不可抗力不能履行合同的，根据不可抗力的影响，部分或者全部免除责任，但法律另有规定的除外。当事人迟延履行后发生不可抗力的，不能免除责任。

本法所称不可抗力，是指不能预见、不能避免并不能克服的客观情况。

第一百一十八条　当事人一方因不可抗力不能履行合同的，应当及时通知对方，以减轻可能给对方造成的损失，并应当在合理期限内提供证明。

第一百一十九条　当事人一方违约后，对方应当采取适当措施防止损失的扩大；没有采取适当措施致使损失扩大的，不得就扩大的损失要求赔偿。

当事人因防止损失扩大而支出的合理费用，由违约方承担。

第一百二十条　当事人双方都违反合同的，应当各自承担相应的责任。

第一百二十一条　当事人一方因第三人的原因造成违约的，应当向对方承担违约责任。当事人一方和第三人之间的纠纷，依照法律规定或者按照约定解决。

第一百二十二条　因当事人一方的违约行为，侵害对方人身、财产权益的，受损害方有权选择依照本法要求其承担违约责任或者依照其他法律要求其承担侵权责任。

第八章　其他规定

第一百二十三条　其他法律对合同另有规定的，依照其规定。

第一百二十四条　本法分则或者其他法律没有明文规定的合同，适用本法总则的规定，并可以参照本法分则或者其他法律最相类似的规定。

第一百二十五条　当事人对合同条款的理解有争议的，应当按照合同所使用的词句、合同的有关条款、合同的目的、交易习惯以及诚实信用原则，确定该条款的真实意思。

合同文本采用两种以上文字订立并约定具有同等效力的，对各文本使用的词句推定具有相同含义。各文本使用的词句不一致的，应当根据合同的目的予以解释。

第一百二十六条　涉外合同的当事人可以选择处理合同争议所适用的法律，但法律另有规定的除外。涉外合同的当事人没有选择的，适用与合同有最密切联系的国家的法律。

在中华人民共和国境内履行的中外合资经营企业合同、中外合作经营企业合同、中外合作勘探开发自然资源合同，适用中华人民共和国法律。

第一百二十七条　工商行政管理部门和其他有关行政主管部门在各自的职权范围内，依照法律、行政法规的规定，对利用合同危害国家利益、社会公共利益的违法行为，负责监督处理；构成犯罪的，依法追究刑事责任。

第一百二十八条 当事人可以通过和解或者调解解决合同争议。

当事人不愿和解、调解或者和解、调解不成的，可以根据仲裁协议向仲裁机构申请仲裁。涉外合同的当事人可以根据仲裁协议向中国仲裁机构或者其他仲裁机构申请仲裁。当事人没有订立仲裁协议或者仲裁协议无效的，可以向人民法院起诉。当事人应当履行发生法律效力的判决、仲裁裁决、调解书；拒不履行的，对方可以请求人民法院执行。

第一百二十九条 因国际货物买卖合同和技术进出口合同争议提起诉讼或者申请仲裁的期限为四年，自当事人知道或者应当知道其权利受到侵害之日起计算。因其他合同争议提起诉讼或者申请仲裁的期限，依照有关法律的规定。

分 则

第九章 买卖合同

第一百三十条 买卖合同是出卖人转移标的物的所有权于买受人，买受人支付价款的合同。

第一百三十一条 买卖合同的内容除依照本法第十二条的规定以外，还可以包括包装方式、检验标准和方法、结算方式、合同使用的文字及其效力等条款。

第一百三十二条 出卖的标的物，应当属于出卖人所有或者出卖人有权处分。法律、行政法规禁止或者限制转让的标的物，依照其规定。

第一百三十三条 标的物的所有权自标的物交付时起转移，但法律另有规定或者当事人另有约定的除外。

第一百三十四条 当事人可以在买卖合同中约定买受人未履行支付价款或者其他义务的，标的物的所有权属于出卖人。

第一百三十五条 出卖人应当履行向买受人交付标的物或者交付提取标的物的单证，并转移标的物所有权的义务。

第一百三十六条 出卖人应当按照约定或者交易习惯向买受人交付提取标的物单证以外的有关单证和资料。

第一百三十七条 出卖具有知识产权的计算机软件等标的物的，除法律另有规定或者当事人另有约定的以外，该标的物的知识产权不属于买受人。

第一百三十八条 出卖人应当按照约定的期限交付标的物。约定交付期间的，出卖人可以在该交付期间内的任何时间交付。

第一百三十九条 当事人没有约定标的物的交付期限或者约定不明确的，

适用本法第六十一条、第六十二条第四项的规定。

第一百四十条　标的物在订立合同之前已为买受人占有的，合同生效的时间为交付时间。

第一百四十一条　出卖人应当按照约定的地点交付标的物。

当事人没有约定交付地点或者约定不明确，依照本法第六十一条的规定仍不能确定的，适用下列规定：

（一）标的物需要运输的，出卖人应当将标的物交付给第一承运人以运交给买受人；

（二）标的物不需要运输，出卖人和买受人订立合同时知道标的物在某一地点的，出卖人应当在该地点交付标的物；不知道标的物在某一地点的，应当在出卖人订立合同时的营业地交付标的物。

第一百四十二条　标的物毁损、灭失的风险，在标的物交付之前由出卖人承担，交付之后由买受人承担，但法律另有规定或者当事人另有约定的除外。

第一百四十三条　因买受人的原因致使标的物不能按照约定的期限交付的，买受人应当自违反约定之日起承担标的物毁损、灭失的风险。

第一百四十四条　出卖人出卖交由承运人运输的在途标的物，除当事人另有约定的以外，毁损、灭失的风险自合同成立时起由买受人承担。

第一百四十五条　当事人没有约定交付地点或者约定不明确，依照本法第一百四十一条第二款第一项的规定标的物需要运输的，出卖人将标的物交付给第一承运人后，标的物毁损、灭失的风险由买受人承担。

第一百四十六条　出卖人按照约定或者依照本法第一百四十一条第二款第二项的规定将标的物置于交付地点，买受人违反约定没有收取的，标的物毁损、灭失的风险自违反约定之日起由买受人承担。

第一百四十七条　出卖人按照约定未交付有关标的物的单证和资料的，不影响标的物毁损、灭失风险的转移。

第一百四十八条　因标的物质量不符合质量要求，致使不能实现合同目的的，买受人可以拒绝接受标的物或者解除合同。买受人拒绝接受标的物或者解除合同的，标的物毁损、灭失的风险由出卖人承担。

第一百四十九条　标的物毁损、灭失的风险由买受人承担的，不影响因出卖人履行债务不符合约定，买受人要求其承担违约责任的权利。

第一百五十条　出卖人就交付的标的物，负有保证第三人不得向买受人主张任何权利的义务，但法律另有规定的除外。

第一百五十一条　买受人订立合同时知道或者应当知道第三人对买卖的标的物享有权利的，出卖人不承担本法第一百五十条规定的义务。

第一百五十二条　买受人有确切证据证明第三人可能就标的物主张权利的，可以中止支付相应的价款，但出卖人提供适当担保的除外。

第一百五十三条　出卖人应当按照约定的质量要求交付标的物。出卖人提供有关标的物质量说明的，交付的标的物应当符合该说明的质量要求。

第一百五十四条　当事人对标的物的质量要求没有约定或者约定不明确，依照本法第六十一条的规定仍不能确定的，适用本法第六十二条第一项的规定。

第一百五十五条　出卖人交付的标的物不符合质量要求的，买受人可以依照本法第一百一十一条的规定要求承担违约责任。

第一百五十六条　出卖人应当按照约定的包装方式交付标的物。对包装方式没有约定或者约定不明确，依照本法第六十一条的规定仍不能确定的，应当按照通用的方式包装，没有通用方式的，应当采取足以保护标的物的包装方式。

第一百五十七条　买受人收到标的物时应当在约定的检验期间内检验。没有约定检验期间的，应当及时检验。

第一百五十八条　当事人约定检验期间的，买受人应当在检验期间内将标的物的数量或者质量不符合约定的情形通知出卖人。买受人怠于通知的，视为标的物的数量或者质量符合约定。

当事人没有约定检验期间的，买受人应当在发现或者应当发现标的物的数量或者质量不符合约定的合理期间内通知出卖人。买受人在合理期间内未通知或者自标的物收到之日起两年内未通知出卖人的，视为标的物的数量或者质量符合约定，但对标的物有质量保证期的，适用质量保证期，不适用该两年的规定。

出卖人知道或者应当知道提供的标的物不符合约定的，买受人不受前两款规定的通知时间的限制。

第一百五十九条　买受人应当按照约定的数额支付价款。对价款没有约定或者约定不明确的，适用本法第六十一条、第六十二条第二项的规定。

第一百六十条　买受人应当按照约定的地点支付价款。对支付地点没有约定或者约定不明确，依照本法第六十一条的规定仍不能确定的，买受人应当在出卖人的营业地支付，但约定支付价款以交付标的物或者交付提取标的物单证为条件的，在交付标的物或者交付提取标的物单证的所在地支付。

第一百六十一条　买受人应当按照约定的时间支付价款。对支付时间没有约定或者约定不明确，依照本法第六十一条的规定仍不能确定的，买受人应当在收到标的物或者提取标的物单证的同时支付。

第一百六十二条　出卖人多交标的物的，买受人可以接收或者拒绝接收多交的部分。买受人接收多交部分的，按照合同的价格支付价款；买受人拒绝接收多交部分的，应当及时通知出卖人。

第一百六十三条　标的物在交付之前产生的孳息，归出卖人所有，交付之后产生的孳息，归买受人所有。

第一百六十四条　因标的物的主物不符合约定而解除合同的，解除合同的效力及于从物。因标的物的从物不符合约定被解除的，解除的效力不及于主物。

第一百六十五条　标的物为数物，其中一物不符合约定的，买受人可以就该物解除，但该物与他物分离使标的物的价值显受损害的，当事人可以就数物解除合同。

第一百六十六条　出卖人分批交付标的物的，出卖人对其中一批标的物不交付或者交付不符合约定，致使该批标的物不能实现合同目的的，买受人可以就该批标的物解除。

出卖人不交付其中一批标的物或者交付不符合约定，致使今后其他各批标的物的交付不能实现合同目的的，买受人可以就该批以及今后其他各批标的物解除。

买受人如果就其中一批标的物解除，该批标的物与其他各批标的物相互依存的，可以就已经交付和未交付的各批标的物解除。

第一百六十七条　分期付款的买受人未支付到期价款的金额达到全部价款的五分之一的，出卖人可以要求买受人支付全部价款或者解除合同。

出卖人解除合同的，可以向买受人要求支付该标的物的使用费。

第一百六十八条　凭样品买卖的当事人应当封存样品，并可以对样品质量予以说明。出卖人交付的标的物应当与样品及其说明的质量相同。

第一百六十九条　凭样品买卖的买受人不知道样品有隐蔽瑕疵的，即使交付的标的物与样品相同，出卖人交付的标的物的质量仍然应当符合同种物的通常标准。

第一百七十条　试用买卖的当事人可以约定标的物的试用期间。对试用期间没有约定或者约定不明确，依照本法第六十一条的规定仍不能确定的，由出卖人确定。

第一百七十一条　试用买卖的买受人在试用期内可以购买标的物，也可以拒绝购买。试用期间届满，买受人对是否购买标的物未作表示的，视为购买。

第一百七十二条　招标投标买卖的当事人的权利和义务以及招标投标程序等，依照有关法律、行政法规的规定。

第一百七十三条　拍卖的当事人的权利和义务以及拍卖程序等，依照有关法律、行政法规的规定。

第一百七十四条　法律对其他有偿合同有规定的，依照其规定；没有规定的，参照买卖合同的有关规定。

第一百七十五条　当事人约定易货交易，转移标的物的所有权的，参照买卖合同的有关规定。

第十章　供用电、水、气、热力合同

第一百七十六条　供用电合同是供电人向用电人供电，用电人支付电费的合同。

第一百七十七条　供用电合同的内容包括供电的方式、质量、时间，用电容量、地址、性质，计量方式，电价、电费的结算方式，供用电设施的维护责任等条款。

第一百七十八条　供用电合同的履行地点，按照当事人约定；当事人没有约定或者约定不明确的，供电设施的产权分界处为履行地点。

第一百七十九条　供电人应当按照国家规定的供电质量标准和约定安全供电。供电人未按照国家规定的供电质量标准和约定安全供电，造成用电人损失的，应当承担损害赔偿责任。

第一百八十条　供电人因供电设施计划检修、临时检修、依法限电或者用电人违法用电等原因，需要中断供电时，应当按照国家有关规定事先通知用电人。未事先通知用电人中断供电，造成用电人损失的，应当承担损害赔偿责任。

第一百八十一条　因自然灾害等原因断电，供电人应当按照国家有关规定及时抢修。未及时抢修，造成用电人损失的，应当承担损害赔偿责任。

第一百八十二条　用电人应当按照国家有关规定和当事人的约定及时交付电费。用电人逾期不交付电费的，应当按照约定支付违约金。经催告用电人在合理期限内仍不交付电费和违约金的，供电人可以按照国家规定的程序中止供电。

第一百八十三条　用电人应当按照国家有关规定和当事人的约定安全用电。用电人未按照国家有关规定和当事人的约定安全用电，造成供电人损失的，应当承担损害赔偿责任。

第一百八十四条　供用水、供用气、供用热力合同，参照供用电合同的有关规定。

第十一章　赠 与 合 同

第一百八十五条　赠与合同是赠与人将自己的财产无偿给予受赠人，受赠人表示接受赠与的合同。

第一百八十六条　赠与人在赠与财产的权利转移之前可以撤销赠与。

具有救灾、扶贫等社会公益、道德义务性质的赠与合同或者经过公证的赠与合同，不适用前款规定。

第一百八十七条　赠与的财产依法需要办理登记等手续的，应当办理有关手续。

第一百八十八条　具有救灾、扶贫等社会公益、道德义务性质的赠与合同或者经过公证的赠与合同，赠与人不交付赠与的财产的，受赠人可以要求交付。

第一百八十九条　因赠与人故意或者重大过失致使赠与的财产毁损、灭失的，赠与人应当承担损害赔偿责任。

第一百九十条　赠与可以附义务。

赠与附义务的，受赠人应当按照约定履行义务。

第一百九十一条　赠与的财产有瑕疵的，赠与人不承担责任。附义务的赠与，赠与的财产有瑕疵的，赠与人在附义务的限度内承担与出卖人相同的责任。

赠与人故意不告知瑕疵或者保证无瑕疵，造成受赠人损失的，应当承担损害赔偿责任。

第一百九十二条　受赠人有下列情形之一的，赠与人可以撤销赠与：

（一）严重侵害赠与人或者赠与人的近亲属；

（二）对赠与人有扶养义务而不履行；

（三）不履行赠与合同约定的义务。

赠与人的撤销权，自知道或者应当知道撤销原因之日起一年内行使。

第一百九十三条　因受赠人的违法行为致使赠与人死亡或者丧失民事行为能力的，赠与人的继承人或者法定代理人可以撤销赠与。

赠与人的继承人或者法定代理人的撤销权，自知道或者应当知道撤销原因之日起六个月内行使。

第一百九十四条　撤销权人撤销赠与的，可以向受赠人要求返还赠与的财产。

第一百九十五条　赠与人的经济状况显著恶化，严重影响其生产经营或者家庭生活的，可以不再履行赠与义务。

第十二章 借款合同

第一百九十六条 借款合同是借款人向贷款人借款，到期返还借款并支付利息的合同。

第一百九十七条 借款合同采用书面形式，但自然人之间借款另有约定的除外。借款合同的内容包括借款种类、币种、用途、数额、利率、期限和还款方式等条款。

第一百九十八条 订立借款合同，贷款人可以要求借款人提供担保。担保依照《中华人民共和国担保法》的规定。

第一百九十九条 订立借款合同，借款人应当按照贷款人的要求提供与借款有关的业务活动和财务状况的真实情况。

第二百条 借款的利息不得预先在本金中扣除。利息预先在本金中扣除的，应当按照实际借款数额返还借款并计算利息。

第二百零一条 贷款人未按照约定的日期、数额提供借款，造成借款人损失的，应当赔偿损失。

借款人未按照约定的日期、数额收取借款的，应当按照约定的日期、数额支付利息。

第二百零二条 贷款人按照约定可以检查、监督借款的使用情况。借款人应当按照约定向贷款人定期提供有关财务会计报表等资料。

第二百零三条 借款人未按照约定的借款用途使用借款的，贷款人可以停止发放借款、提前收回借款或者解除合同。

第二百零四条 办理贷款业务的金融机构贷款的利率，应当按照中国人民银行规定的贷款利率的上下限确定。

第二百零五条 借款人应当按照约定的期限支付利息。对支付利息的期限没有约定或者约定不明确，依照本法第六十一条的规定仍不能确定，借款期间不满一年的，应当在返还借款时一并支付；借款期间一年以上的，应当在每届满一年时支付，剩余期间不满一年的，应当在返还借款时一并支付。

第二百零六条 借款人应当按照约定的期限返还借款。对借款期限没有约定或者约定不明确，依照本法第六十一条的规定仍不能确定的，借款人可以随时返还；贷款人可以催告借款人在合理期限内返还。

第二百零七条 借款人未按照约定的期限返还借款的，应当按照约定或者国家有关规定支付逾期利息。

第二百零八条 借款人提前偿还借款的，除当事人另有约定的以外，应当按照实际借款的期间计算利息。

第二百零九条　借款人可以在还款期限届满之前向贷款人申请展期。贷款人同意的，可以展期。

第二百一十条　自然人之间的借款合同，自贷款人提供借款时生效。

第二百一十一条　自然人之间的借款合同对支付利息没有约定或者约定不明确的，视为不支付利息。

自然人之间的借款合同约定支付利息的，借款的利率不得违反国家有关限制借款利率的规定。

第十三章　租　赁　合　同

第二百一十二条　租赁合同是出租人将租赁物交付承租人使用、收益，承租人支付租金的合同。

第二百一十三条　租赁合同的内容包括租赁物的名称、数量、用途、租赁期限、租金及其支付期限和方式、租赁物维修等条款。

第二百一十四条　租赁期限不得超过二十年。超过二十年的，超过部分无效。

租赁期间届满，当事人可以续订租赁合同，但约定的租赁期限自续订之日起不得超过二十年。

第二百一十五条　租赁期限六个月以上的，应当采用书面形式。当事人未采用书面形式的，视为不定期租赁。

第二百一十六条　出租人应当按照约定将租赁物交付承租人，并在租赁期间保持租赁物符合约定的用途。

第二百一十七条　承租人应当按照约定的方法使用租赁物。对租赁物的使用方法没有约定或者约定不明确，依照本法第六十一条的规定仍不能确定的，应当按照租赁物的性质使用。

第二百一十八条　承租人按照约定的方法或者租赁物的性质使用租赁物，致使租赁物受到损耗的，不承担损害赔偿责任。

第二百一十九条　承租人未按照约定的方法或者租赁物的性质使用租赁物，致使租赁物受到损失的，出租人可以解除合同并要求赔偿损失。

第二百二十条　出租人应当履行租赁物的维修义务，但当事人另有约定的除外。

第二百二十一条　承租人在租赁物需要维修时可以要求出租人在合理期限内维修。出租人未履行维修义务的，承租人可以自行维修，维修费用由出租人负担。因维修租赁物影响承租人使用的，应当相应减少租金或者延长租期。

第二百二十二条　承租人应当妥善保管租赁物，因保管不善造成租赁物毁损、灭失的，应当承担损害赔偿责任。

第二百二十三条 承租人经出租人同意，可以对租赁物进行改善或者增设他物。

承租人未经出租人同意，对租赁物进行改善或者增设他物的，出租人可以要求承租人恢复原状或者赔偿损失。

第二百二十四条 承租人经出租人同意，可以将租赁物转租给第三人。承租人转租的，承租人与出租人之间的租赁合同继续有效，第三人对租赁物造成损失的，承租人应当赔偿损失。

承租人未经出租人同意转租的，出租人可以解除合同。

第二百二十五条 在租赁期间因占有、使用租赁物获得的收益，归承租人所有，但当事人另有约定的除外。

第二百二十六条 承租人应当按照约定的期限支付租金。对支付期限没有约定或者约定不明确，依照本法第六十一条的规定仍不能确定，租赁期间不满一年的，应当在租赁期间届满时支付；租赁期间一年以上的，应当在每届满一年时支付，剩余期间不满一年的，应当在租赁期间届满时支付。

第二百二十七条 承租人无正当理由未支付或者迟延支付租金的，出租人可以要求承租人在合理期限内支付。承租人逾期不支付的，出租人可以解除合同。

第二百二十八条 因第三人主张权利，致使承租人不能对租赁物使用、收益的，承租人可以要求减少租金或者不支付租金。

第三人主张权利的，承租人应当及时通知出租人。

第二百二十九条 租赁物在租赁期间发生所有权变动的，不影响租赁合同的效力。

第二百三十条 出租人出卖租赁房屋的，应当在出卖之前的合理期限内通知承租人，承租人享有以同等条件优先购买的权利。

第二百三十一条 因不可归责于承租人的事由，致使租赁物部分或者全部毁损、灭失的，承租人可以要求减少租金或者不支付租金；因租赁物部分或者全部毁损、灭失，致使不能实现合同目的的，承租人可以解除合同。

第二百三十二条 当事人对租赁期限没有约定或者约定不明确，依照本法第六十一条的规定仍不能确定的，视为不定期租赁。当事人可以随时解除合同，但出租人解除合同应当在合理期限之前通知承租人。

第二百三十三条 租赁物危及承租人的安全或者健康的，即使承租人订立合同时明知该租赁物质量不合格，承租人仍然可以随时解除合同。

第二百三十四条 承租人在房屋租赁期间死亡的，与其生前共同居住的人可以按照原租赁合同租赁该房屋。

　　第二百三十五条　租赁期间届满，承租人应当返还租赁物。返还的租赁物应当符合按照约定或者租赁物的性质使用后的状态。

　　第二百三十六条　租赁期间届满，承租人继续使用租赁物，出租人没有提出异议的，原租赁合同继续有效，但租赁期限为不定期。

第十四章　融资租赁合同

　　第二百三十七条　融资租赁合同是出租人根据承租人对出卖人、租赁物的选择，向出卖人购买租赁物，提供给承租人使用，承租人支付租金的合同。

　　第二百三十八条　融资租赁合同的内容包括租赁物名称、数量、规格、技术性能、检验方法、租赁期限、租金构成及其支付期限和方式、币种、租赁期间届满租赁物的归属等条款。

　　融资租赁合同应当采用书面形式。

　　第二百三十九条　出租人根据承租人对出卖人、租赁物的选择订立的买卖合同，出卖人应当按照约定向承租人交付标的物，承租人享有与受领标的物有关的买受人的权利。

　　第二百四十条　出租人、出卖人、承租人可以约定，出卖人不履行买卖合同义务的，由承租人行使索赔的权利。

　　承租人行使索赔权利的，出租人应当协助。

　　第二百四十一条　出租人根据承租人对出卖人、租赁物的选择订立的买卖合同，未经承租人同意，出租人不得变更与承租人有关的合同内容。

　　第二百四十二条　出租人享有租赁物的所有权。承租人破产的，租赁物不属于破产财产。

　　第二百四十三条　融资租赁合同的租金，除当事人另有约定的以外，应当根据购买租赁物的大部分或者全部成本以及出租人的合理利润确定。

　　第二百四十四条　租赁物不符合约定或者不符合使用目的的，出租人不承担责任，但承租人依赖出租人的技能确定租赁物或者出租人干预选择租赁物的除外。

　　第二百四十五条　出租人应当保证承租人对租赁物的占有和使用。

　　第二百四十六条　承租人占有租赁物期间，租赁物造成第三人的人身伤害或者财产损害的，出租人不承担责任。

　　第二百四十七条　承租人应当妥善保管、使用租赁物。

　　承租人应当履行占有租赁物期间的维修义务。

　　第二百四十八条　承租人应当按照约定支付租金。承租人经催告后在合理期限内仍不支付租金的，出租人可以要求支付全部租金；也可以解除合同，收回租赁物。

  第二百四十九条 当事人约定租赁期间届满租赁物归承租人所有，承租人已经支付大部分租金，但无力支付剩余租金，出租人因此解除合同收回租赁物的，收回的租赁物的价值超过承租人欠付的租金以及其他费用的，承租人可以要求部分返还。

  第二百五十条 出租人和承租人可以约定租赁期间届满租赁物的归属。对租赁物的归属没有约定或者约定不明确，依照本法第六十一条的规定仍不能确定的，租赁物的所有权归出租人。

<h3 style="text-align:center">第十五章 承揽合同</h3>

  第二百五十一条 承揽合同是承揽人按照定作人的要求完成工作，交付工作成果，定作人给付报酬的合同。

  承揽包括加工、定作、修理、复制、测试、检验等工作。

  第二百五十二条 承揽合同的内容包括承揽的标的、数量、质量、报酬、承揽方式、材料的提供、履行期限、验收标准和方法等条款。

  第二百五十三条 承揽人应当以自己的设备、技术和劳力，完成主要工作，但当事人另有约定的除外。

  承揽人将其承揽的主要工作交由第三人完成的，应当就该第三人完成的工作成果向定作人负责；未经定作人同意的，定作人也可以解除合同。

  第二百五十四条 承揽人可以将其承揽的辅助工作交由第三人完成。承揽人将其承揽的辅助工作交由第三人完成的，应当就该第三人完成的工作成果向定作人负责。

  第二百五十五条 承揽人提供材料的，承揽人应当按照约定选用材料，并接受定作人检验。

  第二百五十六条 定作人提供材料的，定作人应当按照约定提供材料。承揽人对定作人提供的材料，应当及时检验，发现不符合约定时，应当及时通知定作人更换、补齐或者采取其他补救措施。

  承揽人不得擅自更换定作人提供的材料，不得更换不需要修理的零部件。

  第二百五十七条 承揽人发现定作人提供的图纸或者技术要求不合理的，应当及时通知定作人。因定作人怠于答复等原因造成承揽人损失的，应当赔偿损失。

  第二百五十八条 定作人中途变更承揽工作的要求，造成承揽人损失的，应当赔偿损失。

第二百五十九条 承揽工作需要定作人协助的，定作人有协助的义务。定作人不履行协助义务致使承揽工作不能完成的，承揽人可以催告定作人在合理期限内履行义务，并可以顺延履行期限；定作人逾期不履行的，承揽人可以解除合同。

　　第二百六十条 承揽人在工作期间，应当接受定作人必要的监督检验。定作人不得因监督检验妨碍承揽人的正常工作。

　　第二百六十一条 承揽人完成工作的，应当向定作人交付工作成果，并提交必要的技术资料和有关质量证明。定作人应当验收该工作成果。

　　第二百六十二条 承揽人交付的工作成果不符合质量要求的，定作人可以要求承揽人承担修理、重作、减少报酬、赔偿损失等违约责任。

　　第二百六十三条 定作人应当按照约定的期限支付报酬。对支付报酬的期限没有约定或者约定不明确，依照本法第六十一条的规定仍不能确定的，定作人应当在承揽人交付工作成果时支付；工作成果部分交付的，定作人应当相应支付。

　　第二百六十四条 定作人未向承揽人支付报酬或者材料费等价款的，承揽人对完成的工作成果享有留置权，但当事人另有约定的除外。

　　第二百六十五条 承揽人应当妥善保管定作人提供的材料以及完成的工作成果，因保管不善造成毁损、灭失的，应当承担损害赔偿责任。

　　第二百六十六条 承揽人应当按照定作人的要求保守秘密，未经定作人许可，不得留存复制品或者技术资料。

　　第二百六十七条 共同承揽人对定作人承担连带责任，但当事人另有约定的除外。

　　第二百六十八条 定作人可以随时解除承揽合同，造成承揽人损失的，应当赔偿损失。

第十六章　建设工程合同

　　第二百六十九条 建设工程合同是承包人进行工程建设，发包人支付价款的合同。

　　建设工程合同包括工程勘察、设计、施工合同。

　　第二百七十条 建设工程合同应当采用书面形式。

　　第二百七十一条 建设工程的招标投标活动，应当依照有关法律的规定公开、公平、公正进行。

　　第二百七十二条 发包人可以与总承包人订立建设工程合同，也可以分别与勘察人、设计人、施工人订立勘察、设计、施工承包合同。发包人不得将应当由一个承包人完成的建设工程肢解成若干部分发包给几个承包人。

总承包人或者勘察、设计、施工承包人经发包人同意，可以将自己承包的部分工作交由第三人完成。第三人就其完成的工作成果与总承包人或者勘察、设计、施工承包人向发包人承担连带责任。承包人不得将其承包的全部建设工程转包给第三人或者将其承包的全部建设工程肢解以后以分包的名义分别转包给第三人。

禁止承包人将工程分包给不具备相应资质条件的单位。禁止分包单位将其承包的工程再分包。建设工程主体结构的施工必须由承包人自行完成。

第二百七十三条 国家重大建设工程合同，应当按照国家规定的程序和国家批准的投资计划、可行性研究报告等文件订立。

第二百七十四条 勘察、设计合同的内容包括提交有关基础资料和文件（包括概预算）的期限、质量要求、费用以及其他协作条件等条款。

第二百七十五条 施工合同的内容包括工程范围、建设工期、中间交工工程的开工和竣工时间、工程质量、工程造价、技术资料交付时间、材料和设备供应责任、拨款和结算、竣工验收、质量保修范围和质量保证期、双方相互协作等条款。

第二百七十六条 建设工程实行监理的，发包人应当与监理人采用书面形式订立委托监理合同。发包人与监理人的权利和义务以及法律责任，应当依照本法委托合同以及其他有关法律、行政法规的规定。

第二百七十七条 发包人在不妨碍承包人正常作业的情况下，可以随时对作业进度、质量进行检查。

第二百七十八条 隐蔽工程在隐蔽以前，承包人应当通知发包人检查。发包人没有及时检查的，承包人可以顺延工程日期，并有权要求赔偿停工、窝工等损失。

第二百七十九条 建设工程竣工后，发包人应当根据施工图纸及说明书、国家颁发的施工验收规范和质量检验标准及时进行验收。验收合格的，发包人应当按照约定支付价款，并接收该建设工程。建设工程竣工经验收合格后，方可交付使用；未经验收或者验收不合格的，不得交付使用。

第二百八十条 勘察、设计的质量不符合要求或者未按照期限提交勘察、设计文件拖延工期，造成发包人损失的，勘察人、设计人应当继续完善勘察、设计，减收或者免收勘察、设计费并赔偿损失。

第二百八十一条 因施工人的原因致使建设工程质量不符合约定的，发包人有权要求施工人在合理期限内无偿修理或者返工、改建。经过修理或者返工、改建后，造成逾期交付的，施工人应当承担违约责任。

第二百八十二条　因承包人的原因致使建设工程在合理使用期限内造成人身和财产损害的，承包人应当承担损害赔偿责任。

第二百八十三条　发包人未按照约定的时间和要求提供原材料、设备、场地、资金、技术资料的，承包人可以顺延工程日期，并有权要求赔偿停工、窝工等损失。

第二百八十四条　因发包人的原因致使工程中途停建、缓建的，发包人应当采取措施弥补或者减少损失，赔偿承包人因此造成的停工、窝工、倒运、机械设备调迁、材料和构件积压等损失和实际费用。

第二百八十五条　因发包人变更计划，提供的资料不准确，或者未按照期限提供必需的勘察、设计工作条件而造成勘察、设计的返工、停工或者修改设计，发包人应当按照勘察人、设计人实际消耗的工作量增付费用。

第二百八十六条　发包人未按照约定支付价款的，承包人可以催告发包人在合理期限内支付价款。发包人逾期不支付的，除按照建设工程的性质不宜折价、拍卖的以外，承包人可以与发包人协议将该工程折价，也可以申请人民法院将该工程依法拍卖。建设工程的价款就该工程折价或者拍卖的价款优先受偿。

第二百八十七条　本章没有规定的，适用承揽合同的有关规定。

第十七章　运　输　合　同

第一节　一　般　规　定

第二百八十八条　运输合同是承运人将旅客或者货物从起运地点运输到约定地点，旅客、托运人或者收货人支付票款或者运输费用的合同。

第二百八十九条　从事公共运输的承运人不得拒绝旅客、托运人通常、合理的运输要求。

第二百九十条　承运人应当在约定期间或者合理期间内将旅客、货物安全运输到约定地点。

第二百九十一条　承运人应当按照约定的或者通常的运输路线将旅客、货物运输到约定地点。

第二百九十二条　旅客、托运人或者收货人应当支付票款或者运输费用。承运人未按照约定路线或者通常路线运输增加票款或者运输费用的，旅客、托运人或者收货人可以拒绝支付增加部分的票款或者运输费用。

第二节　客　运　合　同

第二百九十三条　客运合同自承运人向旅客交付客票时成立，但当事人另有约定或者另有交易习惯的除外。

第二百九十四条　旅客应当持有效客票乘运。旅客无票乘运、超程乘运、越级乘运或者持失效客票乘运的，应当补交票款，承运人可以按照规定加收票款。旅客不交付票款的，承运人可以拒绝运输。

　　第二百九十五条　旅客因自己的原因不能按照客票记载的时间乘坐的，应当在约定的时间内办理退票或者变更手续。逾期办理的，承运人可以不退票款，并不再承担运输义务。

　　第二百九十六条　旅客在运输中应当按照约定的限量携带行李。超过限量携带行李的，应当办理托运手续。

　　第二百九十七条　旅客不得随身携带或者在行李中夹带易燃、易爆、有毒、有腐蚀性、有放射性以及有可能危及运输工具上人身和财产安全的危险物品或者其他违禁物品。

　　旅客违反前款规定的，承运人可以将违禁物品卸下、销毁或者送交有关部门。旅客坚持携带或者夹带违禁物品的，承运人应当拒绝运输。

　　第二百九十八条　承运人应当向旅客及时告知有关不能正常运输的重要事由和安全运输应当注意的事项。

　　第二百九十九条　承运人应当按照客票载明的时间和班次运输旅客。承运人迟延运输的，应当根据旅客的要求安排改乘其他班次或者退票。

　　第三百条　承运人擅自变更运输工具而降低服务标准的，应当根据旅客的要求退票或者减收票款；提高服务标准的，不应当加收票款。

　　第三百零一条　承运人在运输过程中，应当尽力救助患有急病、分娩、遇险的旅客。

　　第三百零二条　承运人应当对运输过程中旅客的伤亡承担损害赔偿责任，但伤亡是旅客自身健康原因造成的或者承运人能证明伤亡是旅客故意、重大过失造成的除外。

　　前款规定适用于按照规定免票、持优待票或者经承运人许可搭乘的无票旅客。

　　第三百零三条　在运输过程中旅客自带物品毁损、灭失，承运人有过错的，应当承担损害赔偿责任。

　　旅客托运的行李毁损、灭失的，适用货物运输的有关规定。

<h3 style="text-align:center">第三节　货运合同</h3>

　　第三百零四条　托运人办理货物运输，应当向承运人准确表明收货人的名称或者姓名或者凭指示的收货人，货物的名称、性质、重量、数量，收货地点等有关货物运输的必要情况。

　　因托运人申报不实或者遗漏重要情况，造成承运人损失的，托运人应当承担损害赔偿责任。

第三百零五条　货物运输需要办理审批、检验等手续的，托运人应当将办理完有关手续的文件提交承运人。

第三百零六条　托运人应当按照约定的方式包装货物。对包装方式没有约定或者约定不明确的，适用本法第一百五十六条的规定。

托运人违反前款规定的，承运人可以拒绝运输。

第三百零七条　托运人托运易燃、易爆、有毒、有腐蚀性、有放射性等危险物品的，应当按照国家有关危险物品运输的规定对危险物品妥善包装，做出危险物标志和标签，并将有关危险物品的名称、性质和防范措施的书面材料提交承运人。

托运人违反前款规定的，承运人可以拒绝运输，也可以采取相应措施以避免损失的发生，因此产生的费用由托运人承担。

第三百零八条　在承运人将货物交付收货人之前，托运人可以要求承运人中止运输、返还货物、变更到达地或者将货物交给其他收货人，但应当赔偿承运人因此受到的损失。

第三百零九条　货物运输到达后，承运人知道收货人的，应当及时通知收货人，收货人应当及时提货。收货人逾期提货的，应当向承运人支付保管费等费用。

第三百一十条　收货人提货时应当按照约定的期限检验货物。对检验货物的期限没有约定或者约定不明确，依照本法第六十一条的规定仍不能确定的，应当在合理期限内检验货物。收货人在约定的期限或者合理期限内对货物的数量、毁损等未提出异议的，视为承运人已经按照运输单证的记载交付的初步证据。

第三百一十一条　承运人对运输过程中货物的毁损、灭失承担损害赔偿责任，但承运人证明货物的毁损、灭失是因不可抗力、货物本身的自然性质或者合理损耗以及托运人、收货人的过错造成的，不承担损害赔偿责任。

第三百一十二条　货物的毁损、灭失的赔偿额，当事人有约定的，按照其约定；没有约定或者约定不明确，依照本法第六十一条的规定仍不能确定的，按照交付或者应当交付时货物到达地的市场价格计算。法律、行政法规对赔偿额的计算方法和赔偿限额另有规定的，依照其规定。

第三百一十三条　两个以上承运人以同一运输方式联运的，与托运人订立合同的承运人应当对全程运输承担责任。损失发生在某一运输区段的，与托运人订立合同的承运人和该区段的承运人承担连带责任。

第三百一十四条　货物在运输过程中因不可抗力灭失，未收取运费的，承运人不得要求支付运费；已收取运费的，托运人可以要求返还。

第三百一十五条 托运人或者收货人不支付运费、保管费以及其他运输费用的，承运人对相应的运输货物享有留置权，但当事人另有约定的除外。

第三百一十六条 收货人不明或者收货人无正当理由拒绝受领货物的，依照本法第一百零一条的规定，承运人可以提存货物。

第四节　多式联运合同

第三百一十七条 多式联运经营人负责履行或者组织履行多式联运合同，对全程运输享有承运人的权利，承担承运人的义务。

第三百一十八条 多式联运经营人可以与参加多式联运的各区段承运人就多式联运合同的各区段运输约定相互之间的责任，但该约定不影响多式联运经营人对全程运输承担的义务。

第三百一十九条 多式联运经营人收到托运人交付的货物时，应当签发多式联运单据。按照托运人的要求，多式联运单据可以是可转让单据，也可以是不可转让单据。

第三百二十条 因托运人托运货物时的过错造成多式联运经营人损失的，即使托运人已经转让多式联运单据，托运人仍然应当承担损害赔偿责任。

第三百二十一条 货物的毁损、灭失发生于多式联运的某一运输区段的，多式联运经营人的赔偿责任和责任限额，适用调整该区段运输方式的有关法律规定。货物毁损、灭失发生的运输区段不能确定的，依照本章规定承担损害赔偿责任。

第十八章　技　术　合　同

第一节　一　般　规　定

第三百二十二条 技术合同是当事人就技术开发、转让、咨询或者服务订立的确立相互之间权利和义务的合同。

第三百二十三条 订立技术合同，应当有利于科学技术的进步，加速科学技术成果的转化、应用和推广。

第三百二十四条 技术合同的内容由当事人约定，一般包括以下条款：

（一）项目名称；

（二）标的的内容、范围和要求；

（三）履行的计划、进度、期限、地点、地域和方式；

（四）技术情报和资料的保密；

（五）风险责任的承担；

（六）技术成果的归属和收益的分成办法；

（七）验收标准和方法；

（八）价款、报酬或者使用费及其支付方式；

（九）违约金或者损失赔偿的计算方法；

（十）解决争议的方法；

（十一）名词和术语的解释。

与履行合同有关的技术背景资料、可行性论证和技术评价报告、项目任务书和计划书、技术标准、技术规范、原始设计和工艺文件，以及其他技术文档，按照当事人的约定可以作为合同的组成部分。

技术合同涉及专利的，应当注明发明创造的名称、专利申请人和专利权人、申请日期、申请号、专利号以及专利权的有效期限。

第三百二十五条　技术合同价款、报酬或者使用费的支付方式由当事人约定，可以采取一次总算、一次总付或者一次总算、分期支付，也可以采取提成支付或者提成支付附加预付入门费的方式。

约定提成支付的，可以按照产品价格、实施专利和使用技术秘密后新增的产值、利润或者产品销售额的一定比例提成，也可以按照约定的其他方式计算。提成支付的比例可以采取固定比例、逐年递增比例或者逐年递减比例。

约定提成支付的，当事人应当在合同中约定查阅有关会计账目的办法。

第三百二十六条　职务技术成果的使用权、转让权属于法人或者其他组织的，法人或者其他组织可以就该项职务技术成果订立技术合同。法人或者其他组织应当从使用和转让该项职务技术成果所取得的收益中提取一定比例，对完成该项职务技术成果的个人给予奖励或者报酬。法人或者其他组织订立技术合同转让职务技术成果时，职务技术成果的完成人享有以同等条件优先受让的权利。

职务技术成果是执行法人或者其他组织的工作任务，或者主要是利用法人或者其他组织的物质技术条件所完成的技术成果。

第三百二十七条　非职务技术成果的使用权、转让权属于完成技术成果的个人，完成技术成果的个人可以就该项非职务技术成果订立技术合同。

第三百二十八条　完成技术成果的个人有在有关技术成果文件上写明自己是技术成果完成者的权利和取得荣誉证书、奖励的权利。

第三百二十九条　非法垄断技术、妨碍技术进步或者侵害他人技术成果的技术合同无效。

第二节　技术开发合同

第三百三十条　技术开发合同是指当事人之间就新技术、新产品、新工艺或者新材料及其系统的研究开发所订立的合同。

技术开发合同包括委托开发合同和合作开发合同。

技术开发合同应当采用书面形式。

当事人之间就具有产业应用价值的科技成果实施转化订立的合同，参照技术开发合同的规定。

第三百三十一条 委托开发合同的委托人应当按照约定支付研究开发经费和报酬；提供技术资料、原始数据；完成协作事项；接受研究开发成果。

第三百三十二条 委托开发合同的研究开发人应当按照约定制定和实施研究开发计划；合理使用研究开发经费；按期完成研究开发工作，交付研究开发成果，提供有关的技术资料和必要的技术指导，帮助委托人掌握研究开发成果。

第三百三十三条 委托人违反约定造成研究开发工作停滞、延误或者失败的，应当承担违约责任。

第三百三十四条 研究开发人违反约定造成研究开发工作停滞、延误或者失败的，应当承担违约责任。

第三百三十五条 合作开发合同的当事人应当按照约定进行投资，包括以技术进行投资；分工参与研究开发工作；协作配合研究开发工作。

第三百三十六条 合作开发合同的当事人违反约定造成研究开发工作停滞、延误或者失败的，应当承担违约责任。

第三百三十七条 因作为技术开发合同标的的技术已经由他人公开，致使技术开发合同的履行没有意义的，当事人可以解除合同。

第三百三十八条 在技术开发合同履行过程中，因出现无法克服的技术困难，致使研究开发失败或者部分失败的，该风险责任由当事人约定。没有约定或者约定不明确，依照本法第六十一条的规定仍不能确定的，风险责任由当事人合理分担。

当事人一方发现前款规定的可能致使研究开发失败或者部分失败的情形时，应当及时通知另一方并采取适当措施减少损失。没有及时通知并采取适当措施，致使损失扩大的，应当就扩大的损失承担责任。

第三百三十九条 委托开发完成的发明创造，除当事人另有约定的以外，申请专利的权利属于研究开发人。研究开发人取得专利权的，委托人可以免费实施该专利。

研究开发人转让专利申请权的，委托人享有以同等条件优先受让的权利。

第三百四十条 合作开发完成的发明创造，除当事人另有约定的以外，申请专利的权利属于合作开发的当事人共有。当事人一方转让其共有的专利申请权的，其他各方享有以同等条件优先受让的权利。

合作开发的当事人一方声明放弃其共有的专利申请权的,可以由另一方单独申请或者由其他各方共同申请。申请人取得专利权的,放弃专利申请权的一方可以免费实施该专利。

合作开发的当事人一方不同意申请专利的,另一方或者其他各方不得申请专利。

第三百四十一条 委托开发或者合作开发完成的技术秘密成果的使用权、转让权以及利益的分配办法,由当事人约定。没有约定或者约定不明确,依照本法第六十一条的规定仍不能确定的,当事人均有使用和转让的权利,但委托开发的研究开发人不得在向委托人交付研究开发成果之前,将研究开发成果转让给第三人。

<h3 style="text-align:center">第三节 技术转让合同</h3>

第三百四十二条 技术转让合同包括专利权转让、专利申请权转让、技术秘密转让、专利实施许可合同。

技术转让合同应当采用书面形式。

第三百四十三条 技术转让合同可以约定让与人和受让人实施专利或者使用技术秘密的范围,但不得限制技术竞争和技术发展。

第三百四十四条 专利实施许可合同只在该专利权的存续期间内有效。专利权有效期限届满或者专利权被宣布无效的,专利权人不得就该专利与他人订立专利实施许可合同。

第三百四十五条 专利实施许可合同的让与人应当按照约定许可受让人实施专利,交付实施专利有关的技术资料,提供必要的技术指导。

第三百四十六条 专利实施许可合同的受让人应当按照约定实施专利,不得许可约定以外的第三人实施该专利;并按照约定支付使用费。

第三百四十七条 技术秘密转让合同的让与人应当按照约定提供技术资料,进行技术指导,保证技术的实用性、可靠性,承担保密义务。

第三百四十八条 技术秘密转让合同的受让人应当按照约定使用技术,支付使用费,承担保密义务。

第三百四十九条 技术转让合同的让与人应当保证自己是所提供的技术的合法拥有者,并保证所提供的技术完整、无误、有效,能够达到约定的目标。

第三百五十条 技术转让合同的受让人应当按照约定的范围和期限,对让与人提供的技术中尚未公开的秘密部分,承担保密义务。

第三百五十一条 让与人未按照约定转让技术的,应当返还部分或者全部使用费,并应当承担违约责任;实施专利或者使用技术秘密超越约定的范围的,违反约定擅自许可第三人实施该项专利或者使用该项技术秘密的,应当停止违约行为，承担违约责任；违反约定的保密义务的，应当承担违约责任。

第三百五十二条 受让人未按照约定支付使用费的，应当补交使用费并按照约定支付违约金；不补交使用费或者支付违约金的，应当停止实施专利或者使用技术秘密，交还技术资料，承担违约责任；实施专利或者使用技术秘密超越约定的范围的，未经让与人同意擅自许可第三人实施该专利或者使用该技术秘密的，应当停止违约行为，承担违约责任；违反约定的保密义务的，应当承担违约责任。

第三百五十三条 受让人按照约定实施专利、使用技术秘密侵害他人合法权益的，由让与人承担责任，但当事人另有约定的除外。

第三百五十四条 当事人可以按照互利的原则，在技术转让合同中约定实施专利、使用技术秘密后续改进的技术成果的分享办法。没有约定或者约定不明确，依照本法第六十一条的规定仍不能确定的，一方后续改进的技术成果，其他各方无权分享。

第三百五十五条 法律、行政法规对技术进出口合同或者专利、专利申请合同另有规定的，依照其规定。

第四节 技术咨询合同和技术服务合同

第三百五十六条 技术咨询合同包括就特定技术项目提供可行性论证、技术预测、专题技术调查、分析评价报告等合同。

技术服务合同是指当事人一方以技术知识为另一方解决特定技术问题所订立的合同，不包括建设工程合同和承揽合同。

第三百五十七条 技术咨询合同的委托人应当按照约定阐明咨询的问题，提供技术背景材料及有关技术资料、数据；接受受托人的工作成果，支付报酬。

第三百五十八条 技术咨询合同的受托人应当按照约定的期限完成咨询报告或者解答问题；提出的咨询报告应当达到约定的要求。

第三百五十九条 技术咨询合同的委托人未按照约定提供必要的资料和数据，影响工作进度和质量，不接受或者逾期接受工作成果的，支付的报酬不得追回，未支付的报酬应当支付。

技术咨询合同的受托人未按期提出咨询报告或者提出的咨询报告不符合约定的，应当承担减收或者免收报酬等违约责任。

技术咨询合同的委托人按照受托人符合约定要求的咨询报告和意见做出决策所造成的损失，由委托人承担，但当事人另有约定的除外。

第三百六十条 技术服务合同的委托人应当按照约定提供工作条件，完成配合事项；接受工作成果并支付报酬。

第三百六十一条 技术服务合同的受托人应当按照约定完成服务项目，解决技术问题，保证工作质量，并传授解决技术问题的知识。

第三百六十二条 技术服务合同的委托人不履行合同义务或者履行合同义务不符合约定，影响工作进度和质量，不接受或者逾期接受工作成果的，支付的报酬不得追回，未支付的报酬应当支付。

技术服务合同的受托人未按照合同约定完成服务工作的，应当承担免收报酬等违约责任。

第三百六十三条 在技术咨询合同、技术服务合同履行过程中，受托人利用委托人提供的技术资料和工作条件完成的新的技术成果，属于受托人。委托人利用受托人的工作成果完成的新的技术成果，属于委托人。当事人另有约定的，按照其约定。

第三百六十四条 法律、行政法规对技术中介合同、技术培训合同另有规定的，依照其规定。

第十九章　保管合同

第三百六十五条 保管合同是保管人保管寄存人交付的保管物，并返还该物的合同。

第三百六十六条 寄存人应当按照约定向保管人支付保管费。

当事人对保管费没有约定或者约定不明确，依照本法第六十一条的规定仍不能确定的，保管是无偿的。

第三百六十七条 保管合同自保管物交付时成立，但当事人另有约定的除外。

第三百六十八条 寄存人向保管人交付保管物的，保管人应当给付保管凭证，但另有交易习惯的除外。

第三百六十九条 保管人应当妥善保管保管物。

当事人可以约定保管场所或者方法。除紧急情况或者为了维护寄存人利益的以外，不得擅自改变保管场所或者方法。

第三百七十条 寄存人交付的保管物有瑕疵或者按照保管物的性质需要采取特殊保管措施的，寄存人应当将有关情况告知保管人。寄存人未告知，致使保管物受损失的，保管人不承担损害赔偿责任；保管人因此受损失的，除保管人知道或者应当知道并且未采取补救措施的以外，寄存人应当承担损害赔偿责任。

第三百七十一条 保管人不得将保管物转交第三人保管，但当事人另有约定的除外。

保管人违反前款规定，将保管物转交第三人保管，对保管物造成损失的，应当承担损害赔偿责任。

第三百七十二条　保管人不得使用或者许可第三人使用保管物，但当事人另有约定的除外。

第三百七十三条　第三人对保管物主张权利的，除依法对保管物采取保全或者执行的以外，保管人应当履行向寄存人返还保管物的义务。

第三人对保管人提起诉讼或者对保管物申请扣押的，保管人应当及时通知寄存人。

第三百七十四条　保管期间，因保管人保管不善造成保管物毁损、灭失的，保管人应当承担损害赔偿责任，但保管是无偿的，保管人证明自己没有重大过失的，不承担损害赔偿责任。

第三百七十五条　寄存人寄存货币、有价证券或者其他贵重物品的，应当向保管人声明，由保管人验收或者封存。寄存人未声明的，该物品毁损、灭失后，保管人可以按照一般物品予以赔偿。

第三百七十六条　寄存人可以随时领取保管物。

当事人对保管期间没有约定或者约定不明确的，保管人可以随时要求寄存人领取保管物；约定保管期间的，保管人无特别事由，不得要求寄存人提前领取保管物。

第三百七十七条　保管期间届满或者寄存人提前领取保管物的，保管人应当将原物及其孳息归还寄存人。

第三百七十八条　保管人保管货币的，可以返还相同种类、数量的货币。保管其他可替代物的，可以按照约定返还相同种类、品质、数量的物品。

第三百七十九条　有偿的保管合同，寄存人应当按照约定的期限向保管人支付保管费。

当事人对支付期限没有约定或者约定不明确，依照本法第六十一条的规定仍不能确定的，应当在领取保管物的同时支付。

第三百八十条　寄存人未按照约定支付保管费以及其他费用的，保管人对保管物享有留置权，但当事人另有约定的除外。

第二十章　仓储合同

第三百八十一条　仓储合同是保管人储存存货人交付的仓储物，存货人支付仓储费的合同。

第三百八十二条　仓储合同自成立时生效。

第三百八十三条　储存易燃、易爆、有毒、有腐蚀性、有放射性等危险物品或者易变质物品，存货人应当说明该物品的性质，提供有关资料。

存货人违反前款规定的，保管人可以拒收仓储物，也可以采取相应措施以避免损失的发生，因此产生的费用由存货人承担。

保管人储存易燃、易爆、有毒、有腐蚀性、有放射性等危险物品的，应当具备相应的保管条件。

第三百八十四条 保管人应当按照约定对入库仓储物进行验收。保管人验收时发现入库仓储物与约定不符合的，应当及时通知存货人。保管人验收后，发生仓储物的品种、数量、质量不符合约定的，保管人应当承担损害赔偿责任。

第三百八十五条 存货人交付仓储物的，保管人应当给付仓单。

第三百八十六条 保管人应当在仓单上签字或者盖章。仓单包括下列事项：

（一）存货人的名称或者姓名和住所；

（二）仓储物的品种、数量、质量、包装、件数和标记；

（三）仓储物的损耗标准；

（四）储存场所；

（五）储存期间；

（六）仓储费；

（七）仓储物已经办理保险的，其保险金额、期间以及保险人的名称；

（八）填发人、填发地和填发日期。

第三百八十七条 仓单是提取仓储物的凭证。存货人或者仓单持有人在仓单上背书并经保管人签字或者盖章的，可以转让提取仓储物的权利。

第三百八十八条 保管人根据存货人或者仓单持有人的要求，应当同意其检查仓储物或者提取样品。

第三百八十九条 保管人对入库仓储物发现有变质或者其他损坏的，应当及时通知存货人或者仓单持有人。

第三百九十条 保管人对入库仓储物发现有变质或者其他损坏，危及其他仓储物的安全和正常保管的，应当催告存货人或者仓单持有人做出必要的处置。因情况紧急，保管人可以做出必要的处置，但事后应当将该情况及时通知存货人或者仓单持有人。

第三百九十一条 当事人对储存期间没有约定或者约定不明确的，存货人或者仓单持有人可以随时提取仓储物，保管人也可以随时要求存货人或者仓单持有人提取仓储物，但应当给予必要的准备时间。

第三百九十二条 储存期间届满，存货人或者仓单持有人应当凭仓单提取仓储物。存货人或者仓单持有人逾期提取的，应当加收仓储费；提前提取的，不减收仓储费。

第三百九十三条 储存期间届满，存货人或者仓单持有人不提取仓储物的，保管人可以催告其在合理期限内提取，逾期不提取的，保管人可以提存仓储物。

第三百九十四条 储存期间，因保管人保管不善造成仓储物毁损、灭失的，保管人应当承担损害赔偿责任。因仓储物的性质、包装不符合约定或者超过有效储存期造成仓储物变质、损坏的，保管人不承担损害赔偿责任。

第三百九十五条 本章没有规定的，适用保管合同的有关规定。

第二十一章 委托合同

第三百九十六条 委托合同是委托人和受托人约定，由受托人处理委托人事务的合同。

第三百九十七条 委托人可以特别委托受托人处理一项或者数项事务，也可以概括委托受托人处理一切事务。

第三百九十八条 委托人应当预付处理委托事务的费用。受托人为处理委托事务垫付的必要费用，委托人应当偿还该费用及其利息。

第三百九十九条 受托人应当按照委托人的指示处理委托事务。需要变更委托人指示的，应当经委托人同意；因情况紧急，难以和委托人取得联系的，受托人应当妥善处理委托事务，但事后应当将该情况及时报告委托人。

第四百条 受托人应当亲自处理委托事务。经委托人同意，受托人可以转委托。转委托经同意的，委托人可以就委托事务直接指示转委托的第三人，受托人仅就第三人的选任及其对第三人的指示承担责任。转委托未经同意的，受托人应当对转委托的第三人的行为承担责任，但在紧急情况下受托人为维护委托人的利益需要转委托的除外。

第四百零一条 受托人应当按照委托人的要求，报告委托事务的处理情况。委托合同终止时，受托人应当报告委托事务的结果。

第四百零二条 受托人以自己的名义，在委托人的授权范围内与第三人订立的合同，第三人在订立合同时知道受托人与委托人之间的代理关系的，该合同直接约束委托人和第三人，但有确切证据证明该合同只约束受托人和第三人的除外。

第四百零三条 受托人以自己的名义与第三人订立合同时，第三人不知道受托人与委托人之间的代理关系的，受托人因第三人的原因对委托人不履行义务，受托人应当向委托人披露第三人，委托人因此可以行使受托人对第三人的权利，但第三人与受托人订立合同时如果知道该委托人就不会订立合同的除外。

受托人因委托人的原因对第三人不履行义务，受托人应当向第三人披露委托人，第三人因此可以选择受托人或者委托人作为相对人主张其权利，但第三人不得变更选定的相对人。

委托人行使受托人对第三人的权利的，第三人可以向委托人主张其对受托人的抗辩。第三人选定委托人作为其相对人的，委托人可以向第三人主张其对受托人的抗辩以及受托人对第三人的抗辩。

第四百零四条 受托人处理委托事务取得的财产，应当转交给委托人。

第四百零五条 受托人完成委托事务的，委托人应当向其支付报酬。因不可归责于受托人的事由，委托合同解除或者委托事务不能完成的，委托人应当向受托人支付相应的报酬。当事人另有约定的，按照其约定。

第四百零六条 有偿的委托合同，因受托人的过错给委托人造成损失的，委托人可以要求赔偿损失。无偿的委托合同，因受托人的故意或者重大过失给委托人造成损失的，委托人可以要求赔偿损失。

受托人超越权限给委托人造成损失的，应当赔偿损失。

第四百零七条 受托人处理委托事务时，因不可归责于自己的事由受到损失的，可以向委托人要求赔偿损失。

第四百零八条 委托人经受托人同意，可以在受托人之外委托第三人处理委托事务。因此给受托人造成损失的，受托人可以向委托人要求赔偿损失。

第四百零九条 两个以上的受托人共同处理委托事务的，对委托人承担连带责任。

第四百一十条 委托人或者受托人可以随时解除委托合同。因解除合同给对方造成损失的，除不可归责于该当事人的事由以外，应当赔偿损失。

第四百一十一条 委托人或者受托人死亡、丧失民事行为能力或者破产的，委托合同终止，但当事人另有约定或者根据委托事务的性质不宜终止的除外。

第四百一十二条 因委托人死亡、丧失民事行为能力或者破产，致使委托合同终止将损害委托人利益的，在委托人的继承人、法定代理人或者清算组织承受委托事务之前，受托人应当继续处理委托事务。

第四百一十三条 因受托人死亡、丧失民事行为能力或者破产，致使委托合同终止的，受托人的继承人、法定代理人或者清算组织应当及时通知委托人。因委托合同终止将损害委托人利益的，在委托人做出善后处理之前，受托人的继承人、法定代理人或者清算组织应当采取必要措施。

第二十二章　行纪合同

第四百一十四条　行纪合同是行纪人以自己的名义为委托人从事贸易活动，委托人支付报酬的合同。

第四百一十五条　行纪人处理委托事务支出的费用，由行纪人负担，但当事人另有约定的除外。

第四百一十六条　行纪人占有委托物的，应当妥善保管委托物。

第四百一十七条　委托物交付给行纪人时有瑕疵或者容易腐烂、变质的，经委托人同意，行纪人可以处分该物；和委托人不能及时取得联系的，行纪人可以合理处分。

第四百一十八条　行纪人低于委托人指定的价格卖出或者高于委托人指定的价格买入的，应当经委托人同意。未经委托人同意，行纪人补偿其差额的，该买卖对委托人发生效力。

行纪人高于委托人指定的价格卖出或者低于委托人指定的价格买入的，可以按照约定增加报酬。没有约定或者约定不明确，依照本法第六十一条的规定仍不能确定的，该利益属于委托人。

委托人对价格有特别指示的，行纪人不得违背该指示卖出或者买入。

第四百一十九条　行纪人卖出或者买入具有市场定价的商品，除委托人有相反的意思表示的以外，行纪人自己可以作为买受人或者出卖人。

行纪人有前款规定情形的，仍然可以要求委托人支付报酬。

第四百二十条　行纪人按照约定买入委托物，委托人应当及时受领。经行纪人催告，委托人无正当理由拒绝受领的，行纪人依照本法第一百零一条的规定可以提存委托物。

委托物不能卖出或者委托人撤回出卖，经行纪人催告，委托人不取回或者不处分该物的，行纪人依照本法第一百零一条的规定可以提存委托物。

第四百二十一条　行纪人与第三人订立合同的，行纪人对该合同直接享有权利、承担义务。

第三人不履行义务致使委托人受到损害的，行纪人应当承担损害赔偿责任，但行纪人与委托人另有约定的除外。

第四百二十二条　行纪人完成或者部分完成委托事务的，委托人应当向其支付相应的报酬。委托人逾期不支付报酬的，行纪人对委托物享有留置权，但当事人另有约定的除外。

第四百二十三条　本章没有规定的，适用委托合同的有关规定。

第二十三章 居 间 合 同

第四百二十四条 居间合同是居间人向委托人报告订立合同的机会或者提供订立合同的媒介服务，委托人支付报酬的合同。

第四百二十五条 居间人应当就有关订立合同的事项向委托人如实报告。

居间人故意隐瞒与订立合同有关的重要事实或者提供虚假情况，损害委托人利益的，不得要求支付报酬并应当承担损害赔偿责任。

第四百二十六条 居间人促成合同成立的，委托人应当按照约定支付报酬。对居间人的报酬没有约定或者约定不明确，依照本法第六十一条的规定仍不能确定的，根据居间人的劳务合理确定。因居间人提供订立合同的媒介服务而促成合同成立的，由该合同的当事人平均负担居间人的报酬。

居间人促成合同成立的，居间活动的费用，由居间人负担。

第四百二十七条 居间人未促成合同成立的，不得要求支付报酬，但可以要求委托人支付从事居间活动支出的必要费用。

附 则

第四百二十八条 本法自 1999 年 10 月 1 日起施行，《中华人民共和国经济合同法》、《中华人民共和国涉外经济合同法》、《中华人民共和国技术合同法》同时废止。

主要参考文献

[1] 陈小君：《合同法学》，高等教育出版社 2003 年版。

[2] 关怀：《合同法教程》，首都经济贸易大学出版社 1997 年版。

[3] 於向平：《经济法理论与实务》，北京大学出版社 2004 年版。

[4] 龙山现代教育科研网：www. hnlsdd. com。

[5] 金栋法律咨询网：www. vvshi100. net。

[6] 中国金蓝盟管理网：www. jinlanmeng. cn。

[7] 中国合同律师网：www. hetong fa. com。

[8] 法易行网：www. fayixing. com。

[9] 戴雪静律师个人网：tjls. gask. cn。

[10] 中法物流论坛：www. xokok. com。

《合同法理论与实务（第二版）》
操作与习题手册

邱艳 编

经济科学出版社

目 录

第一章　合同法概述

一、练习题

（一）选择题

1. 合同是（　　　）。
   A. 当事人之间设立、变更、终止债权关系的协议
   B. 当事人之间设立、变更、终止物权关系的协议
   C. 当事人之间设立、变更、终止共同关系的协议
   D. 当事人之间设立、变更、终止民事权利义务关系的协议

2. 合同是（　　　）之间设立、变更、终止民事权利义务关系的协议。
   A. 平等主体　　　　B. 不平等主体　　　C. 法律关系主体　　D. 经济法律关系主体

3. 下列各项中（　　　）是合同的特点。
   A. 合同是平等主体的自然人、法人和其他组织所实施一种行为
   B. 合同以设立、变更、终止民事权利义务为目的
   C. 合同是当事人协商一致的产物或意思表示一致的协议
   D. 合同是一种民事法律行为

4. 按（　　　）为标准，合同可分为诺成合同和实践合同。
   A. 是否须交付标的物才能成立　　　　　B. 是否要求具备特定形式
   C. 双方是否互负义务　　　　　　　　　D. 是否支付代价

5. 下列各项关于合同分类的表述（　　　）是正确的。
   A. 根据合同相互间的主从关系，可以将合同分为主合同与从合同
   B. 根据合同是否应以一定的形式为要件，可将合同分为诺成合同与实践合同
   C. 根据合同的成立是否以交付标的物为成立要件，可将合同分为要式合同与不要
      式合同
   D. 根据当事人双方存在给付义务，合同分为有偿合同与无偿合同

6. 下列各项中（　　　）只能是双务有偿合同。
   A. 租赁合同　　　　B. 买卖合同　　　C. 赠与合同　　　D. 保管合同

7. 下列合同中既可以是有偿的，也可以是无偿的有（　　　）。
   A. 委托合同　　　　B. 保管合同　　　C. 买卖合同　　　D. 赠与合同

8. 下列合同中，（　　　）不能适用《合同法》。
   A. 融资租赁合同　　B. 互易合同　　　C. 买卖合同　　　D. 收养合同

9. 下列各项中（　　　）不是《合同法》规定的合同。
   A. 居间合同　　　　B. 委托合同　　　C. 保险合同　　　D. 劳动合同

10. 订立合同应遵循的原则是（　　　）。

A. 公证原则　　　　B. 诚实信用原则　　C. 合法原则　　　　D. 鼓励交易原则

11. 无名合同的法律适用规则为（　　）。

    A. 直接适用合同法中有名合同的规定

    B. 适用合同法总则中的规定

    C. 应该参照合同法分则中最相类似的规定

    D. 应该参照合同法以外法律中最相类似的规定

（二）判断题

1. 合同是平等主体的自然人、法人、其他组织之间设立、变更、终止民事权利义务关系的协议。婚姻、收养、监护等协议，适用其他法律的规定。（　　）

2. 当事人行使权利、履行义务应当遵循诚实信用原则。（　　）

3. 依法成立的合同，受法律保护。（　　）

4. 依法成立的合同，对当事人具有法律约束力。当事人应当按照约定履行自己的义务，不得变更或者解除合同。（　　）

（三）简答题

1. 合同具有哪些特点？

2. 合同可以作怎样的分类？

3. 合同法的适用范围是怎样的？

4. 合同法的基本原则有哪些？

（四）案例分析题

某村委会将一荒芜的果园承包给村民刘某，双方签订了果园承包合同。合同规定：由刘某承包果园，每年上交村里承包费50000元，承包期15年。刘某承包果园后，果园经营得很好。第三年村委会未与刘某协商，单方面将承包费提高至每年100000元，并将承包期缩短至5年。还通知刘某，如果不按此合同履行，将解除合同。由于刘某拒绝在新合同上签字，村委会就派人将刘某强制押到村委会，并强迫其签了字。后来，刘某拒绝履行合同，村委会派人将果园的果子全部摘走，刘某无奈之下，向法院提起诉讼。试分析：（1）村委会单方面重新订立果园承包合同，有法律依据吗？（2）请运用合同法的基本原则分析村委会的行为是否违法，若是违法，违反了合同法的哪条原则？

二、习题答案

（一）选择题

1. D　　　　2. A　　　3. ABCD　4. A　　　5. A　　　6. AB　　　7. AB

8. D　　　　9. CD　　10. BCD　11. BCD

（二）判断题

1. √　　　2. √　　　3. √　　　4. ×

（三）简答题

1~4（略）

（四）案例分析题

答：在本案中村委会单方面强行重新订立果园承包合同没有法律依据。依我国《合同法》的规定，从合同的订立到合同的生效都要具备当事人意思表示一致的基本条件，村委会的做法违背了合同订立的基本要求。村委会的行为违反了我国《合同法》中的平等原则和自愿原则的规定。

第二章　合同的订立

一、练习题

（一）选择题

1. 在理论上，合同成立的要件有（　　）。
   A. 订约主体存在双方或多方当事人　　B. 订约当事人对主要条款达成合意
   C. 合同成立应具备要约和承诺阶段　　D. 合同的内容应当合法

2. 要约的有效条件包括（　　）。
   A. 要约是由具有订约能力的特定人做出的订立合同的意思表示
   B. 要约必须向要约人希望与之缔结合同的受要约人发出
   C. 要约的内容必须具体确定
   D. 要约必须送达受要约人

3. 要约于（　　）生效。
   A. 要约人发出　　　B. 到达受要约人　　C. 受要约人回答　　D. 送达时

4. 在下列各项中（　　）的情况下，要约失效。
   A. 拒绝要约的通知到达要约人
   B. 要约人依法撤销要约
   C. 受要约人承诺
   D. 受要约人对要约的内容做出实质性变更

5. 媒体上的广告一般是（　　）。
   A. 缔约建议　　　　B. 要约邀请　　　C. 要约　　　　　D. 新要约

6. 北京 A 公司与上海 B 公司订立了一份书面合同，A 公司签字、盖章后邮寄给 B 公司签字、盖章。该合同（　　）。
   A. 自 A 公司与 B 公司口头协商一致并签订备忘录时成立
   B. 自 A 公司签字、盖章时成立
   C. 自 A 公司将签字、盖章的合同交付邮寄时成立
   D. 自 B 公司签字、盖章时成立

7. 受要约人拒绝要约后，在承诺期限内又表示同意的应视为（　　）。
   A. 要约邀请　　　　B. 发出新的要约　　C. 变更承诺　　　　D. 承诺有效

8. 下列情形中，（　　）为承诺。
   A. 甲向乙发出要约，要求一个月内给予答复，过期视为承诺，乙未能如期做出答复
   B. 甲向乙发出要约，丙得知后表示接受甲的条件
   C. 甲向乙发出要约，乙经过考虑后向丁做出同意甲的要约的表示

D. 刘某依广告上刊登的价格，给某厂汇款购买其产品

9. 下列情形中，（　　）应视为承诺仍然发生效力。
   A. 承诺在承诺期限届满后到达要约人
   B. 撤回承诺的通知先于承诺通知到达要约人
   C. 撤回承诺的通知迟于承诺通知到达要约
   D. 撤回承诺的通知与承诺通知同时到达要约人

10. 撤回要约通知（　　），则该要约不发生效力。
    A. 与要约同时到达受要约人　　　　B. 先于要约到达受要约人
    C. 晚于要约到达受要约人　　　　　D. 一经发出

11. 当事人在订立合同过程中有下列（　　）情形之一，给对方造成损失的，应当承担损害赔偿责任。
    A. 假借订立合同，恶意进行磋商
    B. 故意隐瞒与订立合同有关的重要事实或者提供虚假情况
    C. 故意违反合同
    D. 有其他违背诚实信用原则的行为

12. 根据合同条款在合同中的地位和作用，可将合同条款区分为（　　）。
    A. 必备条款和非必备条款　　　　　B. 格式条款和非格式条款
    C. 权利条款和义务条款　　　　　　D. 实体条款和非实体条款

13. 当事人订立合同可以采取（　　）形式。
    A. 书面形式　　　B. 口头形式　　　C. 约定形式　　　D. 默示形式

14. 合同中的下列（　　）免责条款无效。
    A. 造成对方人身伤害的
    B. 因故意或者重大过失造成对方财产损失的
    C. 当事人双方约定的
    D. 格式条款

15. 格式条款的特点有（　　）。
    A. 格式条款是由一方为了重复使用而预先制定的
    B. 格式条款是一方与不特定的相对人订立的
    C. 格式条款的内容具有定型化的特点
    D. 相对人在订约中据于附从地位

16. 免责条款的生效要件有（　　）。
    A. 免责条款不得违反法律、行政法规的强制性规定
    B. 免责条款不得免除造成对方伤害的责任
    C. 免责条款不得免除因故意或者重大过失造成对方的财产损失的责任
    D. 格式化的免责条款，不得合理地限制制作人的责任、加重对方的责任、排除对方的主要权利

17. 保险人与被保险人对保险合同中某保险责任免除条款解释发生争议的，其后果为（　　）。
    A. 保险合同无效　　　　　　　　　B. 该条款不产生效力

C. 对该条款作不利于保险人的解释　　　D. 可以减少投保人的保险费

18. 格式条款解释的原则有（　　　）。

A. 应当按照通常理解予以解释

B. 对条款制作人作不利的解释

C. 格式条款和非格式条款不一致的，应当采用非格式条款

D. 按照公平原则予以解释

19. 某商场设有自动售报机，顾客只要按要求投入硬币，即可得到当天日报一份，此种成立买卖合同的形式为（　　　）。

A. 书面形式　　　B. 口头形式　　　C. 推定形式　　　D. 默示形式

20. 格式条款具有（　　　）该条款无效。

A. 《合同法》第五十二条和第五十三条规定情形的

B. 提供格式条款一方免除其责任的

C. 加重对方责任、排除对方主要权利的

D. 免责条款免除造成对方人身伤害的责任或者免除因故意或者重大过失造成对方财产损失的责任

21. 某企业在其格式劳动合同中约定：员工在雇用工作期间的伤残、患病、死亡，企业概不负责。如果员工已在该合同上签字，该合同条款（　　　）。

A. 无效　　　　　　　　　　　　　B. 对当事人双方有效

C. 不一定有效　　　　　　　　　　D. 只对一方当事人有效

（二）判断题

1. 送的价目表、拍卖公告、招标公告、招股说明书、商业广告等为要约。商业广告的内容符合要约邀请规定的，视为要约邀请。　　　　　　　　　　　　　　　（　　　）

2. 采用数据电文形式订立合同，收件人指定特定系统接收数据电文的，该数据电文进入该特定系统的时间，视为到达时间；未指定特定系统的，该数据电文进入收件人的任何系统的最后时间，视为到达时间。　　　　　　　　　　　　　　　　　　（　　　）

3. 承诺应当以通知的方式做出，但根据交易习惯或者要约表明可以通过行为做出承诺的除外。　　　　　　　　　　　　　　　　　　　　　　　　　　　　　（　　　）

4. 要约以信件或者电报做出的，承诺期限自信件载明的日期或者电报交发之日开始计算。信件未载明日期的，自投寄该信件的邮戳日期开始计算。要约以电话、传真等快速通讯方式做出的，承诺期限自要约到达受要约人时开始计算。　　　　　　　（　　　）

5. 受要约人超过承诺期限发出承诺的，除要约人及时通知受要约人该承诺有效的以外，为新要约。　　　　　　　　　　　　　　　　　　　　　　　　　　　（　　　）

6. 受要约人在承诺期限内发出承诺，按照通常情形能够及时到达要约人，但因其他原因承诺到达要约人时超过承诺期限的，除要约人及时通知受要约人因承诺超过期限不接受该承诺的以外，该承诺无效。　　　　　　　　　　　　　　　　　　　（　　　）

7. 采用合同书形式订立合同，在签字或者盖章之前，当事人一方已经履行主要义务，对方接受的，该合同不成立。　　　　　　　　　　　　　　　　　　　　　（　　　）

8. 当事人在订立合同过程中知悉的商业秘密，无论合同是否成立，不得泄露或者不

正当地使用。泄露或者不正当地使用该商业秘密给对方造成损失的，应当承担损害赔偿责任。 （　　）

9. 当事人必须参照各类合同的示范文本订立合同。 （　　）

10. 合同法规定，对格式条款的理解发生争议时，应当按照通常的理解予以解释。对格式条款有两种以上解释的，应当做出有利于提供格式条款一方的解释。 （　　）

11. 格式条款和非格式条款不一致的，应当采用非格式条款。 （　　）

12. 采用格式条款订立合同的，提供格式条款的一方应当遵循公平原则确定当事人之间的权利和义务，并采取合理的方式提请对方注意免除或者限制其责任的条款，按照对方的要求，对该条款予以说明。 （　　）

（三）简答题

1. 合同订立的形式有哪些？
2. 《合同法》对格式条款的使用有哪些限制？
3. 合同订立的程序是怎样的？
4. 要约的撤回、撤销有什么区别？
5. 合同成立的时间是怎样的？
6. 缔约过失责任的适用范围是什么？

（四）案例分析题

某果品公司因市场上西瓜脱销，向新疆某农场发出一份传真："因我市场西瓜脱销，不知贵方能否供应。如有充足货源，我公司欲购十个冷冻火车皮。望能及时回电与我公司联系协商相关事宜。"农场因西瓜丰收，正愁没有销路，接到传真后，喜出望外，立即组织十个车皮货物给果品公司发去，并随即回电："十个车皮的货已发出，请注意查收。"在果品公司发出传真后，农场回电前，外地西瓜大量涌入，价格骤然下跌。接到农场回电后，果品公司立即复电："因市场发生变化，贵方发来的货，我公司不能接收，望能通知承运方立即停发。"但因货物已经起运，农场不能改卖他人。为此，果品公司拒收，农场指责果品公司违约，并向法院起诉。试分析：（1）本案的纠纷是因谁的原因导致？（2）为什么？（3）此案应如何处理？

二、习题答案

（一）选择题

1. ABD　　2. ABCD　3. B　　　4. ABD　　5. B　　　6. D　　　7. B
8. D　　　9. C　　　10. AB　　11. ABD　　12. ABD　13. AB　　14. AB
15. ABCD　16. ABCD 17. C　　　18. ABC　　19. C　　　20. ABCD　21. A

（二）判断题

1. ×　　　2. ×　　　3. √　　　4. √　　　5. √　　　6. ×　　　7. ×
8. √　　　9. ×　　　10. ×　　　11. √　　　12. √

（三）简答题

1~6（略）

（四）案例分析题

答：（1）此案的纠纷是因农场的原因而导致。（2）此案双方发生纠纷的原因是农场没有理解要约和要约邀请的区别。果品公司给农场的传真是询问农场是否有货源，虽然该公司在给农场的传真中提出了具体数量和品种，但同时希望农场回电通报情况。因此，果品公司的传真具有要约邀请的特点。农场没有按果品公司的传真要求通报情况，在直接向果品公司发货后，才向果品公司回电的行为，因没有要约而不具有承诺的性质，相反倒具有要约的性质。在此情况下如果果品公司接收这批货，这一行为就具有承诺性质，合同就成立。但由于果品公司拒绝接收货物，故此买卖没有承诺，合同不成立。（3）基于上述原因，法院判决农场败诉，果品公司不负赔偿责任。

第三章　合同的效力

一、练习题

（一）选择题

1. 合同生效的要件包括（　　）。
   A. 行为人具有相应的民事行为能力　　B. 意思表示真实
   C. 不违反法律和社会公共利益　　D. 合同必须具备法律所要求的形式

2. 甲对乙说，如果我儿子明年能上大学，我就把房子租给你。此为（　　）。
   A. 附生效条件的合同　　B. 附解除条件的合同
   C. 附生效期限的合同　　D. 附解除期限的合同

3. 合同所附的以下条件有效的是（　　）。
   A. 如果一年前我的旧房子没有拆，我现在就把房子租给你
   B. 如果今年冬天我儿子不回家，我就把房子租给你
   C. 如果你能帮我搞到毒品，我就把工程承包给你
   D. 如果 10 月 1 日太阳从西边升起，我就请你吃饭

4. 下列附条件合同效力的描述，正确的是（　　）。
   A. 附生效条件的合同，自条件成就时失效
   B. 附解除条件的合同，自条件成就时生效
   C. 附生效条件的合同，当事人为自己的利益不正当地阻止条件成就时，该合同生效
   D. 附解除条件的合同，当事人为自己的利益不正当地阻止条件成就时，该合同继续有效

5. 刘阳，15 岁，对电脑很精通。其父母因工作需要，需购买一台电脑。刘阳遂按照父母的要求从商场买回一台电脑。该商场与刘阳的合同属于（　　）合同。
   A. 有效　　　　B. 无效　　　　C. 效力待定　　D. 可撤销

6. 下列各项中，（　　）是可撤销的合同。
   A. 因重大误解而订立的合同　　B. 显失公平而订立的合同
   C. 乘人之危订立的合同　　D. 限制行为能力人订立的合同

7. 可撤销合同的变更或撤销须由（　　）做出。
   A. 人民法院　　B. 仲裁机构
   C. 工商行政管理机关　　D. 人民法院或者仲裁机构

8. 可撤销的合同具有撤销权的当事人自知道或应当知道撤销事由之日起（　　）内，没有行使撤销权的，撤销权消灭。
   A. 1 年　　　　B. 2 年　　　　C. 3 年　　　　D. 5 年

9. 无效合同自（　　）起没有法律约束力。

　　A. 发生纠纷时　　　　　　　　　　B. 自行为一开始

　　C. 自当事人知道或应当知道无效时　　D. 从当事人申请仲裁或诉讼时起

10. 某甲的儿子患重病住院，急需用钱又借贷无门，某乙趁机表示愿意借给 2000 元，但半年后须加倍偿还，否则以甲的房子代偿，甲表示同意。根据《合同法》规定，甲、乙之间的借款合同（　　）。

　　A. 因显失公平而无效　　　　　　　B. 因显失公平而可撤销

　　C. 因乘人之危而无效　　　　　　　D. 因乘人之危而可撤销

11. 应合同当事人请求，人民法院予以撤销的合同，其法律效力（　　）。

　　A. 自人民法院决定撤销之日起无效　B. 自人民法院受理请求时起无效

　　C. 自合同订立时起无效　　　　　　D. 自该合同规定的生效日起无效

12. 南山电扇厂委托协作厂供销员由某代订购销合同，但未给予正式授权委托书。如（　　），南山电扇厂应当承担责任。

　　A. 由某人用南山电扇厂的合同专用章签订合同

　　B. 由某人用南山电扇厂出具的介绍信签订的合同

　　C. 由某人未持南山电扇厂如任何授权委托证明签订合同，事后南山电扇厂未盖公章，但南山电扇厂已开始履行合同

　　D. 由某人用加盖南山电扇厂公章的空白合同书签订合同

13. 下列（　　）合同为无效合同。

　　A. 某公司在领取执照前与某厂签订的合同

　　B. 甲分别以丙、丁代理人的名义，代表双方签订的合同

　　C. 张某以出卖的名义，将手表赠给孙某的赠与合同

　　D. 15 岁的在校学生王某把自己价值五百多元的手表卖给张某

14. （　　）合同当事人有权请求人民法院予以撤销。

　　A. 乘人之危迫使对方违背自己的意愿接受不平等的条件订立的

　　B. 当事人出于对合同内容有重大误解而订立的

　　C. 依法应经国家批准成立的合同未批准的

　　D. 显失公平的合同

15. 无民事行为能力人能够独立作为当事人的有效合同是（　　）。

　　A. 汽车买卖合同　　　　　　　　　B. 房屋租赁合同

　　C. 图书受赠合同　　　　　　　　　D. 银行借款合同

16. 以下情形中，属于无效合同的是（　　）。

　　A. 乘人之危而订立的合同　　　　　B. 恶意串通，损害第三人利益的合同

　　C. 无权代理合同　　　　　　　　　D. 显失公平的合同

17. 张三的单位盖了新房。张三预计自己可以分到一套三居室，于是先按房屋面积购买了一些纯毛地毯，准备搬入新居时使用，但张三没有分到房屋。张三购买地毯的行为是（　　）。

　　A. 有效行为。该行为的效力与单位分房之间没有内在联系

　　B. 可撤销行为。因为张三对于购买地毯的目的存在重大误解

    C. 有效行为。因为该行为虽有误解但不重大

    D. 无效行为。因为张三购买地毯的动机没有实现，其意思表示是不真实的

18. 以下合同中属于效力待定合同的是（　　　　）。

    A. 11 岁的王某到商店购买电子游戏机

    B. 甲公司的销售代理商在代理期限届满后继续销售甲公司的产品

    C. 甲委托乙保管其电视，后又将该电视赠给乙，乙随后将电视出售给丙

    D. 15 岁的中学生李某请同学到快餐店吃饭

19. 下列情形中属于效力待定合同的有（　　　　）。

    A. 10 周岁的少年出售劳力士金表给 40 岁的李某

    B. 5 周岁的儿童因发明创造而接受奖金

    C. 成年人甲误将本为复制品的油画当成真品购买

    D. 出租车司机借抢救重病人急需租车之机将车价提高 10 倍

20. 下列合同中，属于无效合同的有（　　　　）。

    A. 一方以欺诈、胁迫手段订立的合同

    B. 恶意串通、损害国家、集体或者第三人利益的合同

    C. 以合法形式掩盖非法目的的合同

    D. 损害社会公共利益的合同

21. 下列各项中（　　　　）的合同，未经被代理人追认，对被代理人不发生法律效力。由行为人承担责任。

    A. 行为人无代理权

    B. 超越代理权

    C. 代理权已终止仍以被代理人名义订立的合同

    D. 有被代理人合法授权而订立

（二）判断题

1. 当事人对合同的效力可以约定附条件。附生效条件的合同，自条件成就时生效。附解除条件的合同，自条件成就时失效。（　　　）

2. 限制民事行为能力人订立的合同，经法定代理人追认后，该合同有效。（　　　）

3. 法人或者其他组织的法定代表人、负责人超越权限订立的合同，除相对人知道或者应当知道其超越权限的以外，该代表行为无效。（　　　）

4. 无处分权的人处分他人财产，经权利人追认或者无处分权的人订立合同后取得处分权的，该合同有效。（　　　）

5. 一方以欺诈、胁迫的手段订立合同，损害国家利益，合同无效。（　　　）

6. 无效的合同或者被撤销的合同自始没有法律约束力。合同部分无效，不影响其他部分效力的，其他部分仍然有效。（　　　）

（三）简答题

1. 合同生效的共同要件应当包括哪些？

2. 《合同法》规定了合同生效的时间主要有哪几种情况？

3. 合同无效有哪些情形？其法律后果是怎样的？

4. 可撤销合同有哪些特点？可撤销合同的法律后果是怎样的？

5. 可撤销合同撤销权的行使时效和限制有哪些规定？

6. 效力待定合同有哪些？

（四）案例分析题

某山区农民赵某家中有一花瓶，系赵某的祖父留下。李某通过他人得知赵某家有一清朝花瓶，遂上门索购。赵某不知该花瓶真实价值，李某用 1.5 万元买下。随后，李某将该花瓶送至某拍卖行进行拍卖，卖得价款 11 万元。赵某在一个月后得知此事，认为李某欺骗了自己，通过许多渠道找到李某，要求李某退回花瓶。李某以买卖花瓶是双方自愿的，不存在欺骗，拒绝赵某的请求。经人指点，赵某到李某所在地人民法院提起诉讼，请求撤销合同，并请求李某返还该花瓶。试分析：（1）赵某的诉讼请求有无法律依据？为什么？（2）法院应如何处理？

二、习题答案

（一）选择题

1. ABCD　　2. A　　3. B　　4. C　　5. C　　6. ABC　　7. D
8. A　　9. B　　10. D　　11. C　　12. ABCD　13. AB　　14. ABD
15. C　　16. B　　17. A　　18. AB　　19. A　　20. BCD　21. ABC

（二）判断题

1. √　　2. ×　　3. ×　　4. √　　5. √　　6. √

（三）简答题

1～6（略）

（四）案例分析题

答：（1）赵某的诉讼请求有法律依据。李某与赵某之间的合同属于显失公平的买卖合同，且显失公平系由于赵某欠缺交易经验所致，因此赵某有权依据《合同法》第五十四条的规定，请求法院撤销合同。买卖合同一旦被撤销，合同即自始没有法律约束力，依据《合同法》第五十八条的规定，赵某有权请求李某返还财产。依上述理由，赵某的诉讼请求有法律依据。（2）法院应根据《合同法》第五十四条的规定撤销该花瓶买卖合同。并依据《合同法》第五十八条的规定，要求李某将花瓶退还给赵某，赵某将收到的花瓶款退还给李某。若李某愿意支付与该花瓶价值相当的价款，赵某也同意接受，赵某可以不用撤销该合同，由李某补齐余下的价款即可。

第四章 合同的履行

一、练习题

（一）选择题

1. 合同履行地点不明确，当事人又未达成协议，除货币和不动产外，其他标的，在（　　）所在地履行。

   A. 接受一方　　　　B. 给付一方　　　　C. 履行义务一方　　D. 享有权利一方

2. 我国合同法规定的抗辩权有（　　）。

   A. 同时履行抗辩权　B. 先履行抗辩权　　C. 后履行抗辩权　　D. 实际履行抗辩权

3. 后履行抗辩权的行使应具备（　　）条件。

   A. 当事人基于同一双务合同，互负债务

   B. 当事人的履行有先后顺序

   C. 应当先履行的当事人不履行或不适当履行

   D. 后履行抗辩权的行使人是履行义务顺序在后的当事人

4. 合同的履行原则除了必须贯彻民法基本原则和合同法基本原则外，还应坚持（　　）。

   A. 实际履行原则　　　　　　　　B. 适当履行原则

   C. 协作履行原则　　　　　　　　D. 经济合理原则

5. 合同的实际履行是指按照合同规定的（　　）来履行。

   A. 标的　　　　　　B. 赔偿金　　　　　C. 价款　　　　　　D. 违约金

6. 执行政府定价或者政府指导价的合同，买受人逾期提货的，（　　）。

   A. 价格上涨时，按新价格计算价款　　B. 价格上涨时，按原价格计算价款

   C. 价格下降时，按新价格计算价款　　D. 价格下降时，按原价格计算价款

7. 上海某工厂向广州某公司购买一批物品，合同对付款地点和交货期限没有约定，发生争议时，依据合同法规定（　　）。

   A. 上海某工厂付款给广州某公司应在上海履行

   B. 上海某工厂可以随时请求广州某公司交货，而且可以不给该厂必要的准备时间

   C. 上海某工厂付款给广州某公司应在广州履行

   D. 广州某公司可以随时交货给上海某工厂，而且可以不给该厂必要的准备时间

8. 甲公司与乙公司签订买卖合同。合同约定甲公司先交货。交货前夕，甲公司派人调查乙公司的偿债能力，有确切材料证明乙公司负债累累，根本不能按时支付货款。甲公司遂暂时不向乙公司交货。甲公司的行为是（　　）。

   A. 违约行为　　　　　　　　　　B. 行使同时履行抗辩权

   C. 行使先诉抗辩权　　　　　　　D. 行使不安抗辩权

9. 甲与乙订立了合同，约定由丙向甲履行债务，现丙履行的行为不符合合同的约定，甲有权请求（   ）。
    A. 丙承担违约责任
    B. 乙承担违约责任
    C. 乙和丙承担违约责任
    D. 乙或者丙承担违约责任

10. 合同保全的特点主要表现在（   ）。
    A. 是合同相对性规则的例外
    B. 主要发生在合同有效成立期间
    C. 主要发生在合同订立阶段
    D. 基本方法是确认债权人享有代位权和撤销权

11. 下列各项中（   ）属于合同的保全措施。
    A. 扣押财产
    B. 财产抵押
    C. 代位权
    D. 撤销权

12. 因债务人怠于行使其到期债权，对债权人造成损害的，债权人可以向人民法院请求以自己的名义代位行使债务人的债权，但（   ）除外。
    A. 该债务专属于债权人自身的
    B. 该债务专属于债务人自身的
    C. 该债权专属于债权人自身的
    D. 该债权专属于债务人自身的

13. 关于代位权行使的要件，不正确的表述是（   ）。
    A. 债权人与债务人之间有合法的债权债务存在
    B. 债务人对第三人享有到期债权
    C. 债务人怠于行使其权利，并且有害于债权人的债权
    D. 债权人代位行使的范围是债务人的全部债权

14. 债权人以撤销权来保全其债权的，而自债务人的行为发生之日起（   ）内没有行使撤销权的，该撤销权消灭。
    A. 1 年
    B. 2 年
    C. 5 年
    D. 10 年

15. 甲公司向乙银行借款 100 万元，借款期限为 1 年。后由于甲公司经营不善，到期无力偿还借款。乙银行得知，丙公司欠甲公司到期货款 200 万元，但甲公司怠于向丙公司索要。对甲公司的这一行为，乙银行可以（   ）。
    A. 行使代位权，要求丙偿还 200 万元
    B. 请求人民法院撤销甲放弃债权的行为
    C. 乙行使权利的必要费用自行承担
    D. 行使代位权，要求丙偿还 100 万元

16. 甲欠乙 1 万元借款，甲到期还不起这笔钱。乙打听到丙欠甲 1.5 万元钱。甲一直没有向丙催要，乙遂要求丙清偿甲的欠款。乙的下列行为中符合代位权行使的有关法律规定是（   ）。
    A. 乙以自己的名义要求丙偿还债务
    B. 乙要求丙将 1.5 万元钱全部偿还
    C. 在丙的债务未到期的情况下，乙要求丙提前偿还
    D. 乙向丙许诺，只要丙偿还 1 万元钱，就可免除其余 5000 元的债务

17. 合同债权人行使撤销权的期限是（   ）。
    A. 自债务人的行为发生之日起 2 年之内
    B. 自债务人的行为发生之日起 1 年之内

    C. 自债权人知道或者应当知道撤销事由之日起 1 年之内

    D. 自债权人知道或者应当知道撤销事由之日起 6 个月之内

18. 甲收藏唐伯虎名画一幅，价值约 10 万元，甲的其他财产价值为 10 万元。甲因做生意失败外欠债 60 万元。一日，甲将唐伯虎的画作价 1 万元卖给从香港回来的表弟乙，则下列表述正确的是（　　　）。

    A. 若乙不知甲欠巨额外债，则甲的债权人只能行使代位权

    B. 只有在乙明知此买卖有害于债权人的债权的情况下，债权人才可行使代位权

    C. 不管乙是否知道此买卖有害于债权人的债权，债权人均可行使撤销权

    D. 若乙明知此买卖有害于债权人的债权，则债权人可行使撤销权

（二）判断题

1. 合同生效后，当事人就质量、价款或者报酬、履行地点等内容没有约定或者约定不明确的，可以协议补充；不能达成补充协议的，按照合同有关条款或者交易习惯确定。
（　　　）

2. 履行期限不明确的，依照本法第六十一条的规定仍不能确定的，债务人可以随时履行，债权人也可以随时要求履行。（　　　）

3. 当事人约定由债务人向第三人履行债务的，债务人未向第三人履行债务或者履行债务不符合约定，应当向第三人承担违约责任。（　　　）

4. 当事人约定由第三人向债权人履行债务的，第三人不履行债务或者履行债务不符合约定，债务人应当向债权人承担违约责任。

5. 当事人互负债务，没有先后履行顺序的，应当同时履行。一方在对方履行之前有权拒绝其履行要求。一方在对方履行债务不符合约定时，有权拒绝其相应的履行要求。
（　　　）

6. 当事人依法中止履行的，应当及时通知对方。对方提供适当担保时，应当恢复履行。中止履行后，对方在合理期限内未恢复履行能力并且未提供适当担保的，中止履行的一方可以解除合同。（　　　）

7. 执行政府定价或者政府指导价的，在合同约定的交付期限内政府价格调整时，按照交付时的价格计价。逾期交付标的物的，遇价格上涨时，按照新价格执行；价格下降时，按照原价格执行。逾期提取标的物或者逾期付款的，遇价格上涨时，按照新价格执行；价格下降时，按照原价格执行。（　　　）

8. 合同的保全就是合同的担保。（　　　）

9. 代位权的行使范围以债务人的债权为限。（　　　）

10. 债权人行使撤销权的必要费用，由债权人自行负担。（　　　）

（三）简答题

1. 当事人就有关合同内容约定不明确时的履行规则是怎样的？

2. 执行政府定价或者政府指导价的合同的履行规则是怎样的？

3. 涉及第三人的合同履行规则是怎样的？

4. 同时履行抗辩权的主要规定有哪些？

5. 后履行抗辩权的主要规定有哪些？

6. 不安（先履行）抗辩权的主要规定有哪些？

7. 提前履行、部分履行的主要规定有哪些？

8. 合同的保权措施有哪些？

9. 债权人提起代位权诉讼的条件是什么？

10. 债权人行使撤销权有什么规定？

（四）案例分析题

甲公司与乙公司签订一份买卖木材合同，合同约定买方甲公司应在合同生效后 15 日内向卖方乙公司支付 40% 的预付款，乙公司收到预付款后 3 日内发货至甲公司，甲公司收到货物验收后即结清余款。乙公司收到甲公司 40% 预付款后的 2 日即发货至甲公司。甲公司收到货物后经验收发现木材质量不符合合同约定，遂及时通知乙公司并拒绝支付余款。试分析：（1）甲公司拒绝支付余款是否合法？（2）甲公司的行为若合法，法律依据是什么？

二、习题答案

（一）选择题

1. C　　　2. ABC　　3. ABCD　　4. ABCD　　5. A　　　6. AD　　　7. C
8. D　　　9. B　　10. ABD　　11. CD　　12. D　　　13. D　　　14. C
15. D　　16. A　　17. C　　18. D

（二）判断题

1. √　　　2. ×　　　3. ×　　　4. √　　　5. √　　　6. √　　　7. ×
8. ×　　　9. ×　　10. ×

（三）简答题

1 ～ 10（略）

（四）案例分析题

答：（1）甲公司拒绝支付余款是合法的。（2）《合同法》第六十七条规定："当事人互负债务，有先后顺序，先履行一方未履行的，后履行一方有权拒绝其履行要求。先履行一方履行债务不符合约定的，后履行一方有权拒绝其相应的履行要求。"乙公司虽然将木材如期运至甲公司，但其木材质量不符合合同约定的质量，及其履行债务不符合合同约定，根据《合同法》第六十七条的规定，甲公司有权拒绝支付余款。

第五章　合同的担保

一、练习题

（一）选择题

1. 在下列（　　）经济活动中，债权人需要以担保方式保障其债权实现的，可以设定保证、抵押、质押、留置和定金五种方式的担保。

    A. 借贷　　　　　　　B. 买卖　　　　　　　C. 货物运输　　　D. 加工承揽

2. 保证的方式有（　　）。

    A. 普通保证　　　　B. 特殊保证　　　　C. 一般保证　　　D. 连带责任保证

3. 一般保证的保证人对债权人享有（　　），即在主合同纠纷未经审判或仲裁，并就债务人财产依法强制执行仍不能清偿债务前，对债权人可拒绝承担保证责任。

    A. 后履行抗辩权　　B. 撤销权　　　　　C. 先诉抗辩权　　D. 合同保全权

4. 保证期间债权人依法将主债权转让给第三人，除保证合同另有约定，保证人（　　）。

    A. 在原保证担保的范围内继续承担保证责任

    B. 不承担保证责任

    C. 承担债务人不能履行部分的1/3

    D. 承担债务人不能履行部分的1/2

5. （　　）是指债务人或者第三人不转移对其确定的财产的占有，将该财产作为债权的担保。

    A. 质押　　　　　　B. 留置　　　　　　C. 典当　　　　　D. 抵押

6. 以下列（　　）抵押的，应当办理抵押登记。抵押权自登记时设立。

    A. 正在建造的建筑物　　　　　　B. 建设用地使用权

    C. 生产设备、原材料、半成品、产品　　D. 交通运输工具

7. 债务人不履行到期债务或者发生当事人约定的实现抵押权的情形，抵押权人可以与抵押人协议以抵押财产（　　）所得的价款优先受偿。

    A. 折价　　　　　　B. 变卖　　　　　　C. 提存　　　　　D. 拍卖

8. 质押包括（　　）两种。

    A. 动产质押　　　　　　　　　　B. 权利质押

    C. 不动产质押　　　　　　　　　D. 土地承包经营权质押

9. 同一动产上已设立抵押权或者质权，该动产又被留置的，（　　）优先受偿。

    A. 抵押权人　　　　　　　　　　B. 留置权人

    C. 质权人　　　　　　　　　　　D. 由抵押权和质权协商

（二）判断题

1. 债务人向债权人提供担保时，可以要求债务人提供反担保。 （　　）

2. 反担保方式可以是债务人提供的抵押或者质押，也可以是其他人提供的保证、抵押或者质押。 （　　）

3. 法人、其他组织或者公民均可以做保证人。 （　　）

4. 学校、幼儿园、医院等以公益为目的的事业单位、社会团体不得为保证人。

（　　）

5. 当事人对保证方式没有约定或者约定不明确的，按照连带责任保证承担保证责任。

（　　）

6. 保证合同对责任范围另有约定的，按照约定执行。当事人对保证担保的范围没有约定或者约定不明确的，保证人应当对全部债务承担责任。 （　　）

7. 同一债权既有保证又有物的担保时，应优先执行物的担保，保证人仅对物的担保以外的债权承担保证责任。如债权人放弃物的担保，保证人在债权人放弃权利的范围内免除保证责任。 （　　）

8. 主合同当事人双方协议以新贷偿还旧贷，保证人不承担民事责任。 （　　）

9. 抵押权人在债务履行期届满前，不得与抵押人约定债务人不履行到期债务时抵押财产归债权人所有。 （　　）

10. 订立抵押合同前抵押财产已出租的，原租赁关系不受该抵押权的影响。 （　　）

11. 抵押权不得与债权分离而单独转让或者作为其他债权的担保。债权转让的，担保该债权的抵押权一并转让，但法律另有规定或者当事人另有约定的除外。 （　　）

12. 建设用地使用权抵押后，该土地上新增的建筑物属于抵押财产。该建设用地使用权实现抵押权时，应当将该土地上新增的建筑物与建设用地使用权一并处分，但新增建筑物所得的价款，抵押权人有优先受偿权。 （　　）

13. 质权自出质人交付质押财产时设立。 （　　）

14. 以汇票、支票、本票、债券、存款单、仓单、提单出质的，当事人应当订立书面合同。质权自权利凭证交付质权人时设立；没有权利凭证的，质权自有关部门办理出质登记时设立。 （　　）

15. 基金份额、股权出质后不得转让，但经出质人与质权人协商同意的除外。出质人转让基金份额、股权所得的价款，应当向质权人提前清偿债务或者提存。 （　　）

16. 当事人可以约定一方向对方给付定金作为债权的担保。债务人履行债务后，定金应当抵作价款或者收回。给付定金的一方不履行约定的债务的，无权要求返还定金；收受定金的一方不履行约定的债务的，应当双倍返还定金。 （　　）

17. 当事人交付留置金、担保金、保证金、订约金、押金或者订金等，但没有约定定金性质的，当事人主张定金权利的，人民法院可以支持。 （　　）

（三）简答题

1. 担保的措施有哪些？

2. 一般保证和连带责任保证的区别是什么？

3. 哪些财产可以抵押？

4. 哪些财产不可以抵押？

5. 抵押权的清偿顺序是怎样的？

6. 关于最高额抵押权有哪些规定？

7. 权利质押范围是什么？

8. 留置权的行使有哪些规定？

9. 定金的担保作用是怎样的？

（四）案例分析题

冯系养鸡专业户，为改建鸡舍和引进良种需资金 20 万元。冯向陈借款 10 万元，以自己的一套价值 10 万元的音响设备抵押，双方立有抵押字据，但未办理登记。冯又向朱借款 10 万元，又以该设备质押，双方立有质押字据，并将设备交付朱占有。冯得款后，改造了鸡舍，且与县良种站签订了良种鸡引进合同。合同约定良种鸡款共计 2 万元，冯预付定金 4000 元，违约金按合同总额的 10% 计算，冯以销售肉鸡的款项偿还良种站的货款。合同没有明确约定合同的履行地点。后县良种站将良种鸡送交冯，要求支付运费，冯拒绝。因发生不可抗力事件，冯预计的收入落空，冯因不能及时偿还借款和支付货款而与陈、朱及县良种站发生纠纷。诉至法院后，法院查证上述事实后又查明：朱在占有该设备期间，不慎将该设备损坏，送蒋修理。朱无力交付修理费 1 万元，该设备现已被蒋留置。问题：（1）冯与陈之间的抵押关系是否有效？为什么？（2）冯与朱之间的质押关系是否有效？为什么？（3）朱与蒋之间是何种法律关系？（4）对该音响设备陈要求行使抵押权，蒋要求行使留置权，应由谁优先行使其权利？为什么？（5）冯无力支付县良种站的货款，合同中规定的定金条款和违约金条款可否同时适用？为什么？（6）县良种站要求冯支付送鸡运费，该请求应否支持？为什么？（7）冯对县良种站提出不可抗力的免责抗辩，能否成立？为什么？

二、习题答案

（一）选择题

1. ABCD　　2. CD　　3. C　　4. A　　5. D　　6. AB　　7. ABD

8. AB　　9. B

（二）判断题

1. ×　　2. √　　3. ×　　4. ×　　5. √　　6. √　　7. √

8. ×　　9. √　　10. √　　11. √　　12. ×　　13. √　　14. √

15. √　　16. √　　17. ×

（三）简答题

1~9（略）

（四）案例分析题

答：（1）冯、陈之间的抵押关系有效。冯、陈双方立有抵押字据，且根据《民法通则》和《担保法》的有关规定，该抵押物并非必须办理登记的土地使用权、房地产、林木等，故该字据有效，在冯、陈之间形成合法的抵押关系。（2）冯、朱之间的质押关系有效。因为双方立有质押字据，且质物已移交质权人占有。（3）朱与蒋之间是承揽合同关系、留置关系。朱不慎将设备损坏而送蒋修理，在朱与蒋之间形成承揽合同关系。后朱无力交付修理费，该设备被蒋留置，在二人之间又形成了留置关系。（4）应由蒋优先行使留置权。因抵押物未办理登记，不得对抗第三人，故朱不能优先行使其权利。朱与蒋之间，蒋的留置权有优先权。（5）不可以。因为违约金与定金性质是不同的。定金主要起担保作用，而违约金是违反合同的责任形式，二者不能相互代替。根据《合同法》第一百一十六条的规定，当事人既约定违约金，又约定定金的，一方违约时，对方可以选择适用违约金或者定金条款，而不能同时适用。（6）不应支持，合同的履行费用的负担不明确的，由履行义务一方负担。（7）不能成立。其经营风险应由自己承担，不能作为免责事由。

第六章　合同的变更、转让和终止

一、练习题

（一）选择题

1. 合同变更的要件有（　　）。
   - A. 原已存在着合同关系
   - B. 合同的变更在原则上必须经过当事人协商一致
   - C. 合同的变更必须遵循法定的程序和方式
   - D. 合同变更必须使合同内容发生变化

2. 当事人对合同变更的内容约定不明确的，推定为（　　）。
   - A. 合同失效　　　　B. 新要约　　　　C. 未变更　　　　D. 已变更

3. 债务人将合同义务全部或者部分转移给第三人的，（　　）。
   - A. 应当通知债权人　　　　　　　　B. 应当通知第三人
   - C. 应当经债权人同意　　　　　　　D. 无须经债权人同意

4. 下列各项中，（　　）的情况，债权人不得转让合同权利。
   - A. 根据合同性质不得转让　　　　　B. 根据当事人约定不得转让
   - C. 依照法律规定不得转让　　　　　D. 未通知债务人

5. 甲、乙之间订立一买卖合同。其后，双方达成补充协议，甲将其在合同中的债权全部转让给丙，乙将其在合同中的债权债务全部转让给丁。此时该合同的当事人是（　　）。
   - A. 甲、乙　　　　B. 丙、丁　　　　C. 甲、丙、乙　　　D. 甲、乙、丙、丁

6. 以下合同转让中只需通知对方当事人的情况是（　　）。
   - A. 甲将其在合同中的债权转让给第三人丙
   - B. 甲将其在合同中的全部债务转让给第三人丙
   - C. 甲仅将其在合同中的部分债务转让给第三人丙
   - D. 甲将其在合同中的债权债务全部转让给第三人丙

7. 债务人接到债权转让通知后，债务人对让与人的抗辩，（　　）。
   - A. 自行消灭　　　　　　　　　　　B. 自行中止
   - C. 可以向受让人主张　　　　　　　D. 不得向受让人主张

8. 合同权利义务的终止是指（　　）。
   - A. 合同的变更　　　B. 合同的消灭　　　C. 合同效力的中止　　　D. 合同的解释

9. 下列各项中，（　　）是合同终止的原因。
   - A. 合同变更　　　　B. 合同解除　　　C. 债权人免除债务　　　D. 债务相互抵销

10. 凡发生下列（　　）情况的，允许解除合同。

A. 法定代表人变更

B. 当事人一方发生合并、分立

C. 由于不可抗力致使合同不能履行

D. 作为当事人一方的公民死亡或作为当事人一方的法人终止

11. 甲、乙、丙公司之间签订了一房屋租赁合同，在合同履行期间，两公司合并。此种合同权利义务关系终止的方式是（　　）。

    A. 免除　　　　　　B. 抵销　　　　　　C. 混同　　　　　　D. 提存

12. 合同解除的种类有（　　）。

    A. 自动解除　　　　B. 协议解除　　　　C. 约定解除　　　　D. 法定解除

13. 下列各项中，（　　）属于合同解除的条件。

A. 因不可抗力致使不能实现合同目的

B. 在履行期限届满之前，当事人一方明确表示或者以自己的行为表明不履行主要债务

C. 当事人一方迟延履行主要债务，经催告后在合理期限内仍未履行

D. 当事人一方迟延履行债务或者有其他违法行为致使不能实现合同目的

14. 合同解除的法律效力是（　　）。

A. 合同被解除后，该合同成为无效合同

B. 解除合同一定会产生溯及力

C. 解除合同后，不能再要求赔偿损失

D. 解除合同后，尚未履行的债务不需要继续履行

15. 抵销的种类有（　　）。

    A. 任意抵销　　　　B. 合意抵销　　　　C. 法定抵销　　　　D. 混同

16. 甲向乙借大米 1 吨（市价为 1800 元），乙向甲借 1800 元。在乙的债务到期时，乙主张抵销，乙应当（　　）。

    A. 只需通知甲　　　　　　　　　　　B. 不用通知，自动抵销

    C. 通知并征得甲同意　　　　　　　　D. 属于不同种类物，因此不能抵销

17. 提存的法律效力是（　　）。

A. 提存物在提存期间产生的孳息归提存人所有

B. 标的物在提存期间毁损灭失的风险由债权人承担

C. 债权人领取提存物的权利自提存之日起 2 年内不行使而消灭

D. 自债权人领取提存物之日起，债务人的债务消灭

18. 有下列（　　）情形之一，难以履行债务的，债务人可以将标的物提存。

A. 债权人无正当理由拒绝受领

B. 债权人下落不明

C. 债权人死亡未确定继承人或者丧失民事行为能力未确定监护人

D. 债权人与债务人合并

19. 债权人领取提存物的权利，自提存之日起（　　）内不行使而消灭，提存物扣除提存费用后归国家所有。

    A. 1 年　　　　　　B. 2 年　　　　　　C. 4 年　　　　　　D. 5 年

20. 债权人吴某下落不明，债务人王某难以履行债务，遂将标的物提存，提存费用 100 元应由（　　）负担。

    A. 吴某　　　　　　　　　　　　B. 王某

    C. 吴某和王某共同　　　　　　　　D. 提存机关

21. 根据我国《合同法》的有关规定，下列关于免除法律效力的表述，错误的是（　　）。

    A. 免除是无偿行为，债权人免除债务不需要债务人支付对价

    B. 免除行为是债权人处分债权的行为，债权人应当有处分该债权的能力

    C. 免除可以全部免除，也可以部分免除

    D. 免除是双方法律行为，债权人的意思表示必须为债务人同意才能够发生法律效力

22. 从（　　）之日起，义务人与权利人的合同权利义务关系终止。

    A. 权利人知道提存　　　　　　　　B. 提存有效成立

    C. 提存机关公告　　　　　　　　　D. 义务人提出申请提存

（二）判断题

1. 变更合同应当办理批准、登记等手续。　　　　　　　　　　　　　（　　）

2. 债务人接到债权转让通知时，债务人对让与人享有债权，并且债务人的债权先于转让的债权到期或者同时到期的，债务人可以向受让人主张抵销。　（　　）

3. 债务人转移义务的，新债务人可以主张原债务人对债权人的抗辩。　（　　）

4. 当事人订立合同后合并的，由合并后的法人或者其他组织行使合同权利，履行合同义务。　　　　　　　　　　　　　　　　　　　　　　　　　（　　）

5. 合同的权利义务终止后，当事人应当遵循诚实信用原则，根据交易习惯履行通知、协助、保密等义务。　　　　　　　　　　　　　　　　　　　　　（　　）

6. 当事人互负债务，标的物种类、品质相同的，经双方协商一致，也可以抵销。

                                     （　　）

7. 标的物提存后，毁损、灭失的风险由债务人承担。提存期间，标的物的孳息归债务人所有。　　　　　　　　　　　　　　　　　　　　　　　　　　（　　）

8. 债权和债务同归于一人的，合同的权利义务终止。　　　　　　　　（　　）

9. 债权人免除债务人部分或者全部债务的，合同的权利义务部分或者全部终止。

                                     （　　）

（三）简答题

1. 合同变更的条件是什么？

2. 合同变更与合同转让有哪些区别？

3. 合同权利转让的规定有哪些？

4. 合同义务转让的条件是什么？

5. 合同权利义务终止的具体情形有哪些？

6. 合同解除的法定条件有哪些？

7. 债务抵销的形式有哪些？

8. 提存的原因和后果是什么？

（四）案例分析题

某纺织厂与某服装厂签订一份布料买卖合同，双方约定：由纺织厂于当年 4 月 15 日前提供真丝双绉面料 1000 米，服装厂先支付价款 8 万元，并于 5 月 20 日将货款一次性全部支付。4 月 15 日，服装厂通知纺织厂按合同约定的时间交货，纺织厂回函言：因设备老化，按时交付有一定困难，请求暂缓履行，服装厂因为要抢在夏季到来之前上市销售该批真丝服装，没有同意纺织厂迟延履行的要求。4 月 25 日，因纺织厂没有履行合同，服装厂致函纺织厂，要求纺织厂最迟在 5 月 10 日前履行合同，否则解除合同。5 月 20 日，纺织厂仍未履行合同，服装厂只好从别的渠道用每米 90 元的价格购买了真丝双绉面料 1000 米，总价款 9 万元，同时通知纺织厂解除合同，返还 8 万元货款及利息，并要求纺织厂赔偿误工损失及购买布料多支付的 1 万元价款。8 月 10 日，纺织厂要求履行合同，称服装厂解除合同没有征得纺织厂的同意，因而合同没有解除，服装厂应当接受货物。在遭到拒绝后遂起诉至法院。试分析：（1）服装厂是否有权解除合同？（2）法院能否支持纺织厂的主张？（3）服装厂能否要求损害赔偿？

二、习题答案

（一）选择题

1. ABCD   2. C   3. C   4. ABC   5. C   6. A   7. C

8. B   9. BCD   10. C   11. C   12. BCD   13. ABCD   14. D

15. BC   16. C   17. B   18. ABC   19. D   20. A   21. D

22. B

（二）判断题

1. ×   2. ×   3. √   4. √   5. √   6. ×   7. ×

8. ×   9. √

（三）简答题

1～8（略）

（四）案例分析题

答：（1）服装厂有权解除合同。依照《合同法》第九十四条的规定，当事人迟延履行主要债务，经催告后仍不履行的，当事人可以解除合同。本案中，纺织厂迟延履行主要债务；在服装厂的催告后，在合理的期限内仍未履行，因此服装厂有权解除合同。（2）法院不能支持纺织厂的主张。这涉及法定解除权应当如何行使的问题。依照《合同法》第九十六条的规定，当事人依照法律规定解除合同的，应当通知对方，合同自通知到达对方时解除。本案中，服装厂在解除合同时通知了纺织厂，纺织厂对此没有提出异议，依照法律的规定，合同自解除的通知到达纺织厂时就已经生效，不需要纺织厂的同意。因此纺织厂的主张，法院不能支持。（3）服装厂可以要求损害赔偿。依据法律有关规定，解除合同与损害赔偿可以并存，当事人解除合同后如果有其他损失的仍可以要求赔偿损失。

第七章 违约责任

一、练习题

(一) 选择题

1. 违约责任具有（　　）特点。
   - A. 违约责任的产生以合同当事人不履行合同义务为条件
   - B. 违约责任具有相对性
   - C. 违约责任主要具有补偿性
   - D. 违约责任可以由当事人约定

2. 一般构成要件包括（　　）。
   - A. 违约行为
   - B. 不存在法定和约定的免责事由
   - C. 违约当事人存在过错
   - D. 违约与损失之间存在因果关系

3. 当事人一方不履行合同义务或者履行合同义务不符合约定的，应当承担（　　）等违约责任。
   - A. 继续履行
   - B. 采取补救措施
   - C. 返还财产
   - D. 赔偿损失

4. 当事人一方不履行非金钱债务或者履行非金钱债务不符合约定的，对方可以要求履行，但有下列情形（　　）的除外。
   - A. 法律上或者事实上不能履行
   - B. 债务的标的不适于强制履行
   - C. 债权人在合理期限内未要求履行
   - D. 债务的标的履行费用过高

5. 当事人一方因违反合同给另一方造成损失的赔偿额应当相当于另一方因违约造成的损失，但不得超过（　　）。
   - A. 合同标的的25%
   - B. 违反合同一方预见到的或者应当预见到的因违反合同可能造成的损失
   - C. 守约方预见到的或者应当预见到的因违反合同可能造成的损失
   - D. 合同约定的违约金数额

6. 根据《合同法》的规定，当事人一方因不可抗力事件不能履行合同的全部或部分义务的，根据不可抗力的影响，（　　）。
   - A. 减轻其全部或部分责任
   - B. 免除其全部或部分责任
   - C. 可以免除其部分责任
   - D. 可以减轻其全部或部分责任

7. 某买卖合同中没有规定违约金条款，但确因一方违约而给对方造成重大经济损失的，违约方应向对方支付（　　）。
   - A. 罚金
   - B. 违约金
   - C. 赔偿金
   - D. 违约金和赔偿金

8. 根据《合同法》的规定，当事人一方因不可抗力的原因不能履行合同时，只有在（　　）的情况下，才可部分或者全部免予承担违约责任。

   A. 在合理期限内提供证明　　　　　B. 经上级主管机关批准

   C. 经对方当事人同意　　　　　　　D. 及时通知对方

9. 甲与乙订立了合同，约定由丙向甲履行债务。现在丙履行的行为不符合合同的约定，甲有权请求承担违约责任的是（　　）。

   A. 丙　　　　　　　　　　　　　　B. 乙

   C. 乙和丙　　　　　　　　　　　　D. 乙或者丙

10. 顾客甲到餐厅就餐，吃了餐厅提供的炒蘑菇后发生食物中毒，花去医药费1000元，下列表述正确的是（　　）。

   A. 顾客只能要求餐厅承担侵权责任

   B. 顾客只能要求餐厅承担违约责任

   C. 顾客同时要求餐厅承担侵权责任和违约责任

   D. 顾客只能在要求餐厅承担侵权责任和违约责任中选择其一

11. 甲、乙签订一买卖合同，后因该合同违反法律的强制性规定而被法院宣布为无效，那么，合同当事人应当承担的责任是（　　）。

   A. 违约责任　　　　　　　　　　　B. 侵权责任

   C. 违约责任或侵权责任　　　　　　D. 缔约过失责任

12. 甲与乙订立合同，规定甲应于2003年7月1日交货，乙应于9月1日付款。6月1日，乙告知甲因其财产状况恶化，没有付款能力，以下表述（　　）是正确的。

   A. 甲必须等待履行期限到来后才能要求乙承担违约责任

   B. 甲必须要求乙在履行期限到来之前承担违约责任

   C. 甲或者等待履行期限到来后要求乙承担违约责任，或者要求乙在履行期限到来之前承担违约责任

   D. 甲应按合同约定交货，但可以要求乙提供相应的担保

13. 我国合同法确立的违约责任归责原则是（　　）。

   A. 过错责任原则　　　　　　　　　B. 无过错责任原则

   C. 严格责任原则　　　　　　　　　D. 过错推定原则

14. 在出现以下违约行为和客观情事时，对方当事人可以要求实际履行的是（　　）。

   A. 甲欠乙2万元钱，到期仍然没有归还

   B. 甲没有按照合同规定的时间向乙履行债务，其后甲破产

   C. 演员甲拒不履行与某电视台签订的演出合同

   D. 甲向乙出售一房屋，在交付前房屋被烧毁

15. 位于云南的甲（卖方）工厂与位于上海的乙（买方）公司之间签订一买卖合同，约定甲于5月10日通过铁路交货。对于该合同而言，以下事件中属于不可抗力的是（　　）。

   A. 甲的生产设备出现故障，致使不能按时交货

   B. 丙地发生地震，致使甲的原料供应出现困难

   C. 因甲的产品供不应求，厂领导发布文件要求产品只供应云南省内客户的需要

D. 云南运载上海的铁路线被山洪冲毁，致使甲不能按时交货

16. 当事人一方不履行合同义务或者履行合同义务不符合约定，给对方造成损失的，损失赔偿额应当相当于因违约所造成的损失，包括合同履行后可以获得的利益，但不得超过（　　）订立合同时预见到或者应当预见到的因违反合同可能造成的损失。

    A. 权利方　　　　　　　　　　　B. 违反合同一方

    C. 当事人双方　　　　　　　　　D. 义务方

17. 下列各项关于定金的表述（　　）是正确的。

    A. 债务人履行债务后，定金应当抵作价款或者收回

    B. 给付定金的一方不履行约定的债务的，无权要求返还定金

    C. 收受定金的一方不履行约定的债务的，应当双倍返还定金

    D. 双方都不履行合同的，定金上缴国家

18. 当事人既约定违约金，又约定定金的，一方违约时，对方（　　）。

    A. 只能要求违约金　　　　　　　B. 只能要求定金

    C. 既可以要求违约金也可以要求定金　D. 可以选择适用违约金或者定金条款

（二）判断题

1. 当事人一方明确表示或者以自己的行为表明不履行合同义务的，对方只能在履行期限届满之后要求其承担违约责任。　　　　　　　　　　　　　　（　　）

2. 经营者对消费者提供商品或者服务有欺诈行为的，依照《中华人民共和国合同法》的规定承担损害赔偿责任。　　　　　　　　　　　　　　　　　（　　）

3. 约定的违约金低于造成的损失的，当事人可以请求人民法院或者仲裁机构予以增加；约定的违约金过分高于造成的损失的，当事人可以请求人民法院或者仲裁机构予以适当减少。　　　　　　　　　　　　　　　　　　　　　　　　　（　　）

4. 当事人一方违约后，对方应当采取适当措施防止损失的扩大；没有采取适当措施致使损失扩大的，不得就扩大的损失要求赔偿。　　　　　　　　　　（　　）

5. 因当事人一方的违约行为，侵害对方人身、财产权益的，受损害方有权依照本法要求其承担违约责任同时依照其他法律要求其承担侵权责任。　　　　（　　）

（三）简答题

1. 违约责任有哪些特点？
2. 违约责任的构成要件是什么？
3. 承担违约责任的主要形式有哪些？
4. 承担赔偿损失违约责任的条件是什么？相关的规定有哪些？
5. 支付违约金有哪些法律规定？
6. 违约责任免除的相关规定有哪些？

（四）案例分析题

甲公司与乙袜厂于某年4月6日签订了一份丝袜供应合同。合同规定：乙袜厂向甲公

司供应丝袜 2 万双，总价款人民币 4 万元，同年 4 月 20 日交货，货到付款，合同有效期至同年 4 月 30 日止，双方若有违约应支付违约金。5 月 9 日，乙袜厂送来 2 万双丝袜。甲公司以交货已过合同有效期为由拒收货物。经乙袜厂再三请求，甲公司同意接受 2 万双丝袜。次日，甲公司销售人员将丝袜售出 5000 双，其余入库存放。6 月底乙袜厂电话催付货款，甲公司原签约人称，丝袜已卖出 5000 双，其余存在库中。同年 10 月 8 日，乙袜厂派人来收取货款，甲公司认为此批货系暂时代为保管，除已代售的 5000 双丝袜货款如数支付外，其余丝袜应由乙袜厂取回。但乙袜厂要求给付全部货款。试分析：（1）甲公司起初拒收货物是否有法律依据？（2）乙袜厂要求甲公司给付全部货款是否有理？（3）乙袜厂在履约过程中应承担什么违约责任？（4）甲公司在履行合同中是否应该承担违约责任？

二、习题答案

（一）选择题

1. ABCD   2. AB   3. ABD   4. ABCD   5. B   6. B   7. C
8. AD   9. B   10. D   11. D   12. C   13. C   14. A
15. BD   16. B   17. ABC   18. D

（二）判断题

1. ×   2. ×   3. √   4. √   5. ×

（三）简答题

1~6（略）

（四）案例分析题

答：（1）乙袜厂逾期交货，又未在发货前与甲公司协商，应认定乙袜厂违约。按照《合同法》的有关规定，甲公司起初拒收货物是有法律依据的。（2）后甲公司同意接受乙袜厂迟延交付的货物并将部分货物出售，因此乙袜厂要求甲公司给付全部货款有理。（3）乙袜厂逾期交货，应按照合同的约定，向甲公司偿付逾期交货违约金。（4）甲公司逾期付款，应比照银行有关延期付款的规定向乙袜厂偿付逾期付款违约金。

第八章 买卖合同

一、练习题

(一) 选择题

1. 下列各项中，（　　）属于买卖合同的特点。
   A. 买卖合同为不要式合同
   B. 买卖合同是双务合同
   C. 买卖合同是有偿合同
   D. 买卖合同是诺成合同

2. 根据《合同法》的规定，除法律另有规定或当事人另有约定外，买卖合同标的物的所有权转移时间为（　　）。
   A. 合同成立时
   B. 合同生效时
   C. 标的物交付时
   D. 买方付清标的物价款时

3. 出卖的标的物，应当（　　）。法律、行政法规禁止或者限制转让的标的物，依照其规定。
   A. 属于出卖人所有
   B. 出卖人有使用权
   C. 出卖人有占有权
   D. 出卖人有权处分

4. 出卖具有知识产权的计算机软件等标的物的，除法律另有规定或者当事人另有约定的以外，该标的物的知识产权（　　）。
   A. 属于出卖人
   B. 不属于买受人
   C. 属于买卖双方共有
   D. 属于研究开发方

5. 买卖合同的当事人没有约定检验期间的，买受人在发现标的物数量或质量不符合约定，又未在合理期限内通知出卖人的或自标的物收到之日起（　　）内未通知出卖人的，视为标的物的数量或质量符合约定。
   A. 1 年
   B. 2 年
   C. 3 年
   D. 4 年

6. 买卖合同成立后，因第三人造成买受人损失的，应由（　　）。
   A. 出卖人承担赔偿责任
   B. 出卖人与第三人共同承担赔偿责任
   C. 第三人承担赔偿责任
   D. 买受人自行承担赔偿责任

7. 买卖合同中，出卖人未能按约定的数量交足标的物时，买方有权（　　）。
   A. 要求卖方承担迟交部分的违约责任
   B. 要求卖方如数补交
   C. 解除买卖合同，要求返还已取得的货款
   D. 拒绝支付全部货款

8. 甲向乙购买一批货物，约定由乙送货上门，因乙看错到货地点，造成货物错发，致货物到达约定地点时比合同规定晚了 10 天，且因此花去数百元费用，据此，乙应承担（　　）。

A. 迟延交付的责任

B. 错发货物花去的费用

C. 迟延交付的责任，但错发货物所花费用应由甲承担

D. 错发货物所花费用，但不承担违约责任

9. 分期付款的买受人未支付到期价款的金额达到全部价款的（　　）时，出卖人可以要求买受人一并支付到期与未到期的全部价款或者解除合同。

A. 1/2　　　　　B. 1/3　　　　　C. 1/4　　　　　D. 1/5

10. 下列各项关于买卖合同的表述中，（　　）是正确的。

A. 标的物在交付之后产生的孳息，归买受人所有

B. 出卖人对标的物的质量负有瑕疵担保义务

C. 试用买卖合同的买受人在试用期内可以购买标的物，也可以拒绝购买

D. 出卖人就交付的标的物负有权利保证义务

11. 当事人没有约定交付地点或者约定不明确，标的物需要运输的，出卖人将标的物交付给第一承运人后，标的物毁损、灭失的风险由（　　）承担。

A. 买受人　　　　　　　　　　B. 出卖人

C. 第一承运人　　　　　　　　D. 买受人和承运人约定

12. 出卖人分批交付标的物的，出卖人对其中一批标的物不交付或者交付不符合约定，致使该批标的物不能实现合同目的的，买受人可以解除（　　）的合同。

A. 该批标的物

B. 今后其他各批标的物

C. 该批以及今后其他各批标的物

D. 就已经交付和未交付的各批标的物

（二）判断题

1. 标的物在订立合同之前已为买受人占有的，合同生效的时间为交付时间。（　　）

2. 出卖人就交付的标的物，负有保证第三人不得向买受人主张任何权利的义务，但法律另有规定的除外。（　　）

3. 当事人约定检验期间的，买受人应当在检验期间内将标的物的数量或者质量不符合约定的情形通知出卖人。买受人怠于通知的，视为标的物的数量或者质量不符合约定。（　　）

4. 标的物在交付之前产生的孳息，归买受人所有，交付之后产生的孳息，归出卖人所有。（　　）

5. 凭样品买卖的买受人不知道样品有隐蔽瑕疵的，即使交付的标的物与样品相同，出卖人交付的标的物的质量仍然应当符合同种物的通常标准。（　　）

6. 当事人约定易货交易，转移标的物的所有权的，参照买卖合同的有关规定。（　　）

7. 试用买卖的买受人在试用期内可以购买标的物，也可以拒绝购买。试用期间届满，买受人对是否购买标的物未作表示的，视为拒绝购买。（　　）

（三）简答题

1. 买卖合同有什么特点？
2. 买卖合同标的物的风险负担的规则是什么？
3. 买卖合同出卖人的义务有哪些？
4. 买卖合同出卖人权利的瑕疵担保义务是怎么回事？
5. 买卖合同买受人的义务有哪些？
6. 买受人如何及时检验出卖人交付的标的物？
7. 关于买卖合同解除有哪些特殊规定？
8. 分期付款买卖合同有哪些规定？
9. 凭样品买卖合同有哪些规定？
10. 试用买卖合同有哪些规定？

（四）案例分析题

通达公司欠永恒公司货款 100 万元，永恒公司从欠债之日起就一直催要。后通达公司又与永恒公司签订销售合成氨的买卖合同，由永恒公司向通达公司购买合成氨，价款 80 万元。货物从 A 市通过铁路直接发运到 B 市永恒公司租赁的仓储公司化学原料储藏库，收货人标明系仓储公司。永恒公司收到货以及传真来的领货凭证后，就向通达公司提出不付这笔货款而与原来的欠款相抵。此时，合成氨价格正在上涨。通达公司见永恒公司不付货款，又于蓝月公司就这笔货物签订了买卖合同，将领货凭证原件交给了蓝月公司，蓝月公司到仓储公司化学原料储藏库提货时遭到拒绝。仓储公司称化学原料储藏库已经租给了永恒公司，货物归永恒公司所有，没有永恒公司的准许，不能出库。为此，蓝月公司以仓储公司为被告，通达公司、永恒公司作为第三人起诉至人民法院。根据以上案情回答下列问题：（1）本案涉及哪几类合同？（2）永恒公司向通达公司提出的不付货款，与原来的欠款相抵的主张能否成立？为什么？（3）在蓝月公司向人民法院起诉时，所涉及的货物的所有权属于谁？为什么？

二、习题答案

（一）选择题
1. ABCD　2. C　3. A　4. B　5. B　6. A　7. AB
8. AB　9. D　10. ABCD　11. A　12. A

（二）判断题
1. √　2. √　3. ×　4. ×　5. √　6. √　7. ×

（三）简答题
1~10（略）

（四）案例分析题

答：（1）本案包括四份合同，即通达公司与永恒公司订立的买卖合同；通达公司与蓝月公司订立的买卖合同；永恒公司与仓储公司订立的租赁合同；通达公司与铁路货运公司订立的运输合同。综上所述本案涉及三类合同。（2）永恒公司向通达公司提出的不付货款，与原来的欠款相抵的主张能成立。因为永恒公司和通达公司互负到期债务，该债务的标的物又都为金钱给付，主张抵销的永恒公司又就此通知了通达公司。（3）在蓝月公司向人民法院起诉时，所涉及的货物的所有权属于永恒公司。因为永恒公司与通达公司约定卖方代办运输，货物的发运地是出卖人所在地，收货地是买受人租赁的仓库。依据《合同法》的规定，货物从托运人运给承运人时起即已经完成交付，货物的所有权已经完成了从通达公司向永恒公司的转移。

第九章　供用电、水、气、热力合同

一、练习题

（一）选择题

1. 下列各项关于供用电合同特点的表述，（　　　）是正确的。
   - A. 合同的标的物是电力，是持续供给合同
   - B. 供用电合同一般按照格式条款订立
   - C. 电力的价格实行统一定价原则
   - D. 供用电合同为诺成、双务、有偿合同

2. 经催告用电人在合理期限内仍不交付（　　　），供电人可以按照国家规定的程序中止供电。
   - A. 违约金　　　　B. 赔偿金　　　　C. 滞纳金　　　　D. 电费

3. 供用电合同的履行地点，按照当事人约定；当事人没有约定或者约定不明确的，以（　　　）为履行地。
   - A. 供电人所在地　　　　　　　　　B. 用电人所在地
   - C. 供电设施所在地　　　　　　　　D. 供电设施的产权分界处

（二）判断题

1. 供电人因供电设施计划检修、临时检修、依法限电或者用电人违法用电等原因，需要中断供电时，应当按照国家有关规定事先通知用电人。未事先通知用电人中断供电，造成用电人损失的，应当承担损害赔偿责任。　　　　　　　　　（　　　）

2. 用电人应当按照国家有关规定和当事人的约定安全用电。用电人未按照国家有关规定和当事人的约定安全用电，造成供电人损失的，应当承担损害赔偿责任。　　（　　　）

（三）简答题

1. 供用电、水、气、热力合同有哪些特点？
2. 供电人有哪些义务？
3. 用电人有哪些义务？

（四）案例分析题

某市医学院建立了微生物实验室。该实验室需要有稳定的电源。为此，医学院与本市电力公司签订了供电合同。合同对电力公司供电的频率、电压、间断供电时限等方面都作了特殊规定。由于与医学院共用同一条线路的某建材公司经常违法用电，在电力公司多次警告无效的情况下，为了惩罚建材公司，电力公司几次采取改变电压等方式，造成供电不

正常。后来电力公司又决定对建材公司进行停电处罚，在停电前一小时通知医学院该线路停电。医学院微生物实验室在如此短的时间里无法找到稳定的电源，结果造成微生物大量死亡，十多年的医学研究从此中断。电力公司的行为给医学院带来了近百万元的直接经济损失及其他不可挽回的损失。医学院要求电力公司赔偿一切损失，但电力公司却以维修供电设施为由，拒绝医学院的赔偿要求，于是，医学院诉至当地人民法院。电力公司是否应当赔偿医学院的经济损失？

二、习题答案

（一）选择题
1. ABCD 　　 2. AD 　　 3. D

（二）判断题
1. √ 　　 2. √

（三）简答题
1~3（略）

（四）案例分析题

答：电力公司应当赔偿医学院的经济损失。理由：（1）电力公司没有履行约定送电的义务。《合同法》规定："供电人应当按照国家规定的供电质量标准和约定安全供电，造成用电人损失的，应当承担损害赔偿责任。"（2）电力公司的通知时间不符合法律规定。《合同法》规定："供电人因供电设施计划检修、临时检修、依法限电或者用电人违法用电等原因，需要中断供电时，应当按照国家有关规定事先通知用电人。未事先通知用电人中断供电，造成用电人损失的，应当承担赔偿责任。"

第十章 赠与合同

一、练习题

（一）选择题

1. 下列各项关于赠与合同特点的表述（　　）是正确的。
   A. 赠与合同必须存在给付　　　　　B. 赠与合同是实践合同
   C. 赠与合同是无偿合同　　　　　　D. 赠与合同是单务合同

2. 具有（　　）赠与合同，赠与人不交付赠与的财产的，受赠人可以要求交付。
   A. 救灾　　　　B. 扶贫　　　　C. 道德义务　　　　D. 经过公证

3. 赠与人的继承人或者法定代理人的撤销权，自知道或者应当知道撤销原因之日起（　　）内行使。
   A. 6个月　　　　B. 1年　　　　C. 2年　　　　D. 5年

4. 赠与人的撤销权，自知道或者应当知道撤销原因之日起（　　）内行使。
   A. 6个月　　　　B. 1年　　　　C. 2年　　　　D. 5年

5. 赠与的财产有瑕疵的，赠与人（　　）责任。
   A. 不承担　　　　　　　　　　　　B. 承担与出卖人相同的
   C. 承担损害赔偿　　　　　　　　　D. 必须承担

6. 赠与人在赠与财产的权利转移之前可以撤销赠与。但（　　）赠与合同，不适用此规定。
   A. 具有救灾性质　　　　　　　　　B. 具有扶贫性质
   C. 经过公证的　　　　　　　　　　D. 企业之间的

7. 受赠人有下列（　　）情形之一的，赠与人可以撤销赠与。
   A. 受赠人严重侵害赠与人或者赠与人的近亲属
   B. 受赠人对赠与人有扶养义务而不履行
   C. 赠与人生活状况恶化
   D. 受赠人不履行赠与合同约定的义务

（二）判断题

1. 因赠与人故意或者重大过失致使赠与的财产毁损、灭失的，赠与人应当承担损害赔偿责任。　　　　　　　　　　　　　　　　　　　　　　　　　　（　　）

2. 赠与的财产有瑕疵的，赠与人应当承担与出卖人相同的责任。　（　　）

3. 赠与可以附义务。赠与附义务的，受赠人应当按照约定履行义务。（　　）

（三）简答题

1. 什么是赠与合同？其特点有哪些？

2. 什么是附义务的赠与？关于附义务的赠与有哪些规定？

3. 关于赠与人的任意撤销及其限制有哪些规定？

4. 赠与人的法定撤销权及其撤销权的行使有哪些规定？

（四）案例分析题

徐梅从北京某著名大学毕业后，经过申请获得美国哈佛大学的录取通知书，但没有得到全额奖学金。正在她为学费发愁之际，早年移居美国的伯父徐强通过电子邮件表示：如果徐梅能够顺利完成学业，取得硕士学位，他将向徐梅提供所有的学习生活费用。徐梅表示同意，于是赴美读书。不久其伯父去世，遗产由其女徐丽莎继承。临终前，徐强吩咐其女按时用自己在中国内地合资企业中的收益支付徐梅在美期间的学习生活费用。但徐丽莎拒绝支付。徐梅向中国法院起诉，要求徐丽莎按时支付有关费用。请问：（1）徐梅与其伯父之间的赠与合同从何时起生效？（2）本案中徐梅的请求能否得到法院的支持？

二、习题答案

（一）选择题

1. ACD   2. ABCD   3. A   4. B   5. A   6. ABC   7. ABD

（二）判断题

1. √   2. ×   3. √

（三）简答题

1~4（略）

（四）案例分析题

答：（1）徐梅与其伯父徐强之间的赠与合同具有道德义务性质。根据《合同法》第一百八十八条的规定，与一般赠与合同的"实践性"不同，具有社会公益、道德义务性质或者经过公证的赠与合同是属于诺成性合同。因此，该合同应当从双方达成赠与一致时起生效。（2）赠与人徐强去世后，遗产继承人在继承遗产权利的同时，也应当继承被继承人的义务，故赠与人之女徐丽莎有责任继续按原赠与合同的约定履行赠与义务。本案中，徐丽莎拒不履行赠与义务时，受赠人有权要求其履行。徐梅的请求应该得到法院的支持。

第十一章 借款合同

一、练习题

（一）选择题

1. 下列各项关于借款利息支付的表述（　　）是正确的。
   A. 借款人应当按照约定的期限支付利息
   B. 对支付利息的期限没有约定或者约定不明确，依照本法第六十一条的规定
   C. 依照本法第六十一条的规定仍不能确定，借款期间不满一年的，应当在返还借款时一并支付
   D. 依照本法第六十一条的规定仍不能确定，借款期间一年以上的，应当在每届满一年时支付，剩余期间不满一年的，应当在返还借款时一并支付

2. 自然人之间的借款合同，自（　　）生效。
   A. 借款合同签订时
   B. 借款合同公证时
   C. 贷款人提供借款时
   D. 贷款人上级主管部门批准时

3. 自然人之间的借款，对支付利息的期限没有约定或约定不明确的，（　　）。
   A. 视为不支付利息
   B. 返还借款时一并支付
   C. 每届满一年时支付
   D. 比照银行贷款支付利息

4. 借款人提前偿还借款的，除当事人另有约定的以外，应当按照（　　）计算利息。
   A. 合同约定的期限　B. 提前还款期限　C. 实际借款的期间　D. 剩余借款期限

（二）判断题

1. 自然人之间的借款合同约定支付利息的，应当按照中国人民银行规定的贷款利率的上下限确定。　　　　　　　　　　　　　　　　　　　　　　　　（　　）

2. 借款合同采用书面形式，但自然人之间借款另有约定的除外。　　　（　　）

3. 借款的利息可以预先在本金中扣除。　　　　　　　　　　　　　（　　）

4. 订立借款合同，贷款人可以要求借款人提供担保。担保依照《中华人民共和国商业银行法》的规定。　　　　　　　　　　　　　　　　　　　　　（　　）

5. 借款人未按照约定的借款用途使用借款的，贷款人可以停止发放借款、提前收回借款或者解除合同。　　　　　　　　　　　　　　　　　　　　　（　　）

6. 借款人应当按照约定的期限返还借款。对借款期限没有约定或者约定不明确，依照《合同法》第六十一条的规定仍不能确定的，借款人可以随时返还；贷款人可以催告借款人在合理期限内返还。　　　　　　　　　　　　　　　　　　（　　）

（三）简答题

1. 借款合同有哪些特点？

2. 借款合同的形式是怎样的？

3. 借款合同的主要内容是什么？

4. 银行借款合同有哪些规定？

5. 自然人之间借款合同有哪些规定？

（四）案例分析题

某股份有限公司与某商业银行签订了一份借款合同。合同约定：某商业银行向某股份有限公司贷款人民币 500 万元，借款期限为 3 年，借款用途为技术改造。根据《合同法》及相关法律回答下列问题：（1）借款合同没有采用书面形式是否合法？为什么？（2）某股份有限公司按照银行要求提供保证担保，保证人为某股份有限公司的主管部门，即市冶金工业局。该担保是否合法？为什么？（3）某商业银行为了控制风险，将利息 75 万元预先在本金中扣除。这种行为是否合法？为什么？（4）假如当事人双方没有在合同中约定利息的支付期限，应当怎么处理？为什么？

二、习题答案

（一）选择题

1. ABCD 2. C 3. A 4. C

（二）判断题

1. × 2. √ 3. × 4. × 5. √ 6. √

（三）简答题

1~5（略）

（四）案例分析题

答：（1）借款合同没有采用书面形式不符合法律规定。《合同法》第一百九十七条第一款规定，借款合同采用书面形式，但自然人之间借款另有约定的除外。本案例中当事人之间的借款不是自然人之间的借款，因此应当采用书面形式。（2）不符合法律规定。根据《担保法》的规定，国家机关不能作保证人。冶金工业局为国家机关，因此不符合法律规定。（3）不合法。《合同法》第二百条规定，借款的利息不得预先在本金扣除。利息预先在本金中扣除的，应当按照实际借款数额返还借款并计算利息。（4）如果当事人没有约定利息支付期限，应当根据《合同法》第六十一条、第二百零五条的规定处理。即当事人之间协商，协商不成的，按照合同的其他条款和交易习惯确定。如果仍不能确定的，按照下列规定办理：本合同的借款期间为 3 年，应当在每届满 1 年时支付。

第十二章　租赁合同与融资租赁合同

一、练习题

（一）选择题

1. 下列各项中，（　　）是租赁合同的特点。
   A. 租赁合同是转让财产所有权的合同　　B. 租赁合同为双务、有偿合同
   C. 租赁合同为诺成合同　　　　　　　　D. 租赁合同具有临时性

2. 租赁期限（　　）以上的，应当采用书面形式。当事人未采用书面形式的，视为不定期租赁。
   A. 1 个月　　　　　B. 3 个月　　　　　C. 6 个月　　　　　D. 1 年

3. 租赁合同中的租赁期限不得超过（　　）。
   A. 10 年　　　　　B. 20 年　　　　　C. 6 个月　　　　　D. 1 年

4. 租赁合同关于支付租金期限依法不能确定的履行规则为（　　）。
   A. 合同订立时付全部租金
   B. 租赁期限届满时支付全部租金
   C. 租赁期限不满 1 年的，应当在租赁期限届满时支付
   D. 租赁期限 1 年以上的，应在每届满 1 年时支付，剩余期间不满 1 年的，应当在租赁期间届满时支付

5. 甲方将房屋出租给乙方，在租期内甲方又将该房屋售给丙方。按合同法的有关规定（　　）。
   A. 在租赁期限未满前订立的买卖合同无效
   B. 产权一经转移，原租赁合同即失去效力
   C. 买卖合同应事先征得承租人乙方的同意
   D. 原租赁合同对新的房主丙方继续有效

6. 承租人（　　），可以对租赁物进行改善或者增设他物。
   A. 不经出租人同意　　B. 经出租人同意　　C. 事后告知承租人　　D. 事先通知出租人

7. 承租人经出租人同意，可以将租赁物转租给第三人。承租人转租的，承租人与出租人之间的租赁合同继续有效，第三人对租赁物造成损失的，（　　）应当赔偿损失。
   A. 第三人　　　　　B. 承租人　　　　　C. 出租人　　　　　D. 第三人与承租人

8. 租赁物危及承租人的安全或者健康的，即使（　　），承租人仍然可以随时解除合同。
   A. 租赁合同尚未到期
   B. 承租人拖欠租金

  C. 承租人订立合同时明知该租赁物质量不合格

  D. 承租人擅自转租

9. 承租人在房屋租赁期间死亡的，（ ）可以按照原租赁合同租赁该房屋。

  A. 承租人的继承人   B. 承租人的家庭成员

  C. 承租人的债权人   D. 与其生前共同居住的人

10. 租赁期间届满，承租人继续使用租赁物，出租人没有提出异议的，（ ）。

  A. 原租赁合同失效   B. 原租赁合同效力待定

  C. 原租赁合同继续有效   D. 原租赁合同无效

11. 下列各项中，（ ）是融资租赁合同的特点。

  A. 由买卖合同和融资性租赁合同构成

  B. 以融资为目的，融物为手段

  C. 出租人为从事融资租赁业务的租赁公司

  D. 诺成合同、要式合同、多务合同、有偿合同

12. 出租人、出卖人、承租人可以约定，出卖人不履行买卖合同义务的，由（ ）行使索赔的权利。

  A. 承租人   B. 出租人

  C. 出租人与承租人   D. 承租人或者出租人

13. 租赁物不符合约定或者不符合使用目的的，（ ）不承担责任，但承租人依赖出租人的技能确定租赁物或者出租人干预选择租赁物的除外。

  A. 出卖人   B. 承租人   C. 出租人   D. 出租人与出卖人

14. 承租人占有租赁物期间，租赁物造成第三人的人身伤害或者财产损害的，（ ）。

  A. 出租人不承担责任   B. 承租人不承担责任

  C. 出卖人不承担责任   D. 承租人、出卖人承担连带责任

（二）判断题

  1. 承租人按照约定的方法或者租赁物的性质使用租赁物，致使租赁物受到损耗的，应当承担损害赔偿责任。（ ）

  2. 出租人应当履行租赁物的维修义务，但当事人另有约定的除外。（ ）

  3. 在租赁期间因占有、使用租赁物获得的收益，归出租人所有，但当事人另有约定的除外。（ ）

  4. 租赁物在租赁期间发生所有权变动的，租赁合同的效力终止。（ ）

  5. 出租人出卖租赁房屋的，应当在出卖之前的合理期限内通知承租人，承租人享有以同等条件优先购买的权利。（ ）

  6. 融资租赁合同是出租人根据承租人对出卖人、租赁物的选择，向出卖人购买租赁物，提供给承租人使用，承租人支付租金的合同。（ ）

  7. 出租人根据承租人对出卖人、租赁物的选择订立的买卖合同，未经出卖人同意，出租人不得变更与承租人有关的合同内容。（ ）

  8. 出租人享有租赁物的所有权。承租人破产的，租赁物应当作为破产财产。（ ）

9. 当事人约定租赁期间届满租赁物归承租人所有，承租人已经支付大部分租金，但无力支付剩余租金，出租人因此解除合同收回租赁物的，收回的租赁物的价值超过承租人欠付的租金以及其他费用的，承租人可以要求部分返还。　　　　　　　　（　　）

10. 承租人应当履行占有租赁物期间的维修义务。　　　　　　　　　　　　（　　）

（三）简答题

1. 租赁合同的特点有哪些？
2. 融资租赁合同的特点有哪些？
3. 租赁物的使用与维修有哪些规定？
4. 租赁合同当事人的权利义务有哪些？
5. 租赁合同解除的规定有哪些？
6. 融资租赁合同当事人权利义务有哪些？
7. 租赁合同和融资租赁合同有什么区别？

（四）案例分析题

赵某与陈某签订了一份财产租赁合同，合同中约定：陈某租赁赵某的临街铺面房三年，陈某向赵某交纳租金 6 万元。租赁期满，陈某向赵某交回保持原样的铺面房，保证房屋能继续正常使用。赵某负责房屋的维修。第 2 年 8 月上旬，因雨水较多，铺面房一面墙长期受雨水浸泡，墙体出现裂缝。陈某要求赵某进行维修，赵某用水泥将墙面裂缝进行了简单的处理，但问题没有得到彻底解决。8 月中旬，陈某提出房屋有危险，不再继续租赁，赵某不同意提前解除租赁合同，陈某未与赵某打招呼就将自己的东西取走，离开铺面房。几天后赵某才发现房屋无人看管，门窗受损，造成经济损失 2000 元。赵某诉至法院，要求陈某赔偿损失。陈某辩称：因房屋有危险，但赵某不同意解除租赁合同，故提前离去，不应承担责任。试分析：（1）陈某有权提出提前解除租赁合同吗？（2）陈某和赵某谁对铺面房的门窗毁损负赔偿责任？为什么？（3）本案应如何处理？

二、习题答案

（一）选择题

1. BCD　　2. C　　3. B　　4. CD　　5. D　　6. B　　7. B
8. C　　9. D　　10. C　　11. ABCD　12. A　　13. C　　14. A

（二）判断题

1. ×　　2. √　　3. ×　　4. ×　　5. √　　6. √　　7. ×
8. ×　　9. √　　10. ×

（三）简答题

1~7（略）

（四）案例分析题

答：（1）陈某有权提出提前解除租赁合同。根据《合同法》第二百二十条的规定："出租人应当履行租赁物的维修义务，但当事人另有约定的除外。"第二百三十三条的规定："租赁物危及承租人的安全或者健康的，即使承租人订立合同时明知该租赁物质量不合格，承租人仍然可以随时解除合同。"赵某负有维修出租房屋的义务，并保证承租人的使用安全。本案中赵某没能及时解决墙体裂缝的安全隐患，承租人可以随时提出解除租赁合同。（2）陈某负有赔偿责任。《合同法》第二百二十二条规定："承租人应当妥善保管租赁物，因保管不善造成租赁物毁损、灭失的，应当承担损害赔偿责任。"赵某因不知陈某已提前离去，故不负有责任。（3）由陈某向赵某支付 2000 元门窗毁损的费用。

第十三章 承揽合同

一、练习题

（一）选择题

1. 下列各项关于承揽合同特点的表述（　　）是错误的。
   A. 承揽合同以完成一定工作为目的
   B. 承揽人完成工作的独立性
   C. 定作物的特定性
   D. 承揽合同为实践合同

2. 下列各项关于承揽合同的表述中（　　）是正确的。
   A. 定作人可以随时解除承揽合同
   B. 承揽人对完成的工作成果依法享有留置权
   C. 承揽人为多人的，除当事人另有约定外共同承揽人承担连带责任
   D. 承揽人可以随时解除承揽合同

3. 承揽人将其承揽的（　　）交由第三人完成的，应当就该第三人完成的工作成果向定作人负责；未经定作人同意的，定作人也可以解除合同。
   A. 全部工作　　　　B. 主要工作　　　　C. 辅助工作　　　　D. 次要工作

4. 承揽人发现定作人提供的图纸或者技术要求不合理的，应当（　　）。因定作人怠于答复等原因造成承揽人损失的，应当赔偿损失。
   A. 终止合同　　　　B. 中止履行　　　　C. 及时通知定作人　D. 解除合同

5. 定作人未向承揽人支付报酬或者材料费等价款的，承揽人对完成的工作成果享有（　　），但当事人另有约定的除外。
   A. 代位权　　　　　B. 抗辩权　　　　　C. 撤销权　　　　　D. 留置权

6. 定作人（　　）承揽合同，造成承揽人损失的，应当赔偿损失。
   A. 可以随时解除　　　　　　　　　B. 不得随时解除
   C. 双方协商后可以解除　　　　　　D. 办理公证后可以解除

7. 承揽人交付的工作成果不符合质量要求的，定作人可以要求承揽人承担（　　）等违约责任。
   A. 修理　　　　　　B. 重作　　　　　　C. 减少报酬　　　　D. 赔偿损失

8. 承揽人可以将其承揽的辅助工作交由第三人完成。承揽人将其承揽的辅助工作交由第三人完成的，应当就该第三人完成的工作成果向定作人（　　）。
   A. 承担责任　　　　B. 不承担责任　　　C. 承担连带责任　　D. 赔偿责任

（二）判断题

1. 承揽人在工作期间，应当接受定作人必要的监督检验。定作人不得因监督检验妨

碍承揽人的正常工作。 （　　）

2. 经定作方同意，承揽人可以将其承揽的工作部分交由第三人完成，承揽人只对自己完成的工作承担责任。 （　　）

3. 承揽人应当按照定作人的要求保守秘密，未经定作人许可，不得留存复制品或者技术资料。 （　　）

4. 定作人不履行协助义务致使承揽工作不能完成的，承揽人可以催告定作人在合理期限内履行义务，并可以顺延履行期限；定作人逾期不履行的，承揽人可以解除合同。 （　　）

5. 定作人不得中途变更承揽工作的要求。 （　　）

（三）简答题

1. 承揽合同有哪些特点？
2. 掌握承揽合同当事人的权利义务有哪些？

（四）案例分析题

佰斯房地产公司欲装修新建成的商品楼一栋。5月7日，佰斯公司与本市胜捷建筑公司签订了施工合同。胜捷公司为佰斯公司 A 楼阳台安装铝合金玻璃窗 90 个。主要原材料铝合金、茶色玻璃由佰斯公司提供，酬金 18000 元。根据胜捷公司的计算，佰斯公司购买了相应的足额原材料，并将这些材料全部交给了胜捷公司，胜捷公司将材料放在工地临时材料库中。5月22日，胜捷公司发现前一天未完全安装完毕的 4 个一楼阳台铝合金窗架被盗。发现被盗后，胜捷公司及时将这一情况告知了佰斯公司，并要求佰斯公司重新购买这四个阳台铝合金窗架的原材料。经查，这 4 个窗架均为仅有一半已经固定在阳台上，尚未装上玻璃，盗贼从外部卸走。4 个窗架价值 2000 元。佰斯公司认为该损失应由胜捷公司赔偿，而胜捷公司认为被盗的 4 个窗架已安装在阳台上，商品楼是由被告派人看管的，自然包括看管阳台上的窗架，因此被盗窗架的损失应由佰斯公司承担。对此佰斯公司认为：合同规定阳台全部安装好后，再统一验收交付，此时已安装的窗架既未验收，也未交付，在此期间应由原告自己看管，自己承担损失。问题：（1）你认为胜捷公司的说法是否有道理？（2）上述案例中的损失应由哪一方承担？为什么？

二、习题答案

（一）选择题
1. D　　　2. ABC　　3. B　　　4. C　　　5. D　　　6. A　　　7. ABCD
8. A

（二）判断题
1. √　　　2. ×　　　3. √　　　4. √　　　5. ×

（三）简答题
1~2（略）

（四）案例分析题

答：（1）胜捷公司的说法无法律依据。本合同属于承揽合同的一种。装修材料由定作人佰斯公司提供，并将这些材料全部交给承揽人胜捷公司。未完全安装完毕的 4 个一楼阳台铝合金窗架被盗，胜捷公司理应承担损害赔偿责任。

（2）本案中，胜捷公司因保管不善造成定作人装修材料被盗，应当承担被盗的 4 个阳台铝合金窗架和损失。《合同法》第二百六十五条规定："承揽人应当妥善保管定作人提供的材料以及完成的工作成果，因保管不善造成毁损、灭失的，应当承担损害赔偿责任。胜捷公司作为承揽人应当预见也能够预见未安装完的 1 楼铝合金窗架有被盗可能，却未采取必要措施，主观上有过错，且法律或合同均未规定定作人有保管承揽合同材料的义务，故胜捷公司主张被盗损失应由定作人佰斯公司承担无理。况且合同约定：阳台全部安装好后，再统一验收交付，此时已安装的窗架未验收，也未交付，在此期间应由承揽人自己看管。

第十四章　建设工程合同

一、练习题

（一）选择题

1. 下列各项中，（　　）是建设工程合同。
   A. 工程勘察合同　　B. 工程设计合同　　C. 工程施工合同　　D. 工程承包合同

2. 建设工程合同的承包人不得（　　）。
   A. 将承包的全部建设工程转包给第三人
   B. 将承包的全部建设工程肢解后以分包的名义分别转包给第三人
   C. 将工程分包给不具备相应资质条件的单位
   D. 将应由一个承包人完成的建设工程肢解成若干部分发包给几个承包人

3. 下列各项关于分包法律适用的表述（　　）是正确的。
   A. 必须按照《合同法》和《建筑法》的规定
   B. 工程分包须经过发包人的同意，承包人将自己承包的部分工作交由第三人完成，第三人就其完成的工作成果与总承包人或者勘察、设计、施工承包人向发包人承担连带责任
   C. 建设工程主体结构的施工必须由承包人自行完成
   D. 分包人须具备相应建设资质条件，且只能分包一次

4. 隐蔽工程在隐蔽以前，承包人应当通知发包人检查。发包人没有及时检查的，承包人可以（　　），并有权要求赔偿停工、窝工等损失。
   A. 解除合同　　　　B. 中止履行　　　　C. 顺延工程日期　　D. 行使追索权

5. 发包人逾期不支付的，除（　　）以外，承包人可以与发包人协议将该工程折价，也可以申请人民法院将该工程依法拍卖。建设工程的价款就该工程折价或者拍卖的价款优先受偿。
   A. 不宜折价　　　　B. 不宜拍卖　　　　C. 国家建设项目　　D. 重点工程

6. 勘察、设计的质量不符合要求或者未按照期限提交勘察、设计文件拖延工期，造成发包人损失的，勘察人、设计人应当（　　）。
   A. 继续完善勘察、设计　　　　　　　　B. 减收或者免收勘察、设计费
   C. 赔偿损失　　　　　　　　　　　　　D. 双倍支付违约金

7. 建设工程实行监理的，发包人应当与监理人采用书面形式订立（　　）。
   A. 居间合同　　　　B. 委托合同　　　　C. 中介合同　　　　D. 委托监理合同

（二）判断题

1. 建设工程合同是投标人进行工程建设、招标人支付价款的合同。　　　　　　（　　）

2. 发包人可以与总承包人订立建设工程合同，也可以分别与勘察人、设计人、施工人订立勘察、设计、施工承包合同。　　　　　　　　　　　　　　（　　）

3. 发包人不得将建设工程肢解成若干部分发包给几个承包人。　　　　（　　）

4. 禁止承包单位将其承包的全部建筑工程分包给他人，禁止承包单位将其承包的全部工程肢解以后再以转包的名义分包给他人。　　　　　　　　　　（　　）

5. 验收合格的，发包人应当按照约定支付价款，并接收该建设工程。建设工程竣工经验收合格后，方可交付使用；未经验收或者验收不合格的，只有经过相关部门批准后方可交付使用。　　　　　　　　　　　　　　　　　　　　　　　　　　　　（　　）

（三）简答题

1. 建设工程合同发包、承包和分包有哪些法律规定？
2. 承包人的责任与义务有哪些？
3. 发包人的责任与义务有哪些？

（四）案例分析题

某医院与甲县建筑公司签订了兴建一幢急诊楼和宿舍楼的建设工程承包合同，由建筑公司包工包料。合同订立后，建筑公司将宿舍楼的施工任务包给了乙乡工程队，院方施工现场的代表发现后并未加阻止。工程完工后，院方与甲县建筑公司一起对急诊楼和宿舍楼进行验收，验收时发现宿舍楼质量低劣，多处墙皮脱落，根本不符合合同约定。院方要求建筑公司返工，并赔偿损失。建筑公司则称该宿舍楼是由乙乡工程队施工的，当初转包时院方并未制止，应视为同意，让医院去找工程队。而这个乡工程队是几个农民临时拼凑起来的，一无资金，二无技术人员，更没有施工资格证书，没有承包工程的资格，且已解散。医院没有办法，只好到法院起诉了建筑公司。请问：（1）建设工程承包合同中，承包人转包合同是否可以不承担转包部分的责任？（2）造成质量问题应如何解决？

二、习题答案

（一）选择题
1. ABC　　2. ABCD　3. ABCD　4. C　　5. AB　　6. ABC　　7. D

（二）判断题
1. ×　　2. √　　3. ×　　4. ×　　5. ×

（三）简答题
1~3（略）

（四）案例分析题
答：（1）承包人转包合同应取得发包人的同意，不得私自转包，更不得转包给没有资格等级证书的施工队或从转包中获利。在转包合同中，承包人应就整个工程对发包人负

责，分包人只就分包的工程对承包人负责。本案中，承包人建筑公司未征求发包人的同意
而将宿舍楼工程转包给了没有资格证书的乙乡工程队，建筑公司应先对医院承担乡工程队
造成质量问题的责任，赔偿医院损失。（2）建筑公司再追究工程队的责任。另外应注意，
院方代表在工地上发现承包方私自转包而未加以制止，应承担相应的责任，起码应向承包
人了解分包人的资格、资信等情况，以确定分包后对工程质量有无影响、承包人分包是否
合理。发包方的这些疏忽可以说也是酿成质量问题的原因之一，也有一定的责任。

第十五章 运输合同

一、练习题

（一）选择题

1. 下列各项中，（ ）不属于运输合同特点。
   A. 运输合同是双务有偿合同   B. 运输合同原则上为诺成合同
   C. 运输合同一般为附和合同   D. 运输合同的标的是旅客或者货物

2. 从事公共运输的承运人不得拒绝旅客、托运人（ ）的运输要求。
   A. 通常   B. 合理   C. 任何   D. 约定

3. 客运合同（ ）成立，但当事人另有约定或者另有交易习惯的除外。
   A. 自承运人检票时   B. 自乘客登上运输工具时
   C. 自承运人向旅客交付客票时   D. 自承运人与乘客签订运输合同时

4. 旅客应当持有效客票乘运。旅客（ ）应当补交票款，承运人可以按照规定加收票款。旅客不交付票款的，承运人可以拒绝运输。
   A. 无票乘运   B. 超程乘运   C. 越级乘运   D. 持失效客票乘运

5. 承运人擅自变更运输工具而降低服务标准的，应当根据旅客的要求退票或者减收票款。提高服务标准的，（ ）。
   A. 应当退票   B. 应当减收票款   C. 应当加收票款   D. 不应加收票款

6. 运输合同包括（ ）。
   A. 客运合同   B. 货运合同   C. 客、货联运合同 D. 多式联运合同

7. 承运人应当对运输过程中（ ）旅客的伤亡承担损害赔偿责任，但伤亡是旅客自身健康原因造成的或者承运人证明伤亡是旅客故意、重大过失造成的除外。
   A. 持有效客票   B. 持免票
   C. 持优待票   D. 经承运人许可搭乘的无票

8. 托运人或者收货人不支付运费、保管费以及其他运输费用的，承运人对相应的运输货物享有（ ），但当事人另有约定的除外。
   A. 扣押权   B. 代位权   C. 留置权   D. 优先权

9. 在承运人将货物交付收货人之前，托运人可以要求承运人（ ），但应当赔偿承运人因此受到的损失。
   A. 中止运输   B. 返还货物
   C. 将货物交给其他收货人   D. 变更到达地

10. 承运人对运输过程中货物的毁损、灭失承担损害赔偿责任，但承运人证明货物的毁损、灭失是（ ）不承担损害赔偿责任。
    A. 因不可抗力造成的   B. 货物本身的自然性质造成的

C. 托运人的过错造成的　　　　　　　D. 收货人的过错造成的

11. 两个以上承运人以同一运输方式联运的，与托运人订立合同的承运人应当对全程运输承担责任。损失发生在某一运输区段的，（　　）。

A. 承运人承担责任

B. 某一运输区段的承运人承担责任

C. 与托运人订立合同的承运人承担责任

D. 托运人订立合同的承运人和该区段的承运人承担连带责任

12. 货物的毁损、灭失发生于多式联运的某一运输区段的，多式联运经营人的赔偿责任和责任限额，（　　）。

A. 合同法的规定

B. 运输合同的约定

C. 适用调整该区段运输方式的有关法律规定

D. 以实际损失为限

（二）判断题

1. 承运人只对购票的乘客在运输过程中的伤亡承担损害赔偿责任。（　　）

2. 收货人在约定的期限或者合理期限内对货物的数量、毁损等未提出异议的，视为承运人已经按照运输单证的记载交付。（　　）

3. 多式联运经营人负责履行或者组织履行多式联运合同，对全程运输享有承运人的权利，承担承运人的义务。（　　）

4. 多式联运经营人收到托运人交付的货物时，应当签发多式联运单据。多式联运单据是不可转让单据。（　　）

5. 多式联运经营人可以与参加多式联运的各区段承运人就多式联运合同的各区段运输约定相互之间的责任，各区段承运人对本区段的运输行为向托运人承担责任。（　　）

（三）简答题

1. 什么是运输合同？其特点有哪些？

2. 客运合同旅客的权利有哪些？

3. 客运合同旅客的义务有哪些？

4. 货运合同托运人的权利有哪些？

5. 货运合同托运人的义务有哪些？

6. 多式联运合同的主要规定有哪些？

（四）案例分析题

某钟表厂与某仪表厂签订了购买测压机一台的合同。仪表厂按合同规定将测压机交铁路运输。仪表厂发货后，多次向钟表厂催要货款，钟表厂以未收到货物为由，拒付货款。因此，仪表厂起诉到法院，要求钟表厂支付货款并支付违约金。经查，货物到站后，火车站将货物错发给某电机厂，电机厂发现后通知了火车站，因火车站工作人员将此事忘记，使机器在露天存放生锈损坏。分析：（1）钟表厂认为这一损失应由火车站与电机厂共同赔偿，是否正确？为什么？（2）钟表厂是否可以直接要求火车站赔偿损失？为什么？（3）仪表厂如果因为测压机迟迟不到使自己收不回货款而遭受损失，可否要求火车站赔偿损失？为什么？

二、习题答案

（一）选择题
1. D　　2. AB　　3. C　　4. ABCD　5. D　　6. ABCD　7. ABCD
8. C　　9. ABCD　10. ABCD　11. D　　12. C

（二）判断题
1. ×　　2. ×　　3. √　　4. ×　　5. ×

（三）简答题
1~6（略）

（四）案例分析题
答：（1）不正确。因为电机厂不是合同当事人，没有受领给付的义务。（2）不可以。因为钟表厂并未与火车站订立合同，双方并无权利义务关系。(3) 可以。因为仪表厂是运输合同的当事人，因火车站的违约行为而受到损失，可以要求火车站承担违约责任，包括赔偿损失。其法律根据是《合同法》第三百一十一条规定："承运人对运输过程中货物的毁损、灭失承担损害赔偿责任，但承运人证明货物的毁损、灭失是因不可抗力、货物本身的自然性质或者合理损耗以及托运人、收货人的过错造成的，不承担损害赔偿责任。"

第十六章 技术合同

一、练习题

（一）选择题

1. 技术合同具有（ ）特点。
   A. 技术合同的标的是技术成果
   B. 技术合同是双务、有偿、诺成合同
   C. 技术合同受多重法律调整
   D. 技术合同的主体具有限定性

2. 技术合同包括（ ）。
   A. 技术开发合同   B. 技术转让合同   C. 技术咨询合同   D. 技术服务合同

3. 技术开发合同包括（ ）。
   A. 委托开发合同   B. 指定开发合同   C. 合伙开发合同   D. 合作开发合同

4. 委托开发合同委托人的义务有（ ）。
   A. 按合同约定支付研究开发经费和报酬
   B. 按照合同约定提供技术资料、原始数据
   C. 完成协作事项
   D. 按期接受研究开发成果

5. 下列各项中，（ ）是技术开发合同研究开发人的义务。
   A. 制订和实施研究开发计划
   B. 合理使用研究开发经费
   C. 按期完成研究开发工作，交付研究成果
   D. 按合同约定支付研究开发经费和报酬

6. 在技术开发合同履行过程中，因出现无法克服的技术困难，致使研究开发失败或者部分失败的，该风险责任由当事人约定。没有约定或者约定不明确，依照《合同法》第六十一条的规定仍不能确定的，风险责任由当事人（ ）。
   A. 平均分担   B. 按照约定分担   C. 合理分担   D. 协商分担

7. 在技术开发合同中，合作开发所完成的发明创造，除当事人另有约定的以外，申请专利的权利属于（ ）。
   A. 研究开发人所有   B. 受委托人
   C. 合作开发的当事人共有   D. 委托人所有

8. 一方受另一方委托，就解决特定技术问题提出实施方案，进行实施指导所订立的合同是（ ）。
   A. 技术转让合同   B. 技术服务合同   C. 技术开发合同   D. 技术咨询合同

9. 在技术咨询合同、技术服务合同履行过程中，受托人利用委托人提供的技术资料和工作条件完成的新的技术成果，属于（　　）。

A. 按照约定　　　　　　　　　　B. 委托人

C. 委托人与受托人共有　　　　　D. 受托人

10. 技术服务合同是指当事人一方以技术知识为另一方解决特定技术问题所订立的合同，不包括（　　）。

A. 委托合同　　　B. 承揽合同　　　C. 建设工程合同　　D. 培训合同

11. （　　）是无效技术合同。

A. 非法垄断技术的技术合同

B. 侵害第三方专利权的技术合同

C. 乘人之危订立的技术合同

D. 履行结果将严重污染环境、损害珍贵资源、破坏生态平衡的技术合同

12. 技术转让合同可分为（　　）。

A. 技术信息转让合同　　　　　　B. 专利权转让合同

C. 技术秘密转让合同　　　　　　D. 专利申请权转让合同

（二）判断题

1. 非职务技术成果的使用权、转让权属于完成技术成果的个人。（　　）

2. 职务技术成果的使用权、转让权属于法人或者其他组织的，法人或者其他组织可以就该项职务技术成果订立技术合同。（　　）

3. 委托开发完成的发明创造，除当事人另有约定外，申请专利的权利属于研究开发方。（　　）

4. 合作开发的当事人一方不同意申请专利的，另一方或者其他各方可以申请专利。（　　）

5. 受让人按照约定实施专利、使用技术秘密侵害他人合法权益的，由让与人承担责任，但当事人另有约定的除外。（　　）

6. 当事人可以按照互利的原则，在技术转让合同中没有约定或者约定不明确，实施专利、使用技术秘密后续改进的技术成果归其他各方共享。（　　）

（三）简答题

1. 什么是技术合同？其特点有哪些？
2. 技术合同法关于职务技术成果与非职务技术成果有哪些规定？
3. 委托开发合同当事人的主要权利义务有哪些？
4. 如何确定委托开发发明创造的权利归属？
5. 如何确定合作开发发明创造的权利归属？
6. 如何确定技术秘密成果的权利归属？
7. 技术开发合同的风险如何承担？
8. 技术转让合同后续改进的技术成果如何分享？
9. 技术咨询合同当事人的权利义务有哪些？

10. 技术服务合同当事人的权利义务有哪些?

（四）案例分析题

2002年5月，某公司聘用张某任该公司工程师，负责风机技术工作。当时公司下达了变速风机的研制任务，由许某、任某、张某三人共同负责，张某主要负责风机部分，任某主要负责变速控制器部分，许某负责全面研制工作。研制工作需要的资金、场地等物质条件均由公司提供。研制工作于2003年10月完成。公司决定以许、任、张三人名义申请专利。公司交纳了申请费及代理费。2005年2月19日该技术被授予实用新型专利，专利权人为许、任、张三人，专利名称为变速消防排烟风机。专利技术中风机上使用变速控制器是关键技术之一。2005年4月张某离开公司。2006年7月公司向张等三被告主张权利，要求将专利权归还公司，被张拒绝。于是公司向人民法院起诉。请分析：该项专利权的归属?

二、习题答案

（一）选择题

1. ABCD   2. ABCD   3. AD   4. ABCD   5. ABC   6. C   7. A
8. B   9. D   10. BC   11. ABC   12. BCD

（二）判断题

1. √   2. √   3. √   4. ×   5. √   6. ×

（三）简答题

1~10（略）

（四）案例分析题

答：判断一项发明创造是否是职务发明创造，应以是否是执行本单位的任务或是否主要利用本单位的物质条件为标准。发明创造只要符合以上条件之一，就应认定为职务发明创造，专利权归单位。反之，既不是执行本单位的任务，也不是主要利用本单位的物质条件而完成的发明创造，应认定为非职务发明创造，专利权应归发明人或设计人。在本案中，风机技术工作是张在公司的本职工作，变速消防排烟风机的研制任务是公司交给张、任、许等三人的，其中由张负责风机部分，任负责变速控制器，许负责研制工作所需的资金、场地等物质条件均由公司提供，该技术也是在张于公司任职期间完成的。故本案的专利技术应是职务发明创造，专利权应属公司。

第十七章 保管合同和仓储合同

一、练习题

（一）选择题

1. 下列各项中，（ ）是保管合同的特点。
   A. 保管合同的标的是保管行为
   B. 保管合同原则上为实践合同
   C. 保管合同为双务合同
   D. 保管合同转移保管物的占有

2. 寄存人向保管人交付保管物的，保管人应当给付保管凭证，但（ ）除外。
   A. 法律另有规定的
   B. 当事人另有约定的
   C. 另有交易习惯的
   D. 国际惯例另有规定的

3. 保管期间，因保管人保管不善造成保管物毁损、灭失的，保管人应当承担损害赔偿责任，但（ ），不承担损害赔偿责任。
   A. 保管是有偿的，保管人证明自己没有重大过失的
   B. 保管是无偿的，保管人证明自己没有重大过失的
   C. 保管是无偿的，寄存人证明自己没有重大过失的
   D. 保管是有偿的，寄存人证明自己没有重大过失的

4. 保管人不得使用或者许可第三人使用保管物，但（ ）除外。
   A. 保管物为种类物的
   B. 保管物为特定物的
   C. 法律另有规定的
   D. 当事人另有约定的

5. 第三人对保管物主张权利的，除依法对保管物采取（ ）的以外，保管人应当履行向寄存人返还保管物的义务。
   A. 保全
   B. 执行
   C. 扣押
   D. 留置

6. 寄存人交付的保管物有瑕疵或者按照保管物的性质需要采取特殊保管措施的，寄存人应当将有关情况告知保管人。寄存人未告知，致使保管物受损失的，保管人不承担损害赔偿责任；保管人因此受损失的，除（ ）以外，寄存人应当承担损害赔偿责任。
   A. 保管人知道或者应当知道并且未采取补救措施的
   B. 保管人未采取补救措施的
   C. 保管人采取补救措施不当的
   D. 保管人不知道并且未采取补救措施的

7. 寄存人寄存货币、有价证券或者其他贵重物品的，应当向保管人声明，由保管人验收或者封存。寄存人未声明的，该物品毁损、灭失后，保管人（ ）。
   A. 可以按照该物品的市场价格赔偿
   B. 可以按照该物品的评估价格赔偿
   C. 由当事人协商赔偿数额
   D. 可以按照一般物品予以赔偿

8. 下列各项关于仓储合同特点的表述（　　）是错误的。

    A. 保管人是从事仓储保管业务的人　　　B. 仓储物为动产

    C. 仓储合同是实践合同　　　　　　　　D. 仓储合同是要式合同

9. 仓单具有（　　）特点。

    A. 仓单是背书证券　　　　　　　　　　B. 仓单是物权证券

    C. 仓单是记名证券　　　　　　　　　　D. 仓单是无因证券

10. 储存期间届满，存货人或者仓单持有人不提取仓储物的，保管人可以催告其在合理期限内提取，逾期不提取的，（　　）。

    A. 保管人可以自行处理仓储物　　　　　B. 保管人可以提存仓储物

    C. 视为保管合同延期　　　　　　　　　D. 视为保管合同终止

（二）判断题

1. 保管合同自合同签订时成立，但当事人另有约定的除外。（　　）

2. 保管合同的当事人对保管费没有约定或者约定不明确，依照《合同法》的有关规定仍不能确定的，保管是无偿的。（　　）

3. 当事人可以约定保管场所或者方法，不得擅自改变保管场所或者方法。（　　）

4. 保管人不得将保管物转交第三人保管，但当事人另有约定的除外。保管人违反规定，将保管物转交第三人保管，对保管物造成损失的，应当承担损害赔偿责任。（　　）

5. 消费保管合同的标的物为可替代物，而一般保管合同的标的物须为不可替代物。（　　）

6. 在消费保管合同中，无论是否约定期限，寄存人得随时领取保管物；而在消费借贷合同中，未确定返还期限者，贷与人可以确定相当期间，催告返还。（　　）

7. 保管人保管货币的，可以返还相同种类、数量的货币。保管其他可替代物的，可以按照约定返还相同种类、品质、数量的物品。（　　）

8. 寄存人未按照约定支付保管费以及其他费用的，保管人对保管物享有留置权。（　　）

9. 仓储合同自成立时生效。（　　）

10. 保管人验收后，发生仓储物的品种、数量、质量不符合约定的，保管人应当承担损害赔偿责任。（　　）

11. 保管人根据存货人或者仓单持有人的要求，应当同意其检查仓储物或者提取样品。（　　）

12. 储存期间届满，存货人或者仓单持有人应当凭仓单提取仓储物。存货人或者仓单持有人逾期提取的，应当加收仓储费；提前提取的，减收仓储费。（　　）

13. 因仓储物的性质、包装不符合约定或者超过有效储存期造成仓储物变质、损坏的，保管人不承担损害赔偿责任。（　　）

14. 当事人对储存期间没有约定或者约定不明确的，存货人或者仓单持有人可以随时提取仓储物，保管人也可以随时要求存货人或者仓单持有人提取仓储物。（　　）

（三）简答题

1. 保管合同的法律特征有哪些？

2. 保管人的义务有哪些?

3. 寄存人的义务有哪些?

4. 仓储合同有哪些特点?

5. 关于仓单的规定有哪些?

（四）案例分析题

某个体户赵某在前景仓库寄存彩电一批 100 台，价值共计 100 万元。双方商定：仓库自 1 月 15 日至 2 月 15 日期间保管，赵某分三批取走；2 月 15 日赵某取走最后一批彩电时，支付保管费 2000 元。2 月 15 日，赵某前来取最后一批彩电时，双方为保管费的多少发生争议。赵某认为自己的彩电实际是在 1 月 25 日晚上才入前景仓库，应当少付保管费 250 元。前景仓库拒绝减少保管费，理由是仓库早已为赵某的彩电的到来准备了地方，至于赵某是不是准时进库是赵某自己的事情，与仓库无关。赵某认为前景仓库位于江边码头，自己又通知了彩电到站的准确时间，前景仓库不可能空着货位。只同意支付 1750 元保管费。前景仓库于是拒绝赵某提取所剩下的彩电。试分析：（1）赵某要求减少保管费是否合理？为什么？（2）前景仓库在赵某拒绝足额支付保管费的情况下是否可以拒绝其提取货物？说明理由。（3）前景仓库留置所有货物的做法是否正确？

二、习题答案

（一）选择题

1. ABCD　　2. C　　　3. B　　　4. D　　　5. AB　　　6. A　　　7. D

8. CD　　　9. ABCD 10. B

（二）判断题

1. ×　　　2. √　　　3. ×　　　4. √　　　5. √　　　6. √　　　7. √

8. ×　　　9. √　　　10. √　　11. √　　12. ×　　13. √　　14. ×

（三）简答题

1~5（略）

（四）案例分析题

答：（1）不合理。本案当事人签订的是仓储合同，我国《合同法》第三百八十二条规定："仓储合同自成立时生效。"这就意味着仓储合同是诺成性合同，而诺成性合同，其成立不以交付标的物为要件，双方当事人就合同主要条款达成一致，合同即成立。若合同签订后，因存货人原因货物不能按约定入库，依然要交付仓储费。（2）可以拒绝。根据我国《合同法》规定，对仓储合同没有规定时，适用法律对保管合同的规定。《合同法》第三百八十条规定："寄存人未按照约定支付保管费以及其他费用的，保管人对保管物享有留置权，但当事人另有约定的除外。"所以本案虽为仓储合同，但在寄存人不支付仓储费，而双方对留置无相反约定的情况下，保管人可以留置仓储物，拒绝其提取仓储物。（3）但本案保管人前景仓库明显过多留置了赵某的货物，是不妥的。因为在仓储物是可分物时，保管人在留置时仅可留置价值相当于仓储费部分的仓储物。而本案的仓储物恰恰是可分物。所以前景仓库没有理由留置所剩下的彩电，而只能留置相当于 250 元的货物。

第十八章　委托合同、行纪合同、居间合同

一、练习题

（一）选择题

1. 委托的分类有（　　）。
   A. 单项委托和全权委托
   B. 特别委托和概括委托
   C. 单独委托和共同委托
   D. 直接委托和转委托

2. 转委托经同意的，委托人可以就委托事务直接指示转委托的第三人，受托人（　　）。
   A. 对第三人的行为不承担责任
   B. 对第三人的行为不承担责任
   C. 就第三人的选任承担责任
   D. 对第三人的指示承担责任

3. 受托人完成委托事务的，委托人应当向其支付报酬。因不可归责于受托人的事由，委托合同解除或者委托事务不能完成的，（　　）。当事人另有约定的，按照其约定。
   A. 委托人应当向受托人支付相应的报酬
   B. 委托人向受托人不支付报酬，但应当承担必要的费用
   C. 委托人无义务向受托人支付的报酬
   D. 委托人应当另行协商受托人的报酬

4. 受托人以自己的名义，在委托人的授权范围内与第三人订立的合同，第三人在订立合同时知道受托人与委托人之间的代理关系的，该合同直接约束委托人和第三人，但（　　）除外。
   A. 第三人与受托人订立合同时如果知道该委托人就不会订立合同的
   B. 受托人未向第三人披露委托人的
   C. 受托人未向委托人披露第三人的
   D. 有确切证据证明该合同只约束受托人和第三人的

5. 转委托未经委托人同意的，（　　）应当对转委托的第三人的行为承担责任，但在紧急情况下受托人为维护委托人的利益，需要转委托的除外。
   A. 委托人
   B. 受托人
   C. 相对人
   D. 委托人和受托人

6. 以自己的名义为委托人从事贸易活动，委托人支付报酬的合同是（　　）。
   A. 委托合同
   B. 行纪合同
   C. 居间合同
   D. 保管合同

7. 行纪人卖出或者买入具有市场定价的商品，除（　　）的以外，行纪人自己可以作为买受人或者出卖人。

    A. 法律另有规定   B. 当事人另有约定

    C. 委托人有相反的意思表示   D. 行纪人有相反的意思表示

8. 合同法关于行纪合同的某些问题没有规定的，适用（   ）的有关规定。

    A. 委托合同   B. 居间合同

    C. 保管合同   D. 交易习惯

9. 下列各项中，（   ）是居间合同的特点。

    A. 合同的标的是居间人所提供的居间合同

    B. 居间人须按委托人的指示和要求为居间活动

    C. 居间人须从事居间业务的人

    D. 居间合同是双务有偿

10. 因居间人提供订立合同的媒介服务而促成合同成立的，居间人的报酬由该合同的（   ）。

    A. 居间人自行承担   B. 委托人承担

    C. 当事人按照约定承担   D. 当事人平均分担

11. 居间人促成合同成立的，居间活动的费用，由（   ）居间人负担。

    A. 居间人自行承担   B. 委托人承担

    C. 当事人按照约定承担   D. 当事人平均分担

（二）判断题

1. 受托人应当按照委托人的指示处理委托事务。需要变更委托人指示的，应当事后经过委托人同意。（   ）

2. 受托人应当亲自处理委托事务，不得转委托。（   ）

3. 受托人处理委托事务时，因不可归责于自己的事由受到损失的，不得向委托人要求赔偿损失。（   ）

4. 受托人因委托人的原因对第三人不履行义务，受托人应当向第三人披露委托人，第三人因此可以选择受托人或者委托人作为相对人主张其权利，但第三人可以变更选定的相对人。（   ）

5. 委托人行使受托人对第三人的权利的，第三人可以向委托人主张其对受托人的抗辩。（   ）

6. 受托人以自己的名义与第三人订立合同时，第三人不知道受托人与委托人之间的代理关系的，受托人因第三人的原因对委托人不履行义务，受托人应当向委托人披露第三人，委托人因此可以行使受托人对第三人的权利，但第三人与受托人订立合同时如果知道该委托人就不会订立合同的除外。（   ）

7. 委托合同，因受托人的故意或者重大过失给委托人造成损失的，委托人可以要求赔偿损失。（   ）

8. 委托人或者受托人死亡、丧失民事行为能力或者破产的，委托合同终止。（   ）

9. 委托人逾期不支付报酬的，行纪人对委托物享有留置权，但当事人另有约定的除外。（   ）

10. 行纪人低于委托人指定的价格卖出或者高于委托人指定的价格买入的，应当经委

托人同意。未经委托人同意，行纪人补偿其差额的，该买卖对委托人发生效力。（　　）

11. 行纪人高于委托人指定的价格卖出或者低于委托人指定的价格买入的，可以按照约定增加报酬。没有约定或者约定不明确，依照《合同法》的规定仍不能确定的，该利益属于行纪人。（　　）

12. 行纪人与第三人订立合同的，委托人对该合同直接享有权利、承担义务。（　　）

13. 居间合同是居间人向委托人报告订立合同的机会或者提供订立合同的媒介服务，委托人支付报酬的合同。（　　）

14. 居间人从事居间活动达到目的的，居间活动的费用，由委托人负担。（　　）

15. 居间人故意隐瞒与订立合同有关的重要事实或者提供虚假情况，损害委托人利益的，不得要求支付报酬并应当承担损害赔偿责任。（　　）

16. 居间人未促成合同成立，不得要求支付报酬，但可以要求委托人支付从事居间活动支出的必要费用。（　　）

（三）简答题

1. 委托合同的特点有哪些？
2. 受托人以自己的名义和第三人订立合同如何处理？
3. 委托合同的终止情形有哪些？
4. 行纪合同行纪人的权利与义务有哪些？
5. 居间合同当事人的义务有哪些？

（四）案例分析题

某电视机厂委托 B 进出口公司从某国某公司进口一套显像管生产线。B 进出口公司根据电视机厂提供的产品质量要求和技术要求与某国某公司签订了合同，合同约定：某国某公司于 2006 年 5 月 25 日交货。5 月 20 日某国某公司将设备交到电视机厂指定的厂房，并派人到电视机厂指导安装。设备安装完毕，于 6 月 1 日试运行，经过再三调试，至 8 月中旬设备运转仍不正常，不能生产出合格的显像管，无法达到合同的技术标准要求。后经专家鉴定，该设备在生产和设计中出现缺陷，不可能生产出合格产品。为此，电视机厂向公司所在地法院起诉，要求某国某公司赔偿其损失。某国某公司辩称：合同的主体是 B 进出口公司，电视机厂无权起诉。另外合同签订地是在中国香港，中国内地法院无管辖权。试分析：（1）分析该案件中的合同关系。（2）某国某公司的主张是否有法律依据？（3）法院应如何处理此案？

二、习题答案

（一）选择题

1. BCD　　2. CD　　3. A　　4. D　　5. B　　6. B　　7. C
8. A　　9. ABCD　10. D　　11. A

（二）判断题

1. ×　　2. ×　　3. ×　　4. ×　　5. √　　6. √　　7. √

8. ×　　9. √　　10. √　　11. ×　　12. ×　　13. √　　14. ×
15. √　　16. √

（三）简答题

1～5（略）

（四）案例分析题

答：（1）本案中电视机厂是委托人，B进出口公司是受托人，某国某公司是第三人。《合同法》第四百零三条规定："受托人以自己的名义与第三人订立合同时……委托人因此可以行使受托人对第三人的权利……"因第三人履行合同不符合与受托人之间的合同约定，委托人即电视机厂可直接向第三人即某国某公司行使索赔权。（2）某国某公司的主张没有法律依据。某国某公司将合同标的运抵委托人电视机厂厂房，并指导设备安装，就已经知道受托人与委托人之间的代理关系。该合同履行地在中国内地，中国内地法院有管辖权。（3）中国内地法院可以运用中国《合同法》对某国某公司因生产和设计上的缺陷过错，判处某公司赔偿电视机厂的损失。